J. Silvio Gesell

Die Revolution des Geldsystems

von

Dr. Peter Echevers H.

Silvio Gesell im Juli 1926 in Rumänien

„J. Silvio Gesell" Erstveröffentlichung 2014
Lektorat: PSE Ltda. Rio de Janeiro
© Cover-Gestaltung: PSE Ltda. Rio de Janeiro
Verlag: LULU Press Enterprises
© Dr. h.c. Peter Echevers H., Rio de Janeiro
E-Book ISBN 978-1-291-52576-2

Taschenbuchausgabe: Creative Space 2015
ISBN-13: 978-1514818374
ISBN-10: 151481837X

Widmung

Für Tiffany da Costa Pereira.

Index

Das Geld soll wie die Eisenbahn sein,
weiter nichts als eine staatliche Einrichtung,
um den Warenaustausch zu vermitteln,
wer sie benutzt, soll Fracht zahlen. (Silvio Gesell)

Vorwort von Dr. Ernst Sonntag

Werter Leser.

Auch unter allergrößter Zurückhaltung kann man die Zeichen der Zeit nicht mehr verkennen. Wir rasen mit einer irrwitzigen Geschwindigkeit auf eine weltweite, äußerst ernste Wirtschaftskrise zu, von der man leider sagen muss, dass sie hausgemacht ist. Unser Geld, Banken- und Börsensystem kann man nur als überholt, marode, korrupt und für die Zeit als nicht mehr tauglich bezeichnen. Nicht wenige Menschen befürchten sogar Anzeichen zu sehen, dass wir bewusst auf einen dritten Weltkrieg eingestimmt werden, denn der sei nicht mehr vermeidbar. Die größten Nutznießer eines solchen weltweiten Krieges wären vor allem das Pharmakartell, die Waffenschmieden und Nahrungsmittelkonzerne samt Samenmonopolisten.

Wir hatten fast ein Jahrhundert Zeit, die Dinge zu ändern, die Regeln zu straffen, dem Wahnsinn von Blindverkäufen, Derivaten, Bankanleihen, staatlichen Stützungen ein Ende zu bereiten, aus reiner Gier haben wir es nicht getan. Leider, muss man sagen. Wir haben tatenlos zugeschaut, wie immer gewaltigere Konzerne entstanden, denen unsere Kartellämter nichts mehr entgegenzusetzen hatten.

Nun werden die Schulden fällig, mit Zins und Zinseszins und es ist auf dem gesamten Erdball nicht annähernd ausreichendes Kapital vorhanden, um alle Schulden zu begleichen. Bezogen auf das weltweite Bruttosozialprodukt belaufen sich die Gesamtschulden bereits auf ein dreifaches dessen, was jährlich auf der Welt erarbeitet und geschaffen werden kann. Selbst wenn der Staat nun willkürlich Zugriff nimmt auf die kleinen Sparkonten, auf die Gelder der Kleinanleger, auf die von Sparern geschaffenen Rücklagen, weil die Renten eben schon lange nicht mehr sicher sind. Selbst dann wird es nicht reichen, die Schulden zu begleichen.

Dr. Echevers gibt in seinem Buch über den Menschen Johann Silvio Gesell und seinen Wirtschaftsideen eine Plattform, damit sich mehr Menschen mit der genialen Lösung auseinander setzen können. Mehr Leser sollen sich informieren können, dass bereits vor über einem ganzen Jahrhundert die Katastrophe absehbar war und Silvio Gesell ein Wirtschaftsmodell bis in alle Einzelheiten entwickelt hatte, welches die letzten schweren Währungszusammenbrüche, Börsenkräche und Finanzkrisen in elegantester Form verhindert hätte.

Es ist vielleicht noch immer nicht zu spät, dass sich unsere Führungseliten noch einmal mit Gesell beschäftigen. Meine persönliche Auffassung ist es allerdings, dass sie das weiterhin nicht tun werden, sondern sich stattdessen wie immer mit Machiavelli befassen. Es wäre ja auch zu schön gewesen, wenn ein paar kluge Köpfe der Welt jetzt zeigen könnten, dass wir noch einmal davon kommen. Wenn die Katastrophe in ihrem unvorstellbaren Ausmaß so eintritt, wie ich befürchte, wird nichts als wertloses Geld übrig bleiben, Völker, denen alles Hab und Gut genommen wurde, ein aufgebrachter, weil aller Hoffnung beraubter Mob wird sich erheben. Es wird zu unvergleichlichem Blutvergießen kommen und nichts wird mehr so sein, wie es einmal war.

Dabei wäre es so einfach, die Weichen in eine für alle angenehme Zukunft zu stellen. Lesen Sie diesen neuen Echevers, verstehen Sie die komplexe Idee von Gesell und tun Sie mir und sich selbst einen Gefallen: Reden Sie darüber. Vielleicht, wenn viele informiert sind, vielleicht gibt es doch noch eine Chance.

Herrenstrunden, im Dezember 2013

Dr. Ernst Sonntag

Einleitung

Anarchismus ist eine politische Ideenlehre und Philosophie, die Herrschaft von Menschen über Menschen und jede Art von Hierarchie als Form der Unterdrückung der individuellen Freiheit ablehnt. Es gibt innerhalb des Anarchismus viele teils sehr unterschiedliche Strömungen. Grundsätzlich bedeutet Anarchie die Aufhebung hierarchischer Strukturen – bis hin zur Auflösung staatlicher Verwaltung der menschlichen Gesellschaft. Im Mittelpunkt stehen Freiheit, Selbstbestimmung, Gleichberechtigung, Selbstverwirklichung der Individuen und kollektive Selbstverwaltung. Der Anarchismus wird in einem sozialrevolutionären Sinn von seinen Vertretern als Synthese zwischen individueller Freiheit wie im Liberalismus und sozialer Verantwortung für die Gemeinschaft wie im Sozialismus verstanden.

Menschen, die nach diesen Prinzipien leben oder eine herrschaftsfreie Gesellschaft anstreben, werden als Anarchisten bezeichnet. Bisweilen wird das Adjektiv libertär als Synonym für „anarchistisch" benutzt. Unkonventionell und frei denkende Menschen, die sich über Axiome hinwegsetzen werden aufgrund ihrer revolutionären Denkweise oft negativ mit dem Attribut ‚Anarchist' versehen.

Wer Gewaltfreiheit predigt, sich um ein friedliches Miteinander zum Wohle aller kümmert, wird von den Machthabern heute sehr schnell als Anarchist bezeichnet. Jede Bewegung, ja jedes Gedankenmodell, das in seiner Realisation die Eliten aus den Schaltstellen der Gesellschaft hebeln könnte, wird von denselben sofort der Anarchie zugeordnet, verpönt, abgelehnt und bis aufs Blut bekämpft.

Im besten Sinne des Wortes war Silvio Gesell mit seinen Theorien der Freiwirtschaft also ein Anarchist und sein Wirtschaftsmodell ein anarchistisches System. Mit diesen Attributen versehen hatte er keine Chance auf Realisierung.

Wer dieses Buch zur Hand nimmt, darf wohl vorher darauf aufmerksam gemacht werden, was er erwarten kann; aber er muss auch wissen, was er nicht erwarten darf.

Er darf erwarten, dass er in Bezug auf die Erkenntnis und Darlegung ökonomischer Zusammenhänge und Gesetzmäßigkeiten eine Lehre von vollendeter Schlüssigkeit und ungeheuerlicher praktischer Bedeutung für das soziale Leben kennenlernen wird. Doch er darf nicht erwarten, dass ihm die Wahrheit, die wissenschaftliche wirtschaftstheoretische Erkenntnis zu jeder Sonderfrage und jedem Unterthema schon in diesem Buch in ausgeschliffener wissenschaftlicher Form unterbreitet wird.

Kapitel Nr. 1 – Der Mensch Silvio Gesell

Johann Silvio Gesell wurde 1862 in St. Vith im östlichen Belgien, heute: Provinz Lüttich, Deutschsprachige Gemeinschaft Belgiens, als Sohn einer wallonischen Mutter Irme und seines deutschen Vaters, Walter Gesell geboren. Sein Vater preußischer Kreissekretär aus Aachen stammend. Silvio war das siebte Kind von neuen Geschwistern aus dieser Ehe.

Silvio Gesell stammte aus dem Kreis Eupen-Malmedy, wo sich die deutschen und französischen Kulturkreise berühren. In seinem Elternhaus wurden auch beide Sprachen gesprochen. Der deutsch-französische Krieg von 1870/71 weckte in Gesell schon frühzeitig den Wunsch nach einer Aussöhnung zwischen beiden Ländern. Glaubensunterschiede zwischen seiner katholischen Mutter und seinem protestantischen Vater führten dazu, dass sich Gesell von den Konfessionen löste und für andere geistige Strömungen empfänglich wurde: für die französische Aufklärung, für die philosophischen Gedanken von Stirner und Nietzsche oder auch für die Evolutionslehre von Darwin und Haeckel.

Nach dem Besuch der Bürgerschule in Sankt Vith wechselte Gesell zum Gymnasium in Malmedy. Er musste schon früh für seinen Lebensunterhalt sorgen, verzichtete deshalb auf ein Studium und trat in den Dienst der deutschen Reichspost ein. Die Beamtenlaufbahn lag ihm jedoch nicht. Er beschloss, bei seinen älteren Brüdern in Berlin den Beruf eines Kaufmanns zu erlernen.

Danach lebte er zwei Jahre als Korrespondent in Málaga. Widerwillig kehrte er nach Berlin zurück, um den Militärdienst abzuleisten. Anschließend arbeitete er als kaufmännischer Angestellter in Braunschweig und Hamburg.

Mit 25 Jahren wanderte Silvio Gesell 1887 nach Argentinien aus. Er blieb in Buenos Aires, wo er als Kaufmann, Importeur und Fabrikant erfolgreich tätig war.

Er machte sich selbständig und eröffnete eine Filiale des Berliner Geschäfts seiner Brüder. Die heftigen Wirtschaftskrisen des Landes, die seine Geschäftstätigkeit stark beeinflussten, regten ihn zum Nachdenken über die strukturelle Problematik des Geldwesens an. 1891 veröffentlichte Gesell seine erste währungstheoretische Schrift: Die Reformation des Münzwesens als Brücke zum sozialen Staat. Es folgten ,Nervus rerum' und ,Die Verstaatlichung des Geldes'. Nachdem er 1890 sein argentinisches Geschäft seinem Bruder übereignet hatte, kehrte er 1892 nach Europa zurück.

Nach einem kurzen Zwischenaufenthalt in Deutschland (Deutsches Kaiserreich) ließ sich Gesell in Les Hauts-Geneveys im Kanton Neuenburg in der Schweiz nieder, wo er einen Bauernhof erworben hatte. Neben seiner Arbeit in der Landwirtschaft widmete er sich weiterhin volkswirtschaftlichen Studien und der Schriftstellerei. Der von ihm 1900 gegründeten Zeitschrift ,Die Geld- und

17

Bodenreform' war kein großer Erfolg beschieden; sie musste aus finanziellen Gründen bereits 1903 wieder eingestellt werden.

Von 1907 bis 1911 lebte Gesell wieder in Argentinien. Danach siedelte er nach Deutschland über und wählte als Wohnsitz die vegetarisch ausgerichtete, von Franz Oppenheimer mitbegründete Obstbaugenossenschaft ‚Eden in Oranienburg' nördlich von Berlin. Hier gründete er gemeinsam mit Georg Blumenthal die Zeitschrift ‚Der Physiokrat'. Im März 1916, während des Ersten Weltkriegs, wurde sie von der Kriegszensur jedoch endgültig verboten.

Danach verließ Gesell 1916 Deutschland und begab sich wieder auf seinen Bauernhof in der Schweiz. Im April 1919 wurde er von Ernst Niekisch in die Revolutionsregierung der Münchner Räterepublik nach München gerufen. Diese bot ihm zunächst einen Sitz in der sogenannten Sozialisierungskommission an und ernannte ihn kurze Zeit später zu ihrem „Volksbeauftragten für Finanzen" mit Sitz in München.

In dieser Zeit arbeitete er mit dem Jura-Professor Karl Polenske von der Universität Greifswald sowie mit dem schweizerischen Arzt und Mathematiker Theophil Christen zusammen. Seine Amtszeit dauerte allerdings nur sieben Tage. Nach dem blutigen Ende der Räterepublik wurde Gesell nach mehrmonatiger ungesunder Haft im Juli 1919 in einem Hochverratsprozess vor einem Münchner Standgericht aufgrund seiner Selbstverteidigungsrede freigesprochen. Die Prozesskosten gingen zu Lasten der Staatskasse. Wegen seiner Beteiligung an der ‚Münchner Räterepublik' wurde ihm als "unerwünschtem Ausländer" aber von den Schweizer Behörden die Rückkehr auf seinen Bauernhof verweigert.

Daraufhin zog sich Gesell zunächst nach Rehbrücke bei Berlin, später wieder nach Oranienburg-Eden zurück. 1924 folgte nochmals ein Aufenthalt in Argentinien. Ab 1927 wohnte er wieder in Eden, wo er am 11. März 1930 einer Lungenentzündung erlag und einige Tage später im kleinen Kreis beigesetzt wurde. Die Grabrede hielt Bertha Heimberg.

Silvio Gesell war verheiratet mit Anna, geb. Böttger und hatte mit ihr die Kinder Fridolin, Anita, Don Carlos Idaho und Johanna, genannt "Tutti". Aus seiner Verbindung mit Jenny Blumenthal, geb. Führer, ging 1915 Hans-Joachim Führer hervor. Weitere Beziehungen hatte Gesell mit Wanda Tomys und Grete Siermann.

Durch sein Geschäft hatte Gesell ein gewisses Vermögen erworben, mit dem er so zu disponieren vermochte, dass die Krisen ihm nicht in größerem Umfang schadeten. Außerdem wurde er von Freunden unterstützt, besonders von Paul Klemm in Siebenbürgen/Rumänien, einem wohlhabenden Holzfabrikanten, der zuweilen die Druckkosten für Gesells Veröffentlichungen, u. a. für die NWO 1920, bezahlte.

Die Entdeckung der Notwendigkeit einer der Natur und dem Menschen gemäßen Geldordnung gab dem Leben Gesells eine entscheidende Wende. Er wurde zum Sozialreformer. Seine Erkenntnisse verbreitete er durch eine Fülle von Broschüren, Büchern, Aufsätzen und Vorträgen in deutscher und spanischer Sprache. 1916 erschien sein Hauptwerk Die natürliche

Wirtschaftsordnung durch Freiland und Freigeld, das seither zehn Auflagen und zahlreiche Übersetzungen erlebte. Gesell, ohne Hochschulbildung, hat seine Erkenntnisse aus praktischen Erfahrungen und Beobachtungen als Geschäftsmann gewonnen, ergänzt durch das Studium wirtschaftlicher Literatur (Pierre-Joseph Proudhon, Karl Marx, Henry George u. a.). Dementsprechend sind seine Bücher und Schriften in anschaulicher Sprache geschrieben und praxisbezogen.

Nach Silvio Gesell ist das argentinische Seebad Villa Gesell am Atlantischen Ozean benannt, das sein Sohn Carlos nördlich von Mar del Plata gegründet hatte und das über 20.000 ständige Einwohner zählt. Die heftigen argentinischen Wirtschaftskrisen gaben ihm den Anstoß zu theoretischen Überlegungen.

Im Jahre 1900 zog sich Gesell vom aktiven Geschäftsleben zurück und übersiedelte mit eben 38 Jahren zurück nach Europa in die Schweiz. Auf einem Bauernhof bei Neuchátel betätigte er sich als Landwirt und betrieb als Autodidakt ausgedehnte wirtschaftswissenschaftliche Studien. Seine praktischen Erfahrungen und theoretischen Einsichten verarbeitete er in zahlreichen Veröffentlichungen. 1916 erschien in Bern sein Hauptwerk "Die natürliche Wirtschaftsordnung durch Freiland und Freigeld", das bisher insgesamt neun Auflagen in deutscher Sprache erlebte und außerdem ins Englische, Französische und Spanische übersetzt wurde.

Im April 1919 hätte Gesell beinahe die Möglichkeit gehabt, seine Theorien in der Praxis zu erproben. Er wurde auf Vorschlag des Kulturphilosophen Gustav Landauer zum Volksbeauftragten für

Finanzen der 1. Bayerischen Räterepublik gewählt. Seine Amtszeit währte jedoch nur eine Woche; dann wurde die erste - libertäre - Räteregierung von einer zweiten - kommunistischen - Räteregierung gestürzt. Nach deren Ende wurde Gesell zunächst des Hochverrats angeklagt, später jedoch von dieser Anklage freigesprochen.

Wegen seiner Teilnahme an der Münchener Revolution verweigerten ihm die Schweizer Behörden die Rückkehr auf seinen Bauernhof im Neuenburger Jura. Daraufhin zog Gesell vorübergehend in die Nähe von Potsdam und danach in die nördlich von Berlin gelegene, von Franz Oppenheimer mitbegründete Genossenschaftssiedlung Eden-Oranienburg, wo er bis zu seinem Tod im Jahre 1930 schriftstellerisch tätig blieb.

Silvio Gesell war ethischer Vegetarier, der aus Achtung vor Tieren das Fleischessen ablehnte. Er vertrat eine weltbürgerliche Gesinnung. Nach seiner Überzeugung sollte die Erde allen Menschen gleichermaßen gehören, ohne Unterschied von Rasse, Geschlecht, Stand, Vermögen, Religion, Alter oder Leistungsfähigkeit. Landesgrenzen müssten überflüssig werden.

Gesell baute seine volkswirtschaftlichen Überlegungen auf den Eigennutz des Menschen als gesundem, natürlichem Antrieb, der es ihm erlaube, seine Bedürfnisse zu verfolgen und wirtschaftlich tätig zu sein. Dieser Gegebenheit müsse auch eine Wirtschaftsordnung gerecht werden, sonst sei sie zum Scheitern verurteilt. Deshalb nannte Gesell die von ihm entworfene Wirtschaftsordnung „natürlich". Mit dieser Haltung stellte er sich bewusst in Gegensatz zu Karl Marx, der eine Änderung der gesellschaftlichen Verhältnisse forderte.

In Berücksichtigung des Eigennutzes trat Gesell ein für freien, fairen Wettbewerb mit gleichen Chancen für alle. Dazu gehörte für ihn der Abbau aller ererbten und gesetzlichen Vorrechte. Jeder sollte einzig seine persönlichen Fähigkeiten einsetzen, damit aber auch sein Auskommen finden können. In der von ihm angestrebten „natürlichen Wirtschaftsordnung" würde der freie Wettbewerb den Begabtesten gerechterweise das höchste Einkommen sichern, ohne Verfälschung durch Zins und Bodenrente. Ebenso würde sie den weniger Befähigten ein ausreichendes Auskommen gewähren, weil ihnen keine Abgaben für Zins und Bodenrente auferlegt sein würden. Ein gerechter Ausgleich von Arm und Reich wäre möglich. Daneben stünden für die Unterstützung von Bedürftigen genügend Mittel zur Verfügung, weil das erhöhte Durchschnittseinkommen jedem erlaube, für sie das Nötige aufzuwenden.

Zwei Jahre nach Gesells Tod (1930) kam es zu Aktionen mit dem von ihm vorgeschlagenen Freigeld, wie etwa in Schwanenkirchen im Bayerischen Wald und in Wörgl in Tirol/Österreich. Auch die auf der Insel Norderney durchgeführte WÄRA-Freigeldaktion gehört in diese Reihe.

Diese Aktionen konnten die schlimmen Auswirkungen der Weltwirtschaftskrise der 1930er Jahre für die Teilnehmer spürbar mildern. Das Interesse daran war groß.

Aus Frankreich reiste der Finanzminister und spätere Ministerpräsident Édouard Daladier nach Wörgl, und in den USA schlug der Volkswirtschaftler Irving Fisher der amerikanischen Regierung – wenn auch vergeblich – vor, ein Wörgl-ähnliches Geld mit Namen ‚Stamp Scrip' zur Überwindung der Wirtschaftskrise einzuführen.

Da die Ausgabe von geldähnlichen Wertzeichen gesetzlich den Zentralbanken vorbehalten war, wurden die Aktionen verboten. Daraufhin verschlimmerte sich die wirtschaftliche Situation der Bevölkerung wieder beträchtlich. Zahlreiche Gemeinden in Österreich, Deutschland und der Schweiz – die Rede ist von über 200 – mussten die geplante Einführung von Freigeld abbrechen.

Erich Mühsam würdigte in der von ihm herausgegebenen Zeitschrift ‚Fanal' am 7. April 1930 den Begründer der Freiwirtschaftslehre mit folgendem Nachruf: „Silvio Gesell war ein sozialer Wegbahner von größtem geistigen Wuchs; der Spott der Börsenpraktiker und das Gelächter der Marxisten können seine Bedeutung als Vorkämpfer gerechter und freiheitlicher Gesellschaftsgestaltung nicht mindern. Die Zeit revolutionärer Verwirklichung wird dem Toten vieles abzubitten haben, was die Zeit dogmatischer Unbelehrbarkeit an dem Lebenden und damit zugleich an sich selbst gesündigt hat. Der Weg der Menschheit zur anständigen Gemeinschaft wird mit mancher Fuhre Erde aus dem Garten Silvio Gesells gestampft sein."

Die Freiwirtschaftslehre wird heute von der Wirtschaftswissenschaft und den Vertretern moderner Wirtschaftstheorien in Deutschland weitgehend ignoriert oder inhaltlich abgelehnt.

Wenn ein System besonders und vor allem einer kleinen Gruppe Nutzen bringt, wird natürlich besonders die kleine Gruppe sich gegen jede Veränderung mit allen zur Verfügung stehenden Mittel wehren. Ein sehr beliebtes Mittel dazu ist, dem Autor der neuen Idee den Stempel des „Antisemitismus" aufzudrücken. Davor blieb auch Gesell nicht verschont. Es kommt also nicht von ungefähr, wenn aus der Leitung des Bankenwesens weltweit, aus den Vorständen der großen Wirtschaftskonzerne, der großen kaufmännischen Organisationen des Welthandels und Edelsteinhandels Stimmen aus dem zweiten Glied laut werden. Das Einführen einer Gesellschen Freiwirtschaft würde nämlich zwar dem größten Teil der an der Wirtschaft teilhabenden Menschen schlagartig große Erleichterungen verschaffen, denen aber, die seit Jahrhunderten ohne viel Arbeit satt und reich wurden an Zinserträgen, würde mit einem Mal das Wasser abgedreht und somit deren Lebensinhalt entzogen, nämlich Kapital auf jede erdenkliche Weise anzuhäufen.

Die Eltern Gesells konnten ihren Kindern keine höhere Schulbildung ermöglichen. So ließ sich Silvio Gesell in Berlin im Geschäft seiner beiden Brüder zum Kaufmann ausbilden und ging nach mehreren Stationen in Málaga/Spanien und Deutschland schließlich 1887 nach Argentinien, um in Buenos Aires ein eigenes Geschäft für zahnärztliche und andere medizinische Artikel zu eröffnen. Die dortige Wirtschaftskrise brachte ihn zum Nachdenken über die Ursachen von Inflation und Deflation, von ungerechter Verteilung und Arbeitslosigkeit. Gesell erkannte sie in der Hortbarkeit des Geldes; sie gibt dem Geld die strukturelle Macht, seinen Dienst als allgemeines Tausch- und Kreditmittel entweder von der Zahlung eines Zinses abhängig zu machen oder ihn vorübergehend zu verweigern. Beides hat negative Auswirkungen auf die Wirtschaft: während Zins und Zinseszins zu einer ungerechten Verteilung der Geld- und Produktivvermögen führen, löst die zeitweise Geldhortung Absatzstörungen und Arbeitslosigkeit aus; außerdem macht sie eine stabilitätsgerechte Steuerung der Geldmenge unmöglich, was Schwankungen der Kaufkraft des Geldes zur Folge hat.

Um diesen Missständen abzuhelfen und eine von spekulativen Störungen freie Zirkulation des Geldes zu gewährleisten, schlug Gesell die Einführung von nicht hortbaren „rostenden Banknoten" vor. Sie sollten das Angebot und die Nachfrage auf den Arbeits-, Güter- und Kapitalmärkten in ein Gleichgewicht bringen, in dem das Zinsniveau allmählich gegen Null absinkt. Als Folge davon erwartete Gesell Vollbeschäftigung, Geldwertstabilität und eine gerechtere Einkommens- und Vermögensverteilung.

Seine Theorie der Geldreform legte Gesell in zahlreichen Büchern und Aufsätzen dar, die seit 1891 in deutscher und spanischer Sprache erschienen. Um die Jahrhundertwende begann er sich auch mit der Bodenreformkonzeption des nordamerikanischen Sozialreformers Henry George zu beschäftigen. Den Gedanken einer Gleichberechtigung aller Menschen gegenüber der Erde als unverkäuflichem Gemeinschaftsgut verband Gesell mit seinen eigenen Gedanken zu einer umfassenden Theorie der Geld- und Bodenreform. Nach einem längeren Aufenthalt in der Schweiz lebte er von 1906 bis 1911 wieder in Argentinien und entwickelte seine Gedanken über eine gerechte internationale Währungsordnung als Fundament für einen sowohl von Monopolen als auch von Zöllen freien Welthandel. Außerdem beschäftigte sich Gesell mit dem den Weltfrieden fördernden Gedanken, dass die Bodenschätze der Erde nicht länger von Firmen und Staaten angeeignet werden dürften. Stattdessen sollten sie als ein gemeinschaftliches Menschheitseigentum von einer internationalen Institution verwaltet werden. Die für ihre private Nutzung erhobene Gebühr sollte der internationalen Institution zufließen und für Wiederaufforstungs- und andere umwelterhaltende Maßnahmen verwendet werden. Und die öffentlichen Einnahmen aus der privaten Nutzung von Grundstücken sollten für den Unterhalt von Müttern und Kindern verwendet werden.

Seine Gedanken fasste Silvio Gesell in seinem Hauptwerk „Die Natürliche Wirtschaftsordnung durch Freiland und Freigeld" zusammen. Während des ersten Weltkriegs erschien es zuerst in Berlin und in der Schweiz. Auf Initiative von Ernst Niekisch und Gustav Landauer beteiligte sich Gesell im April 1919 als Volksbeauftragter für das Finanzwesen an der ersten Bayerischen Räterepublik. Nach deren Sturz geriet er vorübergehend in Haft und wurde schließlich von der Anklage des Hochverrats freigesprochen. Dennoch verweigerte ihm die Schweiz die Wiedereinreise.

Daraufhin ließ sich Gesell 1920 in der Nähe von Potsdam nieder und baute sein Modell einer „Marktwirtschaft ohne Kapitalismus" weiter aus. Dabei knüpfte er außer an Henry George auch an den französischen Sozialreformer Pierre Proudhon an, den Karl Marx ebenso wie die Frühsozialisten Saint-Simon und Fourier heftig bekämpft hatte. Die Wertschätzung für Proudhon verband Gesell mit Gustav Landauer, der seinerseits einen prägenden Einfluss auf den jüdischen Philosophen Martin Buber hatte. Georges Gedanken gelangten durch Theodor Hertzka nach Österreich-Ungarn und durch Michael Flürscheim nach Deutschland, wo sie in abgeschwächter Form durch Adolf Damaschke verbreitet wurden. Ähnlich wie Buber spielte auch der bodenreformerische Soziologe Franz Oppenheimer eine Rolle in den Anfängen der zionistischen Siedlungsbewegung in Palästina. Außer zu Oppenheimers „Liberalsozialismus" gab es gedankliche Parallelen zur „Dreigliederung des Sozialen Organismus" des Anthroposophen Rudolf Steiner.

Innerhalb dieser breit aufgefächerten Suche nach einer freiheitlichen Alternative sowohl zum Kapitalismus als auch zum Marxismus war Gesell derjenige, der die bodenrechtsreformerischen Ansätze am intensivsten um geldreformerische Überlegungen erweiterte. Mit einer Denkschrift wies er 1919 die Weimarer Nationalversammlung auf die Notwendigkeit hin, alle Bevölkerungsschichten mit einer gestaffelten, bis zu 75 prozentigen Vermögensabgabe zur Finanzierung der Kriegsfolgen heranzuziehen und dann mit einer kaufkraftstabilen Währung ein solides Fundament für den wirtschaftlichen Neubeginn und die Weimarer Demokratie zu legen. Außerdem trat Gesell für eine Anerkennung der Reparationsforderungen der Siegermächte und für eine Aussöhnung Deutschlands mit seinen westlichen und östlichen Nachbarn ein. Und neben einer sozialen Gerechtigkeit im Inneren sollte eine „Internationale Valuta-Assoziation" die Voraussetzungen für einen den Weltfrieden fördernden freien und zugleich gerechten Welthandel schaffen.

In seinen Kommentaren zum Zeitgeschehen in der Weimarer Republik trat Gesell antisemitischen, rassistischen und nationalistischen Ideologien entgegen. Immer wieder wandte er sich mit Denkschriften und Aufsätzen an die Sozialdemokratie und Gewerkschaftsbewegung, ohne das erhoffte Verständnis für seine Sozialreformvorschläge bei ihnen zu finden. „Lange Jahre war ich in Sorge, dass ich verunglücken könnte, ehe ich meinen Fund seinem rechtmäßigen Eigentümer ausgehändigt hätte", schrieb Gesell in seiner Münchener „Verteidigungsrede" über seine der Arbeiterbewegung zugedachte Geld- und Bodenrechtsreform. „Seit 30 Jahren bin ich bestimmt nicht ein einziges Mal zu Bett gegangen, ohne mich zu fragen, was ich noch tun könnte, um meinen Schatz zum Gemeingut zu machen." Obwohl Gesell während der 1920er Jahre ignoriert oder verlacht und nur selten ernst genommen wurde, hörte er nicht auf, die Öffentlichkeit weiter vor der Gefahr eines erneuten großen Krieges zu warmen und auch die damalige Friedensbewegung aufzufordern, sich stärker für eine Überwindung der wirtschaftlichen Ursachen von Bürger- und Völkerkriegen einzusetzen.

Kritik an Gesell:

Unabhängig von seiner Bedeutung für die Lehre der Freiwirtschaft wird Gesell immer wieder mit Rassismus, Antisemitismus, Eugenik und Sozialdarwinismus in Verbindung gebracht. Genährt werden solche Verbindungen durch einzelne Redewendungen und Stereotype in Gesells Schriften. So schrieb er beispielsweise von der „Hochzucht des Menschengeschlechts", dem „Zuchtwahlrecht der Frauen" oder hoffte auf eine „Erlösung von all dem Minderwertigen, mit dem die seit Jahrtausenden von Geld und

Vorrecht geleitete Fehlzucht die Menschheit belastet hat". Nach dem Ökonom Werner Onken orientierte sich Silvio Gesell außer an Charles Darwin auch an Max Stirner und Friedrich Nietzsche. Obwohl er in seinen Schriften sozialdarwinistische Termini verwendete, ging es Gesell um die Menschheit als Ganzes und nicht etwa um die Herrschaft eines Volkes oder einer Rasse auf Kosten von anderen. Viele Aussagen Gesells sind nur aus der jeweiligen Zeit heraus und im Vergleich mit zeitgenössischen Texten zu verstehen. Der Sozialphilosoph Johannes Heinrichs sah beim Begründer der Freiwirtschaftslehre „durchaus so etwas wie einen Sozialdarwinismus".

Gesell würde außerdem die Grundgedanken des Manchester-Kapitalismus verteidigen: die „natürliche Auslese der Fähigsten" und eine daraus resultierende „wirtschaftliche Überlegenheit der Tüchtigsten". Der Soziologe Arno Klönne sagte in einem Rundfunkvortrag: „Silvio Gesell war kein Antisemit und er war kein Nationalist oder deutscher Imperialist. Sein politisches Weltbild war auf Gleichberechtigung der Völker, Abbau der nationalen Grenzen, Freihandel und Frieden ausgerichtet. In gewissem Sinne war er allerdings Sozialdarwinist."

Der Ökonom, Politikwissenschaftler und Marxist Elmar Altvater meinte, dass in Gesells Geld- und Bodenreform „ein struktureller Antisemitismus angelegt" sei. Das „freiwirtschaftliche Konzept" sei „anschlussfähig an rassistische und antisemitische Positionen. Viele der Vertreter dieser und ähnlicher Positionen haben mit den Nazis paktiert und ihre Nähe gesucht." Diese Kritik wurde von Werner Onken zurückgewiesen. Der Vorwurf Altvaters, dass viele Anhänger Gesells mit den Nationalsozialisten paktiert und ihre Nähe gesucht haben, „lässt sich leider nicht bestreiten: Im historischen Kontext erscheint sie jedoch in einem differenzierteren Licht."

Gesells Anhänger hätten Politikern der demokratischen Parteien und den Gewerkschaften immer wieder Vorschläge zur Stabilisierung der wirtschaftlichen Konjunktur unterbreitet. Sie seien jedoch nicht beachtet und ignoriert worden. Für Onken sind die erhobenen Vorwürfe des Antisemitismus unberechtigt. Onken räumt zwar ein, dass „Silvio Gesells Kapitalismuskritik nur in ihren Anfängen noch nicht frei von antisemitischen Ressentiments" gewesen sei. So habe er beispielsweise bedauerlicherweise „den Geldwucher nochmals mit den Juden assoziiert". Sein Resümee: „Anhand von Originalquellen lässt sich zeigen, dass Silvio Gesells Kritik am kapitalistischen Geldwesen sich nicht gegen die Juden richtete. Abgesehen von zwei fragwürdigen Äußerungen aus seinen Frühschriften (1891/92) und aus seinem Hauptwerk (1916/20) zieht sich eine respektvolle Einstellung zu Juden durch sein Werk."

Auch die Behauptung des Schriftstellers Carl Amery, Gesell habe Gottfried Feder inspiriert und sei der Ideenlieferant für Feders nationalsozialistischen Propagandaruf Brechung der Zinsknechtschaft gewesen, wird von Werner Onken zurückgewiesen. Feder hat sich in seinen Veröffentlichungen mehrfach ablehnend über Gesell geäußert. So schrieb er zum Beispiel 1923 im Völkischen Beobachter:

„In den gewaltigen Frühlingsstürmen, die einer neuen Zeit vorausgehen, haben sich immer falsche Propheten zum Wort gemeldet. Daneben erscheinen immer ganze Reihen von Schwarmgeistern.

Der gefährlichste dieser deutschen Propheten war und ist Silvio Gesell. Seine Lehre von Freiland und Freigeld hat geradezu Verheerungen angerichtet in vielen deutschen Köpfen. Die restlose Ablehnung und wissenschaftliche Erledigung der Gesellschen Irrlehre kann heute als Gemeingut des Nationalsozialismus angesehen werden."

Der Berliner Freiwirtschaftler Josef Hüwe stellte außerdem dar, dass Feder nicht von Gesell, sondern hauptsächlich von den antisemitischen Geldreformern Wenzel Schober und Josef Schlesinger beeinflusst wurde."

In meinen Recherchen über Gesell habe ich herausgefunden, dass Gesell sich auf jeden Fall für Eugenik interessiert hat. Er vertrat durchaus die Ansicht, dass Erbmasse einen sehr relevanten Teil an Intelligenz, Charakter usw. hat. ABER: Er hat sich dafür eingesetzt, dass Mütter vom Staat genug finanzielle Mittel bekommen, damit sie auch allein erziehend leben können. Seine Begründung war, dass Liebe instinktiv auf das biologisch richtige hinweist, dass aber die gesellschaftlichen Verhältnisse der Umsetzung Steine in den Weg legen. Deshalb hat er sich auch gegen die Ehe ausgesprochen (und Kinder von mindestens 10 Frauen gehabt).

Gesell hat tatsächlich die wirtschaftliche Überlegenheit der Tüchtigsten befürwortet, doch wollte er sie eingebettet haben in gerechte Regeln für den Wettbewerb, wie er sie erst nach einer Geld- und Bodenreform gewährleistet sah. Niemand sollte durch Vorrechte begünstigt sein.

Zu Antisemitismus habe ich hingegen keine Beweise gefunden!

Ich finde es auch bemerkenswert, dass immer da, wo Argumente ausgehen, die Begriffe „Antisemitismus" oder „nationalsozialistisches Gedankengut" wie Trumpfkarten ausgespielt werden. Selbst von Keynes, Mises und eben auch Gesell lassen sich aus heutiger Sicht problematische Zitate finden. Und da sind sie nicht die einzigen, sie waren eben Menschen ihrer Zeit. Ich habe schon lange den Eindruck, dass Gegner der Freiwirtschaftslehre sich mit sehr fragwürdigen Meinungen auf Gesell eingeschossen haben, um diese Lehre ablehnen zu können, statt einmal richtig ihren Gehalt zu studieren. Was haben sie zu verlieren? Ihren Glauben an irgendetwas? Ihre Vorstellungen? Ihr Ansehen bei irgendjemandem? Ihren Reichtum? Ihre Vorrechte? Ihre Stellung?

Sozialdarwinismus ist m.E. heute sowohl bei den Sarrazinisten als auch im rechtslibertären Spektrum festzustellen. Rassismus, Sozialdarwinismus und Eugenik kamen wohl erst durch das Scheitern der Nazis und anderer nahestehender Bewegungen aus der Mode. Selbst das zog sich aber noch, es dauerte noch Jahrzehnte weltweit bis hier ein gewisser weltweiter Konsens hergestellt und umgesetzt wurde, siehe Südafrika. Man Muss Eugenikern und anderen auch zugute halten dass man sich damals einiges einfacher vorstellte als wir glauben das es ist. Freilich gab es damals schon harsche Kritik, man bezeichnete den Nationalsozialismus als Rinderzüchterideologie.

Einige Zitate von Silvio Gesell zu den sog. Vorwürfen:

- Rassefragen sind private Fragen, keine Staatsangelegenheiten. Als Staatsangelegenheit behandelt wird die Rassenfrage zur

Judenfrage, zur Polenfrage, zur Zigeunerfrage, zur sächsischen, bajuwarischen, preußischen Frage, und schließlich noch zur Frage des roten und blauen Blutes. Solche Politik führt unrettbar zum Fiasko.

- Alle Menschen, jeder einzelne Mensch, hat auf den Boden, auf dem ganzen Erdball die gleichen, unveräußerlichen Rechte, und jede Einschränkung dieses Rechts bedeutet Gewalt, bedeutet Krieg.

- Mit der Rasse, Sprache, Religion hat man noch niemals einen Staat vom anderen trennen können. Das Leben webt diese Trennungszeichen immer wieder zu, wie die Wunde einer Baumrinde durch Überwallung vernarbt und verschwindet.

- Der gesunde Mensch hält die Welt nicht für einen Garten, wo die Völker, durch bunte Eisenstäbe getrennt, in Einzelhaft leben sollen.

- Gesell schrieb 1918: Trotz des Versprechens der Völker, den Krieg für alle Zeiten zu ächten, trotz des Rufes der Millionen: "Nie wieder Krieg!", entgegen all den Hoffnungen auf eine schöne Zukunft muss ich es sagen: Wenn das heutige Geldsystem, die Zinswirtschaft beibehalten wird, so wage ich es heute schon zu behaupten, dass es keine 25 Jahre dauern wird, bis wir vor einem neuen, noch furchtbareren Krieg stehen. Ich sehe die Entwicklung klar vor mir: In den unzufriedenen Massen werden wilde, revolutionäre Strömungen wach werden, und auch die Giftpflanze des Übernationalismus wird wieder wuchern. Kein Land wird das andere mehr verstehen, und das Ende wird nur wieder Krieg sein. (Offener Brief Gesells an die "Berliner Zeitung am Mittag", November 1918)

Kapitel Nr. 2 – Geldlehre des Silvio Gesell

Silvio Gesells Geldlehre ist im Kern eine Krisentheorie, eine Erklärung der Abfolge von Hochkonjunktur und Depression im Laissez-faire-System des späten 19. Jahrhunderts, das Werner Sombart Hochkapitalismus nannte. Gesell verarbeitete darin seine Erfahrung mit der Goldwährung, die im 18. Jahrhundert in Portugal und England aufkam und nach bedeutenden Goldfunden in Kalifornien (1848) und Australien (1852) im letzten Drittel des 19. Jahrhunderts von fast allen Staaten Europas und Amerikas übernommen wurde. Der Goldstandard ist ein Währungssystem, in dem als Großgeld nur Goldmünzen und Banknoten umlaufen. Silber, das seit dem Mittelalter das Haupt-Währungsmetall war, lief seitdem außerhalb Asiens fast nur noch als unterwertig ausgeprägtes Kleingeld (Scheidemünze) um.

Um Banknoten zu einem verlässlichen Zahlungs- und Wertaufbewahrungsmittel zu machen, hatten Notenbanken unter dem Regime des Goldstandards die Pflicht, ihr Papiergeld jederzeit auf Verlangen in Gold einzulösen und dafür einen Vorrat an Gold zu halten. Die meisten Währungsgesetze schrieben einen Deckungsstock von einem Drittel der Notenemission vor. Eine Banknote war also vor 1914 so etwas wie eine Anweisung auf Gold

- so gut wie dieses, nur bequemer im Zahlungsverkehr zu gebrauchen.

Die Entdeckung neuer Silberlager in den USA, neue Schmelzverfahren, vor allem aber die Demonetisierung des Silbers ließen im letzten Viertel des 19. Jahrhunderts den Preis von Silber verfallen. Um den Zahlungsverkehr mit Goldmünzen auszustatten und die vorgeschriebene Goldreserve aufzubauen, kauften die europäischen und amerikanischen Notenbanken Gold auf und verkauften Silber. Um 1900 bekam man für Silber nur noch etwa halb so viel Gold wie 1870. Dadurch sanken die Preise vieler Welthandelswaren in den Goldwährungsstaaten, denn sie konnten nun Einfuhren aus Staaten, die noch am Silber festhielten, mit etwa der halben Menge Gold, die früher nötig war, bezahlen. Außerdem wurde Kredit knapp, weil die Deckungspflicht die Fähigkeit der Banken, Kredit zu schöpfen, beschränkte.

Die Deflation der Bismarckzeit traf vor allem die Produzenten von Agrargütern und anderen Rohstoffen. Im Mittleren Westen der USA begründete sie eine Landvolk-Bewegung, die alle Schuld dem Geldadel an der Ostküste, Wall Street, zuschrieb und eine Reflation des Preisniveaus durch Wiedereinführung der bimetallischen Währung forderte. In Deutschland setzte die Lobby der Großlandwirte Agrarschutzzölle durch.

Gesell ging 1887 nach Buenos Aires, um mit zahnmedizinischem Gerät zu handeln. Sein Geschäft war eine Filiale einer Handelsfirma, die zwei seiner Brüder in Berlin betrieben. Argentinien war damals ein Schwellenland auf dem Weg zum entwickelten Agrarstaat. Es exportierte hauptsächlich Weizen und Wolle, litt aber - wie fast die ganze Welt - unter den Anpassungsproblemen, die der Übergang zur Goldwährung verursachte. Das Bankenwesen der lateinamerikanischen Staaten war damals noch ganz in privater Hand und wurde sehr spekulativ betrieben. Zentralnotenbanken, die das Geldangebot gemäß den Bedürfnissen der Gesamtwirtschaft steuerten, fehlten noch, es gab dramatische Vertrauenskrisen, wodurch die Wirtschaftsentwicklung recht sprunghaft verlief. Über den Zustand der argentinischen Wirtschaft ausgangs des 19. Jahrhunderts schrieb ein Gesell-Biograph:

"Das Preisniveau sank wegen des relativen Mangels an Geld und die wirtschaftliche Entwicklung kam zum Erliegen. Bankrotte, Arbeitslosigkeit und Defizite im Staatshaushalt waren die Folgen, die die Regierung durch einen Übergang zu einer systemlosen Papiergeldwirtschaft bekämpfte. Die sich nunmehr einstellende Inflation wurde wiederum mit einer Politik des deflationären Preisabbaus beantwortet, die die Wirtschaft erneut lähmte.

Diese großen Preisniveauschwankungen gaben Silvio Gesell den Anstoß, sich im Interesse seiner eigenen Geschäfte eingehend mit dem Geldwesen zu beschäftigen. Leichter als in Europa, wo die moderne Wirtschaftsform sich bereits als eine Selbstverständlichkeit eingespielt hatte, konnte er ihre Grundprinzipien hier in Argentinien im Frühstadium ihrer Entfaltung studieren. Gesell beobachtete die Entwicklung des Preisniveaus sehr genau und gelangte zu Schlussfolgerungen, die ihm gestatteten, seine Geschäfte durch geschicktes Disponieren vor Schäden zu bewahren und sich trotz aller äußeren Wirrnisse ein ansehnliches Vermögen zu erarbeiten."

Das erlaubte es ihm, 1898 seine Geschäfte in Argentinien einem jüngeren Bruder, der seit 1895 Teilhaber war, später seinen Söhnen zu übertragen. Gesell erwarb einen Bauernhof bei Neuchâtel im Schweizer Jura und betätigte sich fortan als Landwirt und Schriftsteller, mit starkem Sendungsbewusstsein, das ihn antrieb, sich unermüdlich durch Vorträge, Briefe und Denkschriften in das politische Tagesgeschäft einzumischen. Er arbeitete sich im Selbststudium durch nationalökonomische und geschichtsphilosophische Literatur und gab eine Flut von eigenen Schriften heraus, deren Verbreitung er teils selbst finanzierte. Seine gesammelten Werke umfassen 18 Bände, einschließlich der Briefe. Gesell wurde nach und nach der führende Kopf einer linksliberal-anarchistisch gesinnten Sozialreform-Bewegung, die Freiland-Freigeld-Bund, auch Freiwirtschaftsbund hieß. Ihr Anliegen wird heute von einer in Hamburg sitzenden "Stiftung für die Reform der Geld- und Bodenordnung", die sich der Pflege des Geisteserbes von Silvio Gesell angenommen hat, vertreten.

Kapitel Nr. 3 – Bekenntnis eines Ketzers

Vierzehn Jahre dauerte sein Aufenthalt in Argentinien. Um zu verstehen, in welcher Zeit er gelebt hat, welche wirtschaftlichen Schwierigkeiten in den Länder Südamerikas seine Denkweise, sein Lösungsbestreben geprägt haben, halte ich es für sehr sinnvoll, einen seiner Artikel aus der damaligen Zeit zu lesen. Während die Industrialisierung in Europa zu jener Zeit bereits voll entwickelt war, behinderte die spanische Kolonialmacht eine eigenständige Entwicklung Argentiniens.

Die spanische Regierung war nur an den berühmten Silbervorkommen interessiert (daher „Argentinien" von lateinisch Argentum = Silber), nicht jedoch an einer eigenständigen Entwicklung von Landwirtschaft, Handel und Gewerbe. Dies hätte Spanien zu wichtigen Importen aus der eigenen Kolonie genötigt.

Nach dem Sturz des Diktators Juan Manuel de Rosas trat 1853 eine liberale Verfassung in Kraft, die das Land auch für Einwanderer öffnete. Die Wirtschaft begann zu blühen, Schafwolle wurde zum wichtigsten Exportartikel. Ein Rückgang der Weltkonjunktur Mitte der 1870er Jahre und die Einführung einer goldgedeckten Währung führte um 1890 zu einer Wirtschaftskrise. Die exportorientierte Wirtschaft wurde durch die Golddeckungsvorschriften gefesselt. Es entwickelten sich die typischen Zeichen einer deflationären Abwärtsspirale:

Abnehmende Geldmenge,

Sinkende Löhne,

Geldhortung (Konsumrückgang),

Warenstau,

Unternehmenspleiten

Massenentlassungen,

Massenarbeitslosigkeit.

Der Versuch, durch Ausweitung der Geldmenge mit einer Inflation dem wegen des allgemein sinkenden Preisniveaus steigenden Geldwert gegenzusteuern, scheiterte, weil die Menschen auch das neue Geld horteten. Das Warenangebot blieb überhöht, die Preise sanken wieder schnell auf das alte Niveau. Langfristige Preiserhöhungen hätten das Sparen unattraktiver gemacht, dadurch die Menschen zu mehr Konsum getrieben, und die heimische Wirtschaft wieder angekurbelt.

„Südamerika verursacht den Nationalökonomen in Europa schwere Kopfschmerzen.

Das Papiergeld, welches hier den Verkehr vermittelt, ist mit den Werttheorien jener Gelehrten durchaus nicht in Einklang zu bringen. Die Nationalökonomen bestehen immer noch darauf, dass das Material der Münzen dem Gelde Wert verleiht, dass die

Produktionskosten dieses Materiales den Preis der Münzen bestimmen, obwohl die Kreolen diese Theorien schon längst theoretisch und praktisch über den Haufen geworfen haben. Argentinien allein besitzt Papiergeld, welches einen Börsenwert von circa 100 Millionen Gold hat, während die Produktionskosten dieses Geldes nicht eine halbe Million betragen.

Wie ist diese Tatsache mit der Theorie zu decken, wonach die Produktionskosten den Preis der Münzen bestimmen? Diese Banknoten sind von einem Staat garantiert, welcher im In- und Auslande den Kredit verlor; sie sind von Banken ausgegeben, die nicht einmal in der Lage sind, die Privatdepots zurückzuzahlen, die wenig Inkasso haben; und dennoch besitzen diese Noten Wert und zwar einen sehr hohen Wert. Es gibt kein Land in der Welt, welches bei gleicher Einwohnerzahl Geld im Werte von 100 Millionen Gold besitzt, und dabei hat Argentinien kaum eine halbe Million für die Anschaffung dieses Geldes ausgegeben.

Man behaupte nicht, dass diese Banknoten Schuldscheine der Regierung, Kreditpapiere vorstellen, dass die Regierung diese Schuldscheine einst einlösen wird und dass der Börsenwert der Banknoten sich auf die Hoffnung stützt, dass die Noten einst pari mit Gold eingelöst werden.

In Argentinien erwartet niemand mehr die Einlösung. Im Gegenteil, jedermann ist sich vollkommen bewusst, dass die Regierung die Noten noch vermehren wird, sowie das Moratorium abgelaufen sein und das Geld in den Staatskassen knapp sein wird. Wer verspricht denn übrigens die Einlösung der Konversion der Noten? In den Noten selbst ist kein Wörtchen davon die Rede. Die Inschrift der Banknote verspricht dem Inhaber einen gesetzlichen Taler, aber weder Gold noch Silber.

Was ist denn ein gesetzlicher Taler? Ein Peso „de curso legal"? Kein Auge hat es je gesehen. Kein Ohr wird es jemals hören, was ein gesetzlicher Taler ist. Ein gesetzlicher Taler ist ein Phantom-Taler, ein unwägbares, unmessbares, unsichtbares Ding, unsichtbarer als die Seele eines Maikäfers. Und diese Maikäferseele, dieser Phantasietaler, dieser gesetzliche Taler hat Wert, und zwar klingenden Goldwert.

Es sind auch nicht etwa Zinszahlungen a la Rententiteln, welche dem Phantomtaler Wert verleihen. Die Regierung bezahlt keinen Heller Zins für die 300 Millionen Papiertaler, welche sie in Umlauf gesetzt hat. Im Gegenteil, wer sich diese Taler verschaffen muss, hat Zinsen, schwere Zinsen zu zahlen. Wenn das Papiergeld, wie die Nationalökonomen ausrechnen, ein Kreditgeld, ein Schuldschein der Regierung vorstellt, dann sehen wir hier das wunderbare Schauspiel, dass nicht der Schuldner dem Gläubiger, sondern umgekehrt, der Gläubiger dem Schuldner Zinsen zahlt!!!

Ich ersuche die Nationalökonomen, diese Widersprüche mit ihrem Theorien zu erklären. Ich fordere sie auf zu sagen, was ein gesetzlicher Taler in Argentinien ist. Ich drücke die Nationalökonomen gegen die Wand und zwinge sie, mir zu sagen, was den Preis eines gesetzlichen Talers in Argentinien bildet.

Heraus mit der Sprache! Wo Gründe fehlen, da helfen Flüche. Die Nationalökonomen können diese Widersprüche nicht erklären, darum fluchen sie wie die Rohrspatzen über die elende

Papierwirtschaft. Statt nun Raison anzunehmen und eine Revision ihrer alten Theorien zu bewerkstelligen, berufen sie sich auf *Adam Smith* und bestehen hartköpfig auf ihrem Standpunkt, obwohl sie damit die Vernunft vor den Kopf stoßen. Sie beschreiben lang und breit den Unterschied zwischen Tausch- und Gebrauchswert, sie erklären, dass ein Gegenstand Gebrauchswert haben kann, ohne dafür Tauschwert zu besitzen, aber es ist ihnen noch nicht eingefallen, zu fragen, ob das Gegenteil nicht auch eintreffen kann, ob ein Gegenstand Tauschwert haben kann ohne Gebrauchswert zu besitzen. Wenn Gebrauchs und Tauschwert zwei verschiedene Dinge sind, warum verlangen dann die Nationalökonomen, dass ein gutes Geld inneren Wert, d.h. Gebrauchswert besitzen soll? Warum soll der Tauschwert allein nicht genügen? Und den Beweis, dass es so ist, dass der Tauschwert allein genügt für einen Gegenstand, der als Geld dienen soll, liefert uns das argentinische Papiergeld. Die argentinische Banknote hat Tauschwert, ohne ein Atom von Gebrauchswert zu besitzen.

Dies ist Tatsache, unbestrittene Tatsache. Das argentinische Geld beweist, dass ein Gegenstand Tauschwert haben kann, ohne den geringsten Gebrauchswert zu besitzen, dass der Tauschwert nicht durch die Produktionskosten bestimmt wird; und diese Tatsache stößt nicht allein die nationalökonomische, sondern auch ihre Abart, die sozialdemokratische Wert-Theorie um. Auf der Marx'schen Werttheorie ist aber der ganze wissenschaftliche Sozialismus aufgebaut!

Die Nationalökonomen nimmt übrigens niemand mehr ernst. Kein Kaufmann richtet sich nach ihren Theorien; sie werden überall zum Narren gehalten. Und als solche muss man sie halten, wenn man liest, dass der Häuptling unter ihnen, Herr *Leroy Beaulieu,* in seinem Werke *„La science des Finances".* Zweiter Band Seite 671, den Ländern mit Papierwährung allen Ernstes anempfiehlt, Anleihen, wenn nötig zu 10% aufzunehmen, um die Metallwährung einzuführen. Zu welchem Zweck? Um das Vergnügen zu haben, jährlich 30 Millionen Sack Weizen mehr an Zinsen zu zahlen, um die Schuldner zu ruinieren, um den Wucher zu fördern, die Industrie brachzulegen, die Rentner zu bereichern, das Proletariat zu vermehren? Rentner und Proletarier haben wir gerade genug.

Die Gelehrten aller anderen Wissenschaften haben die Genugtuung, dass man bei einschlägigen Fragen sie konsultiert, dass man ihre Ratschläge befolgt. Aber bei den Nationalökonomen verhält es sich umgekehrt. Die allgemeine Einführung von Schutzzöllen in der ganzen Welt bedeutet geradezu eine öffentliche Verhöhnung dieser Wissenschaft. Wo man eine Ausnahme machte von der Regel, wo man die Ratschläge der Nationalökonomen befolgt, hat man nur Misserfolge zu verzeichnen. Eine solche Ausnahme hat bisher in Südamerika die kleine Republik Uruguay durch Beibehaltung der Metallwährung gemacht. Die Misserfolge sind denn auch nicht ausgeblieben. Der Irrglaube an die allein seligmachende Goldwährung, das ketzerische Augen verschließen gegen die Vorteile der Papierwährung haben das Land auf den Hund gebracht und dasselbe auf Gnade und Ungnade den Wucherern überliefert.

Jetzt soll der Ketzer bekehrt werden, wenn nicht willig. dann mit List. Die Regierung hat es so beschlossen. Schon vor drei Jahren machte die Regierung einen Bekehrungsversuch, der aber an der Allmacht des Goldes scheiterte.

Im Prinzip ist das Land mit der Papierwährung schon einverstanden, aber es fürchtet sich vor den Missbräuchen, denen die Papierwährung ausgesetzt ist; hat kein Vertrauen zu der Regierung. Den Buben, die gewöhnlich an der Spitze sind, will das Volk nicht die Verwaltung seines Geldes übertragen, es überlässt dieselbe lieber den Wucherern.

Nun hat die Regierung ein Mittel ersonnen, welches das Vertrauen überflüssig machen soll, ein Mittel, das, wenn es wahr ist, dass die Kinder der Finsternis schlauer sind als die Kinder des Lichtes, das Misstrauen des Volkes zur Regierung erklärlich macht, denn das Mittel ist zu ingeniös, um dem Dummkopfe eines Lichtkindes zu entspringen.

Die Regierung hat sich überzeugt, dass die eigentliche Opposition, welche dem Papiergeld gemacht wird, nicht so sehr vom Volk herrührt, sondern vom Golde selbst, und hat daraus den richtigen Schluss gezogen, dass, um dem Papiergeld die Wege zu ebnen, die Goldmünzen vor allen Dingen aus dem Lande verjagt werden müssen.

Nun gibt es ein ökonomisches Gesetz, wonach das internationale Gold (die Gelehrten und Rentner sagen: das *gute* Gold) immer von dem nationalen *(schlechten)* Golde vertrieben wird, weil das nationale Geld mehr Privilegien besitzt als das internationale; und die Richtigkeit dieses Gesetzes begreifend, macht die Regierung jetzt den Versuch, das Gold durch Silber zu verjagen. Das Silber ist ja kein internationales Geld mehr, seitdem es aus allen Münzstätten geächtet wird, und das Gold wird somit dem Silber den Platz räumen müssen.

Bereits sind eine Million Silber-Pesos von Chile in Montevideo eingetroffen. Man spricht schon von neuen Abschlüssen, und für jeden Silber-Peso, der eingeführt wird, muss ein Gold-Peso das Feld räumen. Das Silber stöbert das Gold auf, es dringt in dessen verborgendste Schlupfwinkel, verdrängt seinen Insassen und zwingt ihn zur Auswanderung.

Zwischen Einstandspreis und Verkaufspreis des Silber-Talers ist heute ein Unterschied von circa 30%, das heißt der Metallwert des Silber-Talers ist nur 60 Cents-Gold, und da die Regierung diese Taler als vollgewichtige Gold-Taler in Umlauf setzt, so profitiert sie 300.000 Pesos Gold an jener Million Silberpesos.

Dieser Profit muss den Appetit reizen, und es ist mehr als wahrscheinlich, dass von jetzt an bei jeder Geldverlegenheit zu diesem Ausweg gegriffen wird, um so mehr, als das Silber durch die Aufhebung der freien Silberprägung in Indien noch bedeutend im Werte gefallen ist und der Profit der Regierung an den Silberprägungen demgemäß wächst.

Man kann sich darauf gefasst machen, dass in Uruguay in wenigen Jahren die reine Silberwährung eingeführt sein wird. Heute kursiert der Silbertaler noch pari mit dem Goldtaler, weil nur wenig Silbermünzen existieren, aber in demselben Verhältnis, wie diese Silbermünzen vermehrt werden, rückt auch der Tag heran, wo das Gold Prämie machen wird. (Ist schon jetzt vorhanden; wie wir aus Tauschblättern ersehen, zahlt man in der Schweiz z. B. ein Agio von 3 0/00 für Gold).

Und dies ist es, was die Regierung offenbar will, denn von dem Tage an, wo das Silber Zwangskurs besitzen wird, werden die Banken, welche in Uruguay ihre Netze ausgespannt haben, wohl oder übel den Betrieb einstellen müssen, denn ihr Kapital besteht in Gold, und dieses Gold werden sie doch nicht gegen minderwertiges Silber ausgeben. Sie würden sich ja dadurch der Gefahr aussetzen, die Hälfte ihres Gutes zu verlieren.

Diese Banken werden somit einpacken und andere Länder mit ihrem Besuche beglücken müssen. Mit der Auswanderung des Goldes ist der Regierung der Sieg gesichert. Der geringe Widerstand, welchen das Volk der Annahme des Papiertalers machen wird, wird das Gewicht des Silbers, die Substanz, der Gebrauchswert des Silbertalers (welcher Hohn für die Nationalökonomen!) selber überwinden. Denn, sind erst die Goldnoten der Privatbanken aus dem Lande vertrieben und kursiert nur mehr massives Silber, so wird sich das Papiergeld von selber einstellen, weil bei der heutigen Entwertung des Silbers die Münzen aus diesem Metall nicht viel besser sind als die Eisenmünzen, welche in Sparta als Geld zirkulierten.

Man darf nämlich nicht vergessen, dass so wie das Gold in Uruguay Prämie machen wird, alle Preise steigen werden, dass diese Preissteigerung mit der Zeit die ganze (50%) Wertdifferenz zwischen Gold- und Silbertaler ausmachen wird, und dass, um 100 Pesos in Gold zu zahlen, man 200 Stück Silbertaler abzählen muss.

Eine Herkules-Arbeit! Stellt sich aber erst die Notwendigkeit ein, Silbernoten auszugeben, so hat man nur mehr einen Schritt bis zur reinen Papierwährung! Denn an den Notenemissionen ist der Profit der Regierung rein netto: die Banknoten werden die Silbermünzen verdrängen, wie die Silbermünzen das Gold verdrängten, weil das Papier noch nationaler (schlechter) als das Silber ist, weil das Silber im Notfall immer noch im Ausland oder in den Juwelierläden Schutz vor den Verfolgungen des Papiergeldes finden kann.

Das Silber wird seinen Zweck erfüllt haben, es wird dem Papiergeld den Übergang von der Goldwährung erleichtert haben, und einen anderen Zweck hat man jedenfalls nicht in Montevideo.

Wie schlecht das Papiergeld auch in Uruguay verwaltet werden wird, wie wenig Sachkenntnis und Überlegung bei den Emissionen obwalten werden, wie viel Missbrauch mit dieser Verkehrseinrichtung getrieben werden wird, schlechter als die Goldwährung wird die Papierwährung sich nicht erweisen.

Die Bekehrung des letzten südamerikanischen Ketzers zur Papierwährung wird das Land aus den Händen der Wucherer befreien, die Preise werden steigen, die Preissteigerung wird die Unternehmungslust fördern, die Schuldner werden ihren Verpflichtungen nachkommen können, die Landwirtschaft wird sich entwickeln können, die Einwanderung zunehmen.

Die Einführung der Papierwährung in Uruguay wird der nationalökonomischen Theorie von der Unersetzlichkeit des Metallgeldes einen neuen Schlag versetzen und vor allen Dingen dazu beitragen, den täglich notwendiger werdenden tiefgreifenden Reformen die Wege zu bahnen.

Kapitel Nr. 4 – Kritik an Zins und Zinseszins

Bei oberflächlicher Betrachtung der Forderung nach Abbau des Zinses stellt sich leicht die Assoziation "NS-Parole Brechung der Zinsknechtschaft" ein, die weitere Vorurteile auslöst, wie Faschismus und Rassismus oder seltsame Blüten von Küchenlogik: Kritik am Zins sei Zeichen von Antisemitismus, weil die Juden im Mittelalter als Zinsnehmer "par excellence" gegolten hätten!

Derartige Vorurteile bestehen auch gegen Silvio Gesell, seine Wirtschaftstheorie und die Freiwirtschaftsbewegung. Sind sie begründet? Unbelastet durch einen Glauben an Verschwörungstheorien sah Gesell in der Hortbarkeit des Geldes, in dessen Überlegenheit gegenüber den Waren, die Ursache des Zinses und einen entscheidenden Hinderungsgrund dafür, dass Sachkapital- und Geldkapitalzinsen im Zuge einer Wirtschaftsblüte nicht gegen null sinken. Vielmehr häufen sich "durch das System der Zinsen die Kapitalien unnatürlich soweit an, dass die Schulden, die diesen Kapitalien entsprechen, trotz des besten Willens und angestrengtester Arbeit nicht mehr verzinst werden können und den Bankrott der Schuldner zur Folge haben."

Mit seinem Hauptwerk "Die natürliche Wirtschaftsordnung" (NWO) hat der deutsch-argentinische Kaufmann eine Lehre von der

Eigengesetzlichkeit des Wirtschaftswesens vorgelegt, ein Gesamtkonzept, in dem er das Prinzip von Zins und Zinseszins als Hauptursache für progressive Ungleichheit der Einkommensverteilung, Ausbeutung der Arbeit und Wirtschaftskrisen aufzeigt. Seine Lösungsvorschläge sind mit den Begriffen Freiland, Freigeld, Freihandel und Festwährung umschrieben. Zum Beispiel soll mittels einer Umlaufsicherung des Geldes, durch Erhebung von Gebühren auf Liquiditätsspeicherung (Hortung), diese verhindert werden und das Zinsniveau bei stetiger Kapitalvermehrung und zunehmender Bedarfsdeckung (Sättigung) auf null sinken können, ausgenommen die Zinsbestandteile Bankgebühren und Risikoprämien.

Somit würden die Arbeiter, zu denen auch der arbeitende Unternehmer zu zählen ist, den vollen Arbeitsertrag erhalten. Auch J.M. Keynes, der in seinem Hauptwerk Gesell Anerkennung zollt, hat die Auffassung vertreten, die relative Kapitalknappheit könne allmählich überwunden werden, so dass Kapital keinen Zins mehr abwerfen würde. (Voraussetzung wäre heute allerdings, dass die Nachfrage nach Kapital nicht mehr laufend künstlich gesteigert würde durch wachsende Staatsverschuldung und Subventionspolitik.)

Gesell strebte mit entsprechenden Rahmenbedingungen eine rein marktwirtschaftliche Lösung des Zinsproblems an und keinen Dirigismus, kein willkürliches Eingreifen des Staates in das Wirtschaftsgeschehen selbst, vorbei an realen Marktverhältnissen.

Kapitel Nr. 5 – Die Idee

Silvio Gesell entwickelte seine Theorie zu Beginn des 20. Jahrhunderts und veröffentlichte seine wichtigsten Thesen erstmals im Jahre 1916 in dem Buch „Die natürliche Wirtschaftsordnung durch Freiland und Freigeld".

Die Grundgedanken von Freiland, Zinsfreiheit und Genossenschaftswirtschaft hatte der österreichische Ökonom Theodor Hertzka bereits 1890 in seinem Roman Freiland – ein soziales Zukunftsbild veröffentlicht. Die Ideen des Buches fanden viele Anhänger in Deutschland und Österreich und führten zu Siedlungsprojekten, Vereinen und politischen Strömungen in verschiedenen Ländern.

Die Freiwirtschaftslehre distanziert sich dabei in ihrer Auffassung sowohl vom Kapitalismus als auch vom Sozialismus, aber nicht von der Marktwirtschaft. Sie setzt eine Grundstruktur mit sowohl privatem (Produktionsmittel) als auch gemeinschaftlichem Eigentum (Boden) voraus.

Im Jahre 1949 fand in der Schweiz eine Volksinitiative „zur Sicherstellung der Kaufkraft und Vollbeschäftigung (Freigeldinitiative)" statt. Diese Initiative wurde durch die

Volksabstimmung vom 15. April 1951 jedoch mit 87,6 % Nein-Stimmen abgelehnt, und erhielt weniger Ja-Stimmen als Unterschriften zum Einreichen der Volksinitiative gesammelt wurden.

Angenommen wurde in der Volksabstimmung hingegen der Gegenentwurf der Bundesversammlung, mit 69,0 % und in 22 (19 6/2) Ständen. Thema der Abstimmung war allerdings nicht die Einführung einer Umlaufsicherung selbst, sondern die teilweise Aufgabe der Golddeckung, um die Währungsstabilität sicherzustellen. Mit dem Zusammenbruch des Bretton-Woods-Systems wurde diese Golddeckung später aufgehoben.

Kapitel Nr. 6 – Freie Wirtschaft

Hauptziel der Freiwirtschaft ist eine stabile, sozial gerechte Marktwirtschaft. In einem freiwirtschaftlich organisierten Wirtschaftssystem sollen Produktion und Konsum über den Markt vermittelt werden (Marktwirtschaft). Private oder Öffentliche Unternehmen tragen das geschäftliche Risiko und erwirtschaften mit dem Kapitaleinsatz eine gewinnabhängige Rendite. Das Geldvermögen ist mit einem Negativzins belegt, wodurch es als „umlaufgesichert" gilt. Damit soll die Umlaufgeschwindigkeit des Freigelds erhöht werden, wodurch genügend Mittel für Investitionen bereitstünden. Mit dem Freigeld würde sogar ein Absinken des allgemeinen Marktzinsniveaus auf 0% (oder gar darunter) erlaubt. Gleichzeitig sollen mittels der Freilandreform die gegenleistungslosen Einkommen, die durch Landbesitz entstehen und sich systemisch nicht eliminieren lassen, an die Allgemeinheit abgeführt und vergesellschaftet werden.

Die Reformforderungen der vor allem in den 1920er Jahren im deutschsprachigen Raum großgewordenen Freiwirtschaftsbewegung werden oft mit „F.F.F." zusammengefasst: Freigeld, Freiland, Festwährung.

Kapitel Nr. 7 – Freigeld

Unter dem Regime des Goldstandards ist das Banknotenvolumen proportional zum Vorrat an Währungsgold. Das Bargeldangebot hängt also von den Kosten der Produktion von Gold, anderen Verwendungen (Industrie-, Schmuckgold) und wohl auch etwas vom Zufall (Goldfunde) ab. In Staaten, die nicht über eigene Goldvorkommen verfügen, ist der Außenhandel der wichtigste Bestimmungsfaktor der Goldreserve. Es bleibt den Warenpreisen, Löhnen und Zinsen überlassen, sich so einzupegeln, dass die Volkswirtschaft stets über genügend Währungsgold verfügt, um ein Vollbeschäftigung sicherndes Bargeldangebot bereitzustellen. In der Theorie des Goldstandards wird davon ausgegangen, dass der zwischenstaatliche Waren- und Kapitalverkehr diese Anpassung stets prompt leistet; man bezeichnet das als automatischen Zahlungsbilanzausgleich bzw. Goldautomatismus. In der Praxis hat sich aber gezeigt, dass Preisrigiditäten, Zölle und Finanzspekulation (das sind Geldbewegungen, denen kein Warengeschäft zugrunde liegt) das System daran hindern, so geschmeidig zu arbeiten, wie es seine Propagandisten behaupten.

Freigeld bedeutet: ein von der Herrschaft des Zinses befreites Geld. Gesell erklärte Wirtschaftskrisen mit der oben dargestellten Argumentation als Ergebnis eines durch seine Bindung ans Gold falsch konstruierten Geldwesens, das den Finanzkapitalisten die Macht verleihe, von den Warenproduzenten eine ihren Ansprüchen genügende Rendite zu erpressen. Er sah die Lösung des Problems freilich nicht wie die Kirchenväter darin, die Zinsnahme zu verbieten oder, wie Marx, das Privateigentum an Produktionsmitteln abzuschaffen. Er schlug vor, Banknoten auszugeben, die jeden Monat etwa ein halbes Prozent ihres Nennwertes verlieren - ein Geld also, das seiner Wertaufbewahrungsfunktion beraubt ist, "rostet" und verdirbt wie Ware. In der deutschsprachigen Literatur heißt es gewöhnlich Schwundgeld, in der angelsächsischen Briefmarken- oder Stempelgeld (stamp scrip). Keynes erklärte diesen Namen damit, dass die Noten "ihren Wert nur bewahren, wenn sie jeden Monat ähnlich wie eine Versicherungskarte mit auf dem Postamt gekauften Marken gestempelt würden."

Die Strafgebühr auf Hortung soll Finanzkapitalisten einen starken Druck auferlegen, eingenommenes Bargeld rasch wieder auszugeben oder es einer Bank als Spareinlage zu überlassen oder Wertpapiere zu erwerben. Da sie bereits einen Vorteil daraus ziehen, der Abwertung zu entgehen, werden sie bereit sein, ihren Anspruch auf Zins zu mäßigen. Gesell erwartete, dass ein allzeit reichliches Angebot an billigem Sparkapital den Darlehenszins so stark absenkt, dass dadurch schließlich nur noch das Kreditrisiko und die Kosten der Verwaltung des Kredits entgolten werden. Das Abschmelzen der Monopolkomponente im Geldzins (Urzins) werde massenhaft Investitionen anregen und den volkswirtschaftlichen Kapitalstock so anschwellen lassen, dass der Zins geradezu in einem Meer von Kapitalgütern ersäuft werde. Die durch die Mechanik von

Zins und Zinseszins bewirkte Konzentration des Volksvermögens in den Händen weniger Familien werde zum Stillstand kommen und die Klasse der Rentiers, die nur von arbeits- und mühelosem Einkommen leben, infolge Verzehrs ihrer nicht mehr wachsenden Vermögen nach und nach aussterben.

Schwundgeld kann eine Schrumpfung der Wirtschaft bekämpfen, weil der ihm innewohnende Umlaufzwang den in Krisenzeiten üblichen drastischen Rückgang der Geldumlaufsgeschwindigkeit verhindert. Es bietet aber noch keine Garantie für dauerhafte Stabilität. Der Finanzspekulation wird der Boden erst dann entzogen, wenn gar keine Veränderung des Preisniveaus, des Zinses und der Wechselkurse mehr zu erwarten ist. Um dem Geld gleichbleibende Kaufkraft zu sichern, muss die umlaufende Geldmenge stets mit dem Angebot an Waren und Dienstleistungen in Einklang gehalten werden. Steigen die Güterpreise auf breiter Front, so ist das ein Zeichen, dass zu viel Geld umläuft. Die Notenbanken müssen dann Banknoten durch Reduktion ihrer Ausleihungen und durch Verkauf von Wertpapieren ans Publikum aus dem Verkehr ziehen. Sinken die Güterpreise auf breiter Front, so ist das ein Zeichen, dass zu wenig Geld umläuft. Die Notenbanken müssen dann umgekehrt verfahren.

Gesell schlug vor, diese Aufgabe einem Währungsamt zu übertragen, das allein zur Ausgabe von Banknoten berechtigt und nur dem Ziel, den amtlichen Index der Lebenshaltungskosten konstant zu halten, verpflichtet ist. Dessen Noten brauchen keiner Deckungspflicht zu unterliegen. Jedes Gut, das sich eine Gesellschaft durch Konvention oder hoheitlichen Akt zum Geld erwählt, wird dadurch universell verwendbar und ist bereits durch diese Fähigkeit wertvoll. Seine Deckung besteht gewissermaßen im Warenangebot, denn jedes Angebot von Ware ist zugleich Nachfrage nach Geld. Folglich genügt es, das Geld im Verhältnis zum Handelsvolumen knapp zu halten, damit es seine Kaufkraft behält. Gesell war der erste Nationalökonom, der lehrte, dass die Wertschätzung des Geldes nicht auf seinem Stoffwert, sondern auf dem immensen Nutzen, den es im Verkehr der Menschen miteinander stiftet, beruht. Die Erfahrung zeigt, dass die Vorteile aus der Benutzung von Geld im Wirtschaftsverkehr so groß sind, dass die Menschen sogar in Perioden mäßiger Geldentwertung nicht darauf verzichten, es zu benutzen, es erst im Falle äußerster Zerrüttung der Währung zurückweisen.

Gesell bezeichnete die von ihm vorgeschlagene Geldordnung als Festwährung, auch als "absolute Währung", weil sie Sparern und Investoren verlässliche Grundlagen für ihre Anlageentscheidungen, "absolute Gewähr" gibt. Sein Währungsamt-Projekt enthält bereits die Grundlagen der Geldmengensteuerung, die heute von den meisten Zentralnotenbanken der Welt praktiziert wird. Um den Einfluss von Wechselkursen auf das Preisniveau zu mildern, schlug er vor, die bedeutenden Welthandelsnationen auf einer internationalen Konferenz darauf zu verpflichten, ihre Währungen nach einheitlichem Prinzip zu managen und ein Internationales Währungsbüro zu errichten, das Kursschwankungen entgegenarbeiten sollte.

Gesells Festwährung-Projekt erscheint auf den ersten Blick paradox - periodische Abwertung des Geldes, um sicherzustellen, dass es seinen Wert behält. Aber man muss sich klar machen, dass der "Schwund" nur die Vermögen der Bargeldbesitzer trifft. Die Menge des umlaufenden Geldes, die für die Entwicklung des Preisniveaus maßgeblich ist, wird dadurch nicht beeinflusst (allenfalls geringfügig reduziert, wenn Bargeldbesitzer den Kauf von Aufwertungsmarken unterlassen). Der Zweck der Abwertung besteht ja eben darin, den Umlauf zu stabilisieren. Dieser Unterschied wurde von vielen Kritikern Gesells, die ihm vorwarfen, seine Schwundgeld-Währung wirke inflationär, nicht verstanden.

Hauptforderungen der Geldpolitik sind:

Einführung einer umlaufgesicherten Währung

Abschaffung des Goldstandards

Silvio Gesell forderte die Abschaffung der bis dahin weltweit verbreiteten Golddeckung, weil nur eine begrenzte Menge Gold für den Geldkreislauf zur Verfügung steht, während eine Wirtschaft beinahe unbegrenzt wachsen kann. Goldmangel könnte deflationäre Zustände verursachen, Goldüberschuss könnte destabilisierende Inflation zur Folge haben.

In der freiwirtschaftlichen Theorie ist das grundsätzliche Problem des Geldes das der fehlenden Lagerkosten. Zwei Ansätze gibt es, um dies zu verdeutlichen: Der Gesellsche Ansatz basiert auf der Analyse von Pierre-Joseph Proudhon, welche besagt, dass der Geldbesitzer gegenüber dem Besitzer bzw. Anbieter von Waren, Produkten, Dienstleistungen sowie Arbeitskraft einen entscheidenden Vorteil besitzen würde: Durch das Lagern von Waren, Produkten und Dienstleistungen entstünden laufende Kosten, bei Geld aber nicht. Dadurch würde der Geldbesitzer (die Nachfrage) einen systemischen Vorteil gegenüber dem Angebot erhalten, was dazu führen würde, dass Geld teurer verkauft würde als Waren. Diesen zusätzliche Wert definiert er als den „Urzins" (geschätzte Höhe: 3–5%).

Investitionen würden seiner Meinung nach nicht getätigt, läge der allgemeine Marktzins unter drei Prozent. Stattdessen würde es als liquides Mittel gehalten und gemäß Gesell zu Spekulationszwecken verwendet. Aus Perspektive der Anleger entstünde der Anlagenotstand, aus Perspektive der Unternehmer entstünde der Eindruck der Kapitalknappheit. Deflation und Spekulationsblasen wären erfahrungsgemäß die Folgen solcher Situationen.

Als Gegenmittel dazu bietet Gesell die Umlaufsicherung an, welche sicherstellen soll, dass weiterhin das mit negativem Zins belegte Geld investiert würde. Die Umlaufsicherung soll sich deshalb wie eine Steuer auf Liquidität auswirken, um die Umlaufgeschwindigkeit zu steuern. Dadurch soll – nach freiwirtschaftlicher Annahme – Vollbeschäftigung, vergleichbar mit einer permanenten Hochkonjunktur eintreten, wodurch die Löhne stiegen, während gleichzeitig die Preise real fallen würden.

Ein derartiges "Freigeld" erfüllt nicht die Geldfunktion "Wertaufbewahrungsfunktion".

Unter dem Einfluss der wirtschaftlichen Krisen Argentiniens auf die eigene Geschäftstätigkeit stellte Gesell die These auf, dass eine gleichmäßige Umlaufgeschwindigkeit des Geldes für eine krisenfreie Wirtschaft von hoher Bedeutung sei. Gesell forderte, dass Geld der Wirtschaft nur als Tauschmittel dienen, sie aber nicht als Hortungsmittel lähmen darf. Alles in der Natur unterliege dem rhythmischen Wechsel von Werden und Vergehen, nur das Geld scheine der Vergänglichkeit alles Irdischen entzogen.

Da das Geld im Gegensatz zu Waren und menschlicher Arbeitskraft weder „rostet" noch „verdirbt", kann ein Geldbesitzer sein Geld nach Gesells Auffassung ohne Nachteil zurückhalten, „horten". Er kann warten, bis die Waren für ihn billig oder die Zinsen hoch genug sind. Mit dem Zuwarten stört er den Wirtschaftskreislauf. Händler werden gezwungen, ihre Preise zu senken. In der Folge müssen sie ihre Kosten durch Kredite decken.

Diesen Bedarf lässt sich der Geldbesitzer nach Gesells Vorstellungen durch den Zins belohnen, ein Einkommen, für das er keine Leistung erbringt. Die Zinseinnahme verleiht er erneut, so dass seine Zinseinnahmen ständig wachsen (Zinseszins). So werden nach Gesell „leistungslos" Reichtümer dort angehäuft, wo sie nicht benötigt werden. Im Gegenzug dazu wird der arbeitenden Bevölkerung der ihr zustehende volle Arbeitsertrag vorenthalten.

Durch die Marktüberlegenheit des Geldbesitzers sah Gesell das freie Kräftespiel zwischen Verkäufer und Käufer grundlegend gestört. Daraus zog er den Schluss, Geld solle in seinem Wesen der Natur entsprechen und natürlichen Dingen nachgebildet sein. Das Geld in der Hand eines Geldbesitzers müsse wie menschliche Arbeitskraft und Waren mit der Zeit an Wert einbüßen, dann habe es auf dem Markt keine Vormachtstellung mehr. Geld wäre einem ständigen Weitergabedruck unterstellt. Jeder Geldbesitzer werde sein Geld nicht zu lange zurückhalten, sondern damit Waren oder Dienstleistungen kaufen, laufende Rechnungen begleichen oder es ohne Zinsforderung verleihen, um so der Wertminderung zu entgehen. So wirke Geld als Diener des Menschen und nicht als dessen Herrscher.

Dieses Geld nannte Gesell „Freigeld". Die Ausgabe des Freigeldes soll dem Staat vorbehalten sein, der hierfür ein Währungsamt einzurichten hat. Bei Inflationsgefahr soll das Währungsamt Freigeld einziehen, bei Deflationsgefahr solches ausgeben. Mit ihm wäre die schädliche risikofreie Hortungsfähigkeit des Geldes überwunden. Zur Verwirklichung seiner Idee schlug er den Wechsel vom damals noch vorherrschenden Münzgeld zu Papiergeld vor, an dem sich die erforderlichen Vermerke über Wertminderung oder Gültigkeitsverfall eines Geldscheins vornehmen lassen.

Wegen seiner Wertminderung würde Freigeld auch bei sinkenden Preisen (Deflation) und niedrigen Zinssätzen nicht gehortet werden. Gesell glaubte, auf diese Weise käme es zu einem starken und dauerhaften Kapitalangebot für die Wirtschaft. Er wollte so „den Zins in einem Meer von Kapital ersäufen", wie er sich ausdrückte. Durch seinen gesicherten Umlauf würde Freigeld der Wirtschaft Krisen ersparen und durch das Absinken des allgemeinen Zinsniveaus zugleich die soziale Frage lösen.

Am Ende des Ersten Weltkriegs sagte Gesell aufgrund seiner Konjunkturtheorie innerhalb von 25 Jahren einen noch furchtbareren Krieg voraus für den Fall, dass die Zinswirtschaft beibehalten würde:

„Trotz des heiligen Versprechens der Völker, den Krieg für alle Zeiten zu ächten, trotz der Rufe der Millionen: »Nie wieder Krieg!«, entgegen all den Hoffnungen auf eine schöne Zukunft, muss ich sagen: Wenn das heutige Geldsystem, die Zinswirtschaft, beibehalten wird, so wage ich es, heute zu behaupten, dass es keine 25 Jahre dauern wird, bis wir vor einem neuen, noch furchtbareren Krieg stehen!"

Oberstes Ziel Gesells war eine Wirtschaft ohne störende Konjunkturschwankungen und eine gerechte soziale Ordnung. Im Hinblick darauf forderte Silvio Gesell auch einen stabilen Geldwert, verbunden mit freien Wechselkursen und Aufhebung der Golddeckung. Dies bedeutet die Lösung der Geldmenge von den Goldvorräten der Zentralbanken wie auch die Aufhebung ihrer Einlösungspflicht von Geld gegen Gold.

Erst durch den durch Freigeld gesicherten stetigen Geldumlauf werde es möglich, die Menge des Geldes so zu dosieren, dass seine Kaufkraft und damit auch die Preise stabil bleiben. Der Zentralbank, in Deutschland damals die Reichsbank, solle das Recht zur Ausgabe von Banknoten entzogen und einem unabhängigen Währungsamt übertragen werden. Zum Steuern der Geldmenge genügten ihm lediglich eine Druckerpresse zum Druck von Banknoten bei Geldmangel und ein Ofen zum Verbrennen derselben bei Geldüberschuss.

Es gäbe keine massiven Schwankungen in der Wirtschaft und keine störenden Deflationen und Inflationen mehr. Auch die sozialen Unruhen durch hohe Arbeitslosigkeit würden, laut Gesell, dauerhaft beseitigt.

Sein Steuersystem beruhte auf der Zeitfaktor-Ökonomie.

In Ergänzung zu flexiblen Wechselkursen schlug Gesell auch die Bildung einer internationalen Zahlungsvereinigung (Internationale Valuta-Assoziation, IVA) und die Einführung einer internationalen Währung mit Umlaufsicherung vor. Damit wollte er den internationalen Zahlungsverkehr erleichtern und ihn von bestehenden Länderwährungen unabhängig machen.

Bei seinen Untersuchungen entdeckte Gesell einen allen Zinsforderungen zugrunde liegenden Zinsanteil, den er Urzins nannte, einen Mehrwert des Geldes. Den Urzins begründete Gesell ebenfalls mit der Überlegenheit des Geldes über Arbeitskraft und Waren. Er sei eine unvermeidliche Begleiterscheinung einer Wirtschaft mit Geldgebrauch.

Der Urzins sei es, der dem Geldbesitzer als Kreditgeber (Gläubiger) einen leistungslos zufallenden Anteil am Arbeitsertrag seines Kreditnehmers (Schuldners) und seiner Kunden zuführe und dadurch zu großer sozialer Ungerechtigkeit führe. Unter den Urzins sei über Jahrhunderte hinweg kein Zins je gesunken. Seine Höhe gab er mit zwei bis drei Prozent an.

Alle Zinsforderungen sah Gesell als Summe aus Urzins, Inflationsausgleich und Risikoanteil. Dazu komme, solange die Wirtschaft wächst, ein produktionsbedingter Wachstumsanteil, den er Darlehenszins auf Sachgütern nannte. Schließlich fordere die Bank für Kreditvermittlung ein Vermittlerentgelt. Damit setze sich Zins aus fünf Anteilen zusammen, auch wenn sie in der Praxis nicht einzeln ausgehandelt würden.

Könne die Überlegenheit des Geldes auf dem Markt durch die Einführung von Freigeld beseitigt werden, so würde sich nach Gesell der Urzins auf null abbauen und aus sämtlichen Zinsarten verschwinden.

Weil durch Freigeld zugleich Inflation und Deflation weitgehend überwunden werden könnten, würde automatisch auch der Inflationsausgleich im Zins wegfallen. Weiterhin ergäben sich aus einem stabileren Wirtschaftsverlauf geringere Kreditrisiken, so dass auch der Risikoanteil im Zins zurückginge.

Ohne Wirtschaftswachstum würde schließlich noch der Wachstumsanteil wegfallen, so dass praktisch von einem Nullzins gesprochen werden könne. Das Schrumpfen der Zinshöhe führe zu einer bedeutenden allgemeinen Entlastung der Wirtschaft und der Bevölkerung eines Landes von Zinskosten.

Auf der anderen Seite wäre das Anhäufen leistungslos erworbenen Reichtums aus Zinseinnahmen nicht mehr möglich. Stattdessen ergäben sich ein grundsätzlich größerer Wohlstand der arbeitenden Bevölkerung und eine weitgehende Lösung der sozialen Frage.

Mit der Erklärung des Zinsproblems aus dem Urzins als Erscheinung einer Geldwirtschaft stellte sich Silvio Gesell in Gegensatz zu Karl Marx, der den Zins aus den Produktionsverhältnissen der Wirtschaft erklärte. Es entging Gesell jedoch, dass auch sein Darlehenszins ein produktionsbedingter Zinsanteil ist, ein Mehrwert des produktiven Kapitals.

Er glaubte, der Darlehenszins könne nach Einführung des Freigeldes völlig zum Verschwinden gebracht werden, weil schließlich das Angebot von Krediten die Nachfrage danach übersteigen und dadurch der Darlehenszins zu null werde. Er verkannte, dass stets neuartige Investitionsbedürfnisse auftreten, die zu neuer Kreditnachfrage führen.

Kapitel Nr. 8 – Freiland

Die zweite große Kraft, die Marktmacht schafft und die Gesellschaft in eine Rentnerklasse und eine arbeitende Klasse scheidet, ist das Privateigentum an Grund und Boden. Es trägt dazu bei, den "Sockelzins", der von einer Geldanlage mindestens erwartet wird, auf hohem Niveau zu befestigen, denn solange man durch Erwerb von Grundstücken eine Rendite erzielen kann, wird kein vernünftig handelnder Anleger sich Wirtschaftszweigen zuwenden, die nicht eine mindestens gleich hohe Rendite abwerfen. Diese Lehre heißt Fruktifikationstheorie des Zinses, stammt von dem Franzosen Anne Robert Jacques de Turgot, der Finanzminister Ludwigs XV. war, und ist der erste Versuch überhaupt, das Zinsproblem mit Hilfe der neuzeitlichen Wirtschaftslehre zu erklären.

Wegen der im Bodenmonopol angelegten Grundrente hat die von Gesell angestrebte Null-Zins-Wirtschaft auch die Abschaffung des Privateigentums an Grund und Boden zur Voraussetzung. Allerdings verlangte Gesell nicht wie die radikalen Bodenrecht-Reformer seiner Zeit die entschädigungslose Enteignung der Grundeigentümer, sondern allmählichen Rückkauf von Grund und Boden durch die öffentliche Hand. Das ins Gemeineigentum überführte Land sollte langfristig an den Meistbietenden zur privaten Nutzung verpachtet, dadurch der Produktionsfaktor Boden seiner jeweils besten Verwendung zugeführt werden.

Der Kritikpunkt der Freiwirtschaft an der bestehenden Verteilung der Produktionsgüter und Mittel ist das private Eigentum am Boden. Es verschafft seinen Eigentümern generell eine Bodenrente, die ihnen als leistungsloses Einkommen zufließt, sowohl bei Selbstnutzung der Grundstücke wie auch beim Verpachten und Vermieten. Nach freiwirtschaftlicher Auffassung soll die Bodenrente nicht in private Verfügung gelangen, sondern der Allgemeinheit zukommen, weil Boden ein Produkt der Natur und kein vom Menschen geschaffenes Gut ist, und der Wert, und damit die Bodenrente, nur durch die Allgemeinheit entsteht.

Durch eine Bodenreform will die Freiwirtschaft öffentliches Eigentum am Boden mit dessen privater Nutzung verbinden. Dazu fordert sie, allen Boden gegen volle Entschädigung seiner bisherigen Eigentümer in öffentliches Eigentum zu überführen, zum Beispiel in Eigentum der Gemeinden. Die bisherigen Eigentümer behalten dabei das Nutzungsrecht an ihren Grundstücken gegen Entrichtung einer regelmäßig wiederkehrenden Nutzungsabgabe an die öffentliche Hand. Boden in bis dahin öffentlichem Eigentum, der nicht ausdrücklich für öffentliche Zwecke gebraucht wird, soll an die Meistbietenden zur Nutzung vergeben werden.

Im Unterschied zum Boden dürfen und sollen darauf befindliche oder künftig zu errichtende Einrichtungen wie Gebäude oder gewerbliche Anlagen weiterhin Privateigentum sein und können privat genutzt werden, weil sie aus menschlicher Arbeit hervorgegangen sind. Die Rechte zum Vermieten oder Verpachten solcher Einrichtungen bleiben nach freiwirtschaftlicher Vorstellung gewährleistet, nicht jedoch das private Verpachten der Bodennutzung.

Wer Boden benötigt und nutzen möchte – sowohl Privatpersonen wie juristische Personen, sowohl bisherige Eigentümer wie neue Nutzer –, soll der zuständigen Bodenverwaltungsbehörde für die Nutzung des Bodens regelmäßig wiederkehrend eine Nutzungsabgabe entrichten, welche in ihrer Höhe ungefähr der Bodenrente entspricht. Die Höhe der Abgabe sollte je nach Begehrtheit des betreffenden Grundstücks bemessen sein und kann zum Beispiel in einer Versteigerung von Nutzungsrechten als Höchstgebot ermittelt werden. Damit wäre die Höhe der Nutzungsabgabe entsprechend marktwirtschaftlichen Prinzipien durch Angebot und Nachfrage bestimmt.

Diese Bodenreform bedingt die Schaffung einer rechtlichen Trennung zwischen Boden und darauf befindlichen Einrichtungen, wogegen das bestehende Recht nicht zwischen Boden und Bauten unterscheidet, sondern beides zusammen als Grundstück bezeichnet und rechtlich als Ganzes behandelt. Mit der neuen Ordnung wären Handel und Spekulation mit Boden nicht mehr möglich, nach wie vor jedoch Kauf und Verkauf der privaten Einrichtungen. Beim Verkauf eines Bauwerks müsste der Käufer vom Verkäufer auch den Bodennutzungsvertrag mit der betreffenden Behörde übernehmen.

Mit der Bodennutzungsabgabe wird die Bodenrente der Allgemeinheit zufließen. Gesell selbst plante, das durch die

Vergesellschaftung der Bodenrente gewonnene Geld als Mutterrente, eine Art hohes Kindergeld, an die Mütter zu verteilen, um diese wirtschaftlich unabhängig von Männern zu machen.

Eine Bodenreform nach freiwirtschaftlichem Modell wäre notwendig, um zu verhindern, dass Großgeldbesitzer, deren leistungslose Einkommen aus Zinsen nach der Einführung von Freigeld beschnitten sein würden, auf den Aufkauf von Grundstücken ausweichen. Dadurch würden die Grundstückspreise in unermessliche Höhen klettern und damit auch die Bodenrente in privater Hand, sehr zum Nachteil aller Übrigen, weil jeder Mensch zum Leben und Arbeiten auf Boden angewiesen ist.

Gesell bezieht sich dabei auf die Landreform-Theorie von Henry George. Diese sieht für Land eine Eigentumssteuer in einer Höhe vor, die die Grundrente angemessen neutralisiert. Gesell hält dabei aber Freiland für die systemisch überlegene Lösung.

Gesell erkannte auch im Bereich des Bodenrechts die Möglichkeit, leistungslose Einkommen zu beziehen. Diese besteht für die Bodeneigentümer darin, von ihren Pächtern und Mietern Bodenrente zu verlangen. Darüber hinaus würden Großgeldbesitzer, denen leistungslose Einkommen aus Zinsen nach der Einführung von Freigeld beschnitten seien, auf den Aufkauf von Grundstücken ausweichen. Dadurch würden die Grundstückspreise in unermessliche Höhen klettern, sehr zum Nachteil aller Übrigen, weil jeder Mensch zum Leben und Arbeiten auf Boden angewiesen sei.

Um auch hier Abhilfe zu schaffen, forderte Gesell, den Boden gegen Entschädigung in öffentliches Eigentum zu überführen, ihn zugleich aber seinen bisherigen Eigentümern gegen Entrichtung einer ständig wiederkehrenden Nutzungsabgabe an den Staat weiterhin zur Nutzung zu überlassen. Die darauf errichteten Gebäude und sonstigen Einrichtungen blieben hingegen weiterhin Privateigentum. Damit würde die Bodenrente der Allgemeinheit zufließen. Handel und Spekulation mit Boden wären unmöglich. Die Höhe der Abgabe solle für jedes Grundstück gesondert in einem Meistbietungsverfahren ermittelt und von Zeit zu Zeit veränderten Verhältnissen angepasst werden. Solchen Boden nannte Gesell „Freiland".

Bei diesen Überlegungen ging Gesell davon aus, dass Boden ein Produkt der Natur und nicht des Menschen ist. Die Erde sollte allen Menschen gleichermaßen gehören. Deshalb durfte es für Gesell an Boden kein privates Eigentum geben, im Gegensatz zu den darauf bestehenden Einrichtungen. Eigentum an Boden sollte allein dem Staat zustehen.

Die Einkünfte des Staates aus den laufenden Bodennutzungsabgaben wollte Gesell in voller Höhe als Mutterrente an die Mütter verteilt haben gemäß der Zahl ihrer Kinder. Gesell glaubte, der Wert des Bodens und damit die Bodenrente stiegen mit zunehmender Zahl der Bewohner eines Landes und damit zunehmender Nachfrage nach Boden. Mit der Mutterrente verfolgte Gesell das Ziel, Frauen von Männern wirtschaftlich unabhängig zu machen, damit sie aus Liebe und nicht um der Versorgung willen einen Mann heiraten.

Zusammen mit dem Wegfall des Urzinses sollte der Wegfall der Bodenrente den Arbeitenden das Recht auf den vollen Arbeitsertrag sichern.

Gesell selbst schrieb 1916 in seinem Buch „Die natürliche Wirtschaftsordnung" zur Idee Freiland:

1. Der Wettstreit unter den Menschen kann nur dann auf gerechter Grundlage ausgefochten werden und zu seinem hohen Ziele führen, wenn alle Vorrechte auf den Boden, private wie staatliche, aufgehoben werden.

2. Der Erde, der Erdkugel gegenüber sollen alle Menschen gleichberechtigt sein, und unter Menschen verstehen wir ausnahmslos alle Menschen - ohne Unterschied der Rasse, der Religion, der Bildung und körperlichen Verfassung. Jeder soll dorthin ziehen können, wohin ihn sein Wille, sein Herz oder seine Gesundheit treibt. Und dort soll er den Altangesessenen gegenüber die gleichen Rechte auf den Boden haben. Kein Einzelmensch, kein Staat, keine Gesellschaft soll das geringste Vorrecht haben. Wir alle sind Altangesessene dieser Erde.

3. Der Begriff Freiland lässt keinerlei Einschränkung zu. Er gilt unbeschränkt. Darum gibt es der Erde gegenüber auch keine Völkerrechte, keine Hoheitsrechte und Selbstbestimmungsrechte der Staaten. Das Hoheitsrecht über den Erdball steht dem Menschen, nicht den Völkern zu. Aus diesem Grunde hat auch kein Volk das Recht, Grenzen zu errichten und Zölle zu erheben. Auf der

Erde, die wir uns im Sinne von Freiland nur als Kugel vorstellen können, gibt es keine Waren-Ein-und-Ausfuhr. Freiland bedeutet darum auch Freihandel, Weltfreihandel, die spurlose Versenkung aller Zollgrenzen. Die Landesgrenzen sollen nur einfache Verwaltungsgrenzen sein, etwa wie die Grenzen zwischen den einzelnen Kantonen der Schweiz.

4. Es folgt aus dieser Freiland-Erklärung auch ohne Weiteres, dass die Ausdrücke "englische Kohle, deutsches Kali, amerikanisches Petroleum" usw. nur die Herkunft dieser Erzeugnisse bezeichnen sollen. Es gibt keine englische Kohle und kein deutsches Kali. Denn jeder Mensch, gleichgültig welchem Staate er angehört, hat das gleiche Recht auf die "englische Kohle", das "amerikanische Erdöl" und das "deutsche Kali".

5. Die Übergabe des Bodens an die Bebauer erfolgt auf dem Wege der öffentlichen Pachtversteigerung, an der sich jeder Mensch beteiligen kann, und zwar ausnahmslos jeder Bewohner der Erdkugel.

6. Das Pachtgeld fließt in die Staatskasse und wird restlos in Monatsbeträgen unter die Mütter nach der Zahl der Kinder verteilt. Keine Mutter, einerlei woher sie kommt, kann von diesen Bezügen ausgeschlossen werden.

7. Die Einteilung des Bodens richtet sich ganz nach den Bedürfnissen der Bebauer. Also kleine Ackerteile für kleine Familien und große Ackerteile für große Familien. Auch große Landstrecken für Genossenschaften, für kommunistische, anarchistische, sozialdemokratische Kolonien, für kirchliche Gemeinden.

8. Die Völker, Staaten, Rassen, Sprachgemeinschaften, religiösen Verbände, wirtschaftlichen Körperschaften, die auch nur im

geringsten den Freilandbegriff einzuengen suchen, werden geächtet, in Bann getan, und für vogelfrei erklärt.

9. Die Ablösung der heutigen Privatbodenrente erfolgt auf dem Wege der vollen Entschädigung durch Ausgabe einer entsprechenden Summe von Staatsschuldscheinen.

Kapitel Nr. 9 – Freihandel

Ein weiterer Aspekt, der zur Freiwirtschaft gehört, ist der Freihandel. Damit ist die Abschaffung nationaler Wirtschaftsgrenzen gemeint. Da Freihandel von praktisch allen Ökonomen gefordert und befürwortet wird, ist Freihandel der einzige Freiwirtschaftliche Aspekt, der sich soweit global durchzusetzen scheint. Organisationen wie die WTO üben international großen Druck auf Staaten aus, Zoll- und Importbarrieren zu reduzieren und Exportsubventionen abzuschaffen, in der mit der ursprünglichen Freiwirtschaftsbewegung übereinstimmenden Überzeugung, dass intensive Handelsbeziehungen und -Verflechtungen einen langfristigen Frieden zwischen den Ländern der Welt sicherstellen.

Derzeit ist es so, dass Forderungen an Drittländern, wenn sie sich politisch nicht zur Zufriedenheit erfüllen lassen, dann durch Handelsembargos, Einfuhrbeschränkungen, Sanktionen, Repressalien und Zölle versucht wird, die Interessen durchzusetzen. Durch wirtschaftlichen Druck soll der „Gegner" doch noch dazu bewogen werden, ganz im Sinne des „Erpressers" zu handeln. Meist gegen seine eigenen nationalen Interessen zugunsten der nationalen Interessen des anderen.

Gesells Freiland-Freigeld-Programm ist der Entwurf einer "Marktwirtschaft ohne Kapitalismus", eine ordnungspolitische Alternative zum Sozialismus und zum Kapitalismus. Er predigt darin die Verwirklichung des freien Leistungswettbewerbs durch größtmögliche Beschränkung der Macht - Abschaffung sämtlicher privater Monopolstellungen und Beschränkung des Staates auf das Geldwesen und die Grundfunktionen Rechtswesen und Öffentliche Ordnung. Gesell erweist sich damit als ein radikal Liberaler, der den Ideen des "Dritter-Weg-Theoretikers" Franz Oppenheimer nahesteht. Oppenheimer war einer der geistigen Väter des Ordo-Liberalismus.

In seinem Spätwerk rankte Gesell um den "ökonomischen Kern" seines Programms eine Sozialutopie, die es schwer macht, ihn einer der gängigen weltanschaulichen Richtungen zuzuordnen. Er verlangte darin die Zurückführung des Staates auf einen genossenschaftlich-kommunalen Rest, der nach selbst gewähltem Recht leben sollte. Die Einnahmen aus der Verpachtung von Grund und Boden wollte er ganz Müttern zufließen lassen, um ihre wirtschaftliche Abhängigkeit von den Männern aufzuheben. Er erhoffte sich davon eine Selektion, die Geldheiraten durch Liebesheiraten ersetzt. Paarungen sollten - dem Tierreich abgeschaut - hauptsächlich durch freie Wahl des weiblichen Partners zustande kommen, Mütter sich durch das Müttergehalt voll und ganz der Erziehung von Kindern widmen können, die Menschheit dadurch nach und nach körperlich und sittlich veredelt werden. Gesell war ein Anhänger der Lebensreform-Bewegung, die in der Wilhelminischen Zeit in Deutschland entstand. Er lebte selbst mehrere Jahre in der Gartensiedlung Eden, einer von

Naturfreunden begründeten Obstbaugenossenschaft in Oranienburg bei Berlin, und hatte außer seinen ehelichen Nachkommen Kinder aus drei unehelichen Beziehungen.

Seine von der Evolutionstheorie Charles Darwins und den Philosophen Friedrich Nietzsche und Max Stirner beeinflusste Sozialphilosophie und die Übernahme seiner Lehre von der Zinsknechtschaft ins Programm der völkischen Bewegung haben Gesell den Vorwurf eingetragen, dass er ein Vordenker und Wegbereiter des Faschismus war. Tatsächlich hoffte er eine Zeitlang, die völkische Fraktion in der Freiwirtschaftsbewegung durch Annäherung für seine Ziele zu gewinnen. Jedoch erschien ihm das bald als Irrweg. In den 1920er Jahren hat er allen Versuchen, der Freiwirtschaftslehre eine rassistisch-nationalistische Weltanschauung überzustülpen, öffentlich widersprochen. Gottfried Feder distanzierte sich schon 1920 in der Zeitschrift "Hammer" von Gesell - er verbreite eine gefährliche Irrlehre, die in vielen Köpfen Verheerungen anrichte und für das deutsche Volkstum geradezu tödlich sei. Die beiden trafen sich nur einmal, in München im April 1919 - die Begegnung sei zufällig und beidseitig von Unverständnis gekennzeichnet gewesen. Über den o. g. Artikel schrieb Gesell seinem Mitstreiter Georg Blumenthal, „Die ganze Borniertheit Feders kommt darin recht hübsch zum Vorschein."

Kapitel Nr. 10 – Umlaufgesichertes Geld

Umlaufgesichertes Geld ist ein Geldkonzept der Freiwirtschaft. Es soll dafür sorgen, dass sich die Umlaufgeschwindigkeit des Geldes verstetigt, indem die Umlaufsicherung die Kosten der Geldhaltung gegenüber anderem Geld erhöht. Dies steht in einem Widerspruch zu der Wertaufbewahrungsfunktion des Geldes.

Der französische Ökonom und Soziologe Pierre-Joseph Proudhon, einer der ersten Vertreter des Libertarismus, stellte bereits Mitte des 19. Jahrhunderts die Hypothese auf, dass durch den Wertverfall von Waren und Gütern, der von Geld aber nicht reflektiert wird, das Geld ein Privileg erhalte, wodurch es einen zusätzlichen Preis erzwingen könnte, durch welchen der Geldbesitzer den Warenbesitzer schließlich ausbeutet. Seine Lösung für dieses Dilemma bestand darin, Waren dem verfallsfreien Geld durch Warenbanken gleichzusetzen. In diesen Warenbanken könnte ein Fahrradeigentümer beispielsweise ein Fahrrad anlegen und nach 20 Jahren ein nagelneues Fahrrad zurückerhalten, das gleichwertig wäre, und so durch verbesserten Tauschhandel dem Effekt des Warenzerfalls vorbeugen.

Silvio Gesell griff die Idee des Unterschiedes zwischen Waren und Geld später auf. Anders als Proudhon lautete sein Vorschlag jedoch, die Diskrepanz zwischen Warenzerfall und Währungsstabilität nicht bei den Waren zu lösen, sondern stattdessen dem Geld selbst eine begrenzte Lebensdauer zu geben, indem also bei der Hortung von Geld eine D'emmurage ähnlich den Durchhaltekosten bei der Hortung von Waren auftreten würden. So hat gehortetes Geld beispielsweise dadurch einen ökonomischen Vorteil, dass es Fluktuationen am Markt abwarten kann und entsprechend billig einkaufen oder selbst Marktfluktuationen erzeugen und künstlich Preise in die Höhe treiben kann, was Gesell als Spekulation bezeichnet.

Als Alternative für das Bretton-Woods-System, welches die Wechselkurse westlicher Währungen vom Ende des Zweiten Weltkriegs bis zum Zusammenbruch des Systems 1973 festlegte, schlug Keynes 1944 den Bancor vor, welcher als internationale zwischenstaatliche Verrechnungswährung mit einer Umlaufsicherung behaftet hätte sein sollen. Das Ziel des Bancors wäre gewesen, zum einen der Vormachtstellung des US-Dollars im Bretton-Woods-System vorzubeugen, und zum anderen durch die stetige Verkleinerung von Handelsüberschüssen bzw. Handelsdefiziten die Weltwirtschaft durch bessere Anreize zu stabilisieren.

Beispiele von umlaufgesicherten Währungen

Gesell führte in seinem Standardwerk Die Natürliche Wirtschaftsordnung und weiteren Schriften eine Reihe von historischen Beispielen an, die als umlaufgesicherte Währungen gelten können. Der volksökonomische und exemplarische Wert vieler dieser Beispiele ist aber umstritten.

Beispiele für derartige Geldsysteme mit D'emmurage sind Ägypten („Korngiro") im ersten Jahrhundert v. Chr. und die Mittelalterzeit in Europa. Im ptolemäischen Ägypten wurde Getreide als Geld verwendet, das in Speichern eingelagert wurde, wobei Tonscherben als Besitznachweis ausgegeben wurden. Diese wurden dann als Geld im Wirtschaftsleben verwendet. Das Getreide konnte man sich mit einem gewissen Verfalls- und Lagerabschlag pro Jahr wieder bei Bedarf abholen. Dieses System kam zwischen 322 (nach Lietaer allerdings viel eher, mindestens 1600 v. Chr., datiert. Es gibt für diese These allerdings keine Belege) und 30 v. Chr. auf, nach der Eroberung Ägyptens durch die Römer wurde das römische Münzgeld eingeführt.

Im Mittelalter wurde in Europa von den lokalen Herrschern und Klöstern das Münzgeld (z. B. Brakteaten) in bestimmten Situationen für ungültig erklärt und mit einem Abschlag gegen Neuprägungen umgetauscht. Diese Abstände variierten – von mehrfach jährlich bis zu alle 7 Jahre; bei den Abschlägen gab es Schwankungen zwischen etwa 15 % und 40 %. Die Differenz fiel jeweils an den Herrscher bzw. an das Kloster. Dies war hauptsächlich zwischen den Jahren 1075 und 1400 gebräuchlich. Aufgrund von Handhabungsproblemen mit der angewachsenen Geldmenge, dem Silberschmelzverlust beim Umprägen und auf Drängen von Kaufleuten, die ein dauerhaftes, weitreichendes Geld wollten, wurde die sogenannte „Münzverrufung" aufgegeben und durch Handels- und Verbrauchssteuern ersetzt.

Rückseite des umlaufgesicherten Wörgl-Schwundgeldes

Befürworter eines Geldsystems mit D'emmurage behaupten, dass während dieser Zeitperioden in beiden Wirtschaftsräumen große kulturelle Leistungen entstanden (fast alle Kathedralbauten entstanden zu jener Zeit) und materiellen Wohlstand für ihre Bevölkerungen; nach der Änderung des Geldsystems soll es in beiden Fällen zu einem Niedergang gekommen sein. Freiwirtschaftler führen die Wirtschaftsblüte auf das Geldsystem zurück, Kritiker bezweifeln den Einfluss und Umfang der Auswirkung des Geldsystems, die Münzverrufungen seien nur in 10 % des mittelalterlichen Deutschlands gebräuchlich gewesen. Eine abweichende Wirtschaftsentwicklung dieser Räume von den anderen konnte von keinem Autor bisher nachgewiesen werden. Ummünzungen waren schon zur Zeit der Antike z. B. beim Solidus üblich und auch notwendig, da insbesondere Gold- und Silbergeld durch den Gebrauch und im Mittelalter durch Kipper und Wipper an Münzgewicht mit der Zeit verloren. Die Kathedralbauten seien vom Templerorden finanziert worden. Der Niedergang im Mittelalter wurde allerdings auch durch den Abfluss des Silbers in den Orient aufgrund des Gewürz- und Weihrauchhandels verursacht. Deutlich verstärkt wurde dieser Abfluss noch durch die Arbitragegeschäfte der Venezianer (Silber gegen Gold). Das Silberbergwerk in Schwaz/Tirol brachte ab 1450 eine gewisse Erleichterung (7.400 Knappen, zweitgrößte Stadt im Habsburgerreich). Paul C. Martin spricht deshalb auch von einem Brakteaten-Märchen.

Nach der Entdeckung Amerikas floss wieder reichlich Silber und Gold über Spanien nach Europa und verursachte neuen monetären

Wohlstand (aber auch Kriege), jedoch keine florierende Volkswirtschaft.

Im Jahre 1815 gab es auf der britischen Kanalinsel Guernsey ein Geldexperiment. Die Folgen der Napoleonischen Kriege machten sich in ganz Europa bemerkbar, auch auf dieser Insel. Die Inselbewohner produzierten Lebensmittel weit über den Eigenbedarf hinaus, doch die eingetriebenen Steuern und Zinszahlungen an Londoner Banken brachten den Zahlungsverkehr schließlich ganz zum Erliegen. Der in dieser Zeit amtierende Gouverneur von Guernsey, Daniel de Lisle Brock, schlug den Bau einer Markthalle für 4.000 Pfund Sterling vor, die der Wirtschaft neuen Auftrieb geben würde. Diese 4.000 Pfund sollten einfach selber gedruckt und als eine Art Zweitwährung im Umlauf gebracht werden. Nach fünf Jahren hatte sich die Halle voll amortisiert und die 4000 Pfund wurden wieder verbrannt. Genaugenommen stellt dies jedoch kein umlaufgesichertes Geld dar, sondern nur eine spezielle Form des Kredits. Nach diesem Prinzip wurden so nacheinander mehrere Bauvorhaben mit selbstgedrucktem und später wieder vernichtetem Geld verwirklicht. Jedoch kam bis 1835 durch den Eingriff fremder Banken und eine reduzierte Geldmenge die Freigeldwirtschaft wieder zum Erliegen.

Kapitel Nr. 11 – Umsetzung

Eine brillante Idee kann man einer Bardame erklären! Damit ist gemeint, dass wirklich einleuchtende Ideen keines PowerPoint Vortrages von mehreren Stunden benötigen, um verstanden zu werden. Die Brillanz liegt in der Einfachheit der Idee. Fasziniert von der Idee des Freigeldes fragte ich vor ein paar Wochen hier in Búzios eben eine dieser wunderschönen Bardamen, die scheinbar nichts anders zu tun haben, als einem Gast geduldig zuzuhören.

„Was würden Sie mit tausend Dollar machen, wenn Sie wüssten, dass diese tausend Dollar am Monatsende nur noch achthundert Euro wert wären?"

„Ich würde sie so schnell wie möglich ausgeben" war die spontane Antwort.

Sie sehen, der Grundgedanke des Freigeldes ist mit wenigen Worten erklärt. Geld zurück in den Umlauf zu zwingen, keine Hexerei. Die Umsetzung der Gesellschen Theorien in die moderne Praxis de 21. Jahrhundert würde wahrscheinlich nicht einmal ein Jahr dauern. Innerhalb von weniger als 365 hätten wir ein neues, funktionierendes Wirtschaftssystem, ein neues Bankensystem und ein neues Geldsystem. Der Aufschwung steht gewissermaßen mitsamt einer blühenden Zukunft direkt vor unserer Tür, aber wir werden gehindert, ihn einzulassen.

Es ist ein bisschen, wie mit der Planung einer Umgehungsstraße. Die Planungen und Gutachten im Vorfeld dauern dreimal so lange, wie der Bau der eigentlichen Straße und verschlingen ein Fünffaches des benötigten Kapitals, das nötig wäre für Baumaterial und Arbeitskraft. Schließlich werden die Aufwendungen der Vorplanung so Gemeindesäckel erdrückend, dass man von dem Projekt aus Kostengründen Abstand nimmt und die Idee mit der Umgehungsstraße nicht weiter verfolgt wird.

Wir erleben das heute in allen Wirtschaftsbereichen, brillante Ideen werden nicht mehr umgesetzt. Pro und Kontra wird solange ausdiskutiert, bis keiner das Thema mehr hören kann. Eine schlichte, aber immer wieder äußerst wirksame Taktik. Zwei Lager stehen sich scheinbar unversöhnlich gegenüber, unverrückbar und kompromisslos. Die Folgen dieses Starrsinns tragen meist andere. Die Kosten dafür meistens ganze Generationen.

Ich möchte daher hier alle Marx-Anhänger und Freiwirtschaftler aufrufen, angesichts der dringenden Probleme der heutigen Menschheit keine gegenseitige Päpstedemontage zu betreiben. Es bringt nichts, einerseits auf Gesell, andererseits auf Marx hinunterzublicken und ihnen theoretische Mängel und persönliche Schwächen anzukreiden. Vielmehr sollten wir hierüber hinausblicken und nach einer den beiden Anschauungen übergeordneten Synthese suchen. Denn diese gibt es meiner Meinung nach durchaus. Gemäß Gesell hat Marx in seinen Untersuchungen den Einfluss der Geldsphäre auf Wirtschaft und

Vermögensverteilung zu wenig gewürdigt. Andererseits hat Gesell selbst – wenn ich richtig sehe – die von Marx betonte Produktionsseite und den Mehrwert des Kapitals in ihrer Bedeutung übergangen.

Hier sollten beide Bewegungen zusammenwachsen und die gegenseitigen Lücken schließen. Diese Möglichkeit sehe ich nämlich durchaus. Im Kapitalzins steckt nicht nur der „Urzins" nach Gesell als Zinsanteil, den er wegen seiner ungerechten Auswirkungen auf Einkommen- und Vermögensverteilung beseitigt haben wollte, sondern auch ein produktionsbedingter, vom Wirtschaftswachstum abhängiger Wachstumsanteil, den Gesell selbst sogar als „Darlehenszins" andeutungsweise beschrieben hat und welcher dem „Mehrwert des Kapitals" entsprechen dürfte.

Dieser Anteil ist es auch, der den Unterschied der Zinshöhe zwischen kurz- und langfristigen Kapitalanlagen ausmacht, wofür die gängige Wirtschaftswissenschaft meiner Kenntnis nach keine vernünftige Begründung liefert.

Wenn man die gegen die Person Gesells erhobenen ideologischen Vorwürfe von marxistischer Seite her nicht mehr zum Zentrum und Grund der Ablehnung der Freiwirtschaft macht, sondern deren Potenzial als Beitrag zu einer konstruktiven Wirtschaftsbetrachtung nutzt und für die heutigen Gegebenheiten weiterentwickelt und ergänzt, so würde sich daraus nach meiner Überzeugung eine brauchbarere Wirtschafts- und Gesellschaftsordnung ergeben, als wir sie gegenwärtig haben. Sogar der Jude Keynes hat den Gedanken hinter dem Gesellschen Vorschlag vom gestempelten Geld als „gesund" bezeichnet. Das will nicht heißen, dass mit

Freiwirtschaft alle Probleme zu lösen wären. Mit Marxismus auch nicht. Fehler und Mängel in Theorien, Misserfolge und Fragwürdigkeiten in der Praxis und persönliche Schwächen von Menschen dürfen uns nicht davon abhalten, nach sinnvolleren Theorien und Praktiken zu suchen.

Seien wir also offen füreinander! Greifen wir das Positive und Brauchbare der beiden Männer heraus und führen es weiter. Keiner, der Gesells Geldtheorie anerkennt, ist deshalb Rassist, Sozialdarwinist oder Antisemit. Und keiner, der nach Gesell den Boden vom Staat aufkaufen lassen will – und nur den Boden und nicht auch die Gebäude – ist deshalb Kommunist oder Marxist oder für die Abschaffung des Privateigentums.

Umgekehrt ist aber auch keiner, der Privateigentum an erzeugten Gütern befürwortet, automatisch ein Kapitalist. Und wenn irgendwo Rassisten, Sozialdarwinisten oder Antisemiten Sympathie für die Freiwirtschaft hegen, so kann zwar niemand sie daran hindern. Es ist aber nicht gerechtfertigt, all die übrigen der Freiwirtschaft gegenüber positiv Gesinnten, die keiner dieser fragwürdigen Philosophien nachhängen, sich jedoch Sorge machen um die vielen heutigen wirtschaftlichen Probleme – zu denen ich mich zähle - zu übergehen, und sie mit den Erstgenannten in einen Topf zu werfen.

Kapitel Nr. 12 – Das Schwunggeld von Wörgl

Wörgl ist eine Marktgemeinde im Inntal (seit 1951 Stadt), eine von wenigen in Tirol, die bereits in der Zwischenkriegszeit maßgeblich von der Industrie lebten. 1932 hatte Wörgl 4.000 bis 4.500 Einwohner - die Angaben variieren. Seine Industrie bestand aus einem Hauptbetriebswerk der österreichischen Eisenbahn und einigen kleinen Fabriken - Zellulose, Zement, Ziegel, zwei Sägewerke -, die aber allesamt fast still lagen. 1932 war der Höhepunkt der Weltwirtschaftskrise, Wörgls Zahlungsverkehr nahezu eingefroren. Die Gemeinde hatte sich im Laufe der 1920er Jahre hoch verschulden müssen und konnte diese Schuld nun nicht mehr bedienen. Zugleich hatte sie einen Berg von Außenständen bei den kommunalen Steuern. Etwa 400 erwerbsfähige Einwohner Wörgls, die umliegenden Weiler mitgerechnet rund 1.500, waren arbeitslos.

In dieser Lage entschloss sich der Bürgermeister Michael Unterguggenberger, ein Sozialdemokrat, der aus der Eisenbahner-Gewerkschaftsbewegung kam und für anarchistische Ideen aufgeschlossen war, Gesells Theorie auszuprobieren. Er gründete einen Wohlfahrtsausschuss, der das Recht erhielt, selbst gedrucktes Geld auszugeben. Der Ausschuss war also so etwas wie eine gemeindeeigene Notenbank, seine Geldscheine kommunales

Notgeld, wie es in Deutschland und Österreich während des Ersten Weltkriegs und der Nachkriegsinflation zehntausendfach ausgegeben wurde. Um nicht allzu offensichtlich mit dem Monopol der österreichischen Nationalbank in Konflikt zu kommen, nannte Wörgl sein Geld Arbeitswertbescheinigung. Die Gemeinde erwarb es im Verhältnis Eins zu Eins gegen Schilling und zahlte fortan die Löhne ihrer Beschäftigten, Rechnungen von Handwerkern usw. zum Teil mit Notgeldnoten. So kam es in Umlauf.

Die Arbeitswertbescheinigungen konnten jederzeit auf Verlangen mit einem Abschlag von zwei Prozent in reguläre Schilling-Noten gewechselt werden; für diesen Fall schuf der Wohlfahrtsausschuss einen Deckungsstock in Höhe des Nennwerts seiner Notenemission, der auf ein Sperrkonto der Raiffeisen-Darlehenskasse der Gemeinde eingezahlt wurde. Die Scheine wurden jeden Monat um ein Prozent abgewertet. Eine am 1. Juli 1932 emittierte 100 Schilling-Arbeitswertbescheinigung wurde im August nur noch zu 99 Schilling in Zahlung genommen, im September nur noch zu 98 usw. Um den Kurs pari zu halten, mussten die Bürger Wörgls bei der Gemeinde gestempelte Marken erwerben, die auf der Rückseite der Scheine aufgeklebt wurden. Der Erlös aus dem Verkauf der Marken floss der Gemeindekasse zu.

Das hatte folgenden Effekt. Während die Bürger Wörgls ihr Schillinggeld als Notgroschen hamsterten, gaben sie das Notgeld rasch aus, um die Abwertung nicht tragen zu müssen. Spätestens zum Monatsende trugen sie es zum Bäcker, Metzger, Friseur usw. Die Geschäftsleute waren darüber zwar nicht erbaut, sie hätten Zahlung in Schilling bevorzugt, ließen sich das eine Prozent Abzug aber gefallen, weil sie den Eindruck hatten, dass der Umsatz dadurch stieg. Sie verwendeten das Schwundgeld bevorzugt dazu, Steuerschulden an die Gemeinde, die sie ohne dieses wohl stunden lassen hätten, abzuzahlen. Die Gemeinde gab das Geld sofort wieder aus, ließ Straßen und die Kanalisation instand setzen, eine Brücke über den Inn bauen, man leistete sich sogar während der größten Not eine neue Skischanze. Die Bürger Wörgls konnten ihre Arbeitswertbescheinigungen auch bei der Raiffeisenkasse auf Sparkonten einzahlen. Diese vergab auf Grundlage dieser Depositen Kredit in Arbeitswertbescheinigungen, auf Grundlage des Deckungsstocks auch Schilling-Wechselkredit an Wörgler Geschäftsleute.

So sorgten die Arbeitswertbescheinigungen für eine wundersame Verflüssigung des Geldmarkts in Wörgl. Zwar war ihr Volumen gering, 32.000 Schilling, aber ihre Umlaufsgeschwindigkeit war viel höher als die des staatlichen Geldes. Die Arbeitslosigkeit ging in Wörgl binnen kurzer Zeit um ein Viertel zurück. In ganz Österreich nahm sie um ein Zehntel zu. Das machte Wörgl zu einem Mekka für Journalisten und Geldtheoretiker. Als der Fall Schule zu machen drohte, sich Nachbargemeinden dem System anschlossen, erwirkte die österreichische Nationalbank ein Verbot der Arbeitswertbescheinigungen.

Eine Notenbank, die konkurrierende Geld-Emittenten duldet, läuft Gefahr, die Kontrolle über die Geldmenge und das Preisniveau zu verlieren. Freilich war diese Kontrolle der Österreichischen Nationalbank 1932 längst entschwunden, denn Deflation verletzt ebenfalls das Stabilitätsziel, und solange es massenhaft unausgenutzte Kapazität gab, war Inflation nicht zu befürchten. Es gibt keine logische Begründung, weshalb Schwundgeld notwendig zu Inflation führen muss. Die Umlaufsgeschwindigkeit des Geldes lässt sich nicht beliebig steigern, und es obliegt bei jedem Geld nur der Weisheit der ausgebenden Stelle, die Emission so zu begrenzen, dass es seinen Wert behält. Vielleicht wäre Österreich der Anschluss an Deutschland erspart geblieben, wenn es damals großzügiger Schwundgeld gedruckt hätte.

Die Versuche mit Schwundgeld in den 1930er Jahren waren alle kurzlebig. Jedoch bewirkten das Versagen des Goldstandards in den 1930er Jahren und die Erfahrungen aus diesen Projekten eine Revision der Geldtheorie, die Gesells Ideen im Wesentlichen anerkannte. Der renommierte amerikanische Geldtheoretiker Irving Fisher - ein Pionier der Preisindex-Forschung - schrieb damals in einem von vielen Blättern nachgedruckten Zeitungsartikel, die USA werde durch richtige Anwendung von Schwundgeld binnen dreier Wochen aus der Depression herauskommen. Die freundlichste Würdigung erhielt Gesell 1936 von John Maynard Keynes. Er nannte den hinter dem gestempelten Geld stehenden Gedanken gesund und prophezeite, dass die Zukunft vom Geiste Gesells mehr lernen werde als von Marx. Strittig blieben Fragen der praktischen Durchführung der Schwundgeld-Währung, namentlich die ihr zugrunde gelegte Definition der Geldmenge. Schon Keynes war der Ansicht, dass auch bargeldnahe Substitute - liquide Bankguthaben, Devisen, Juwelen und Edelmetalle - der Abwertung unterliegen müssen, um Ausweichreaktionen vorzubeugen. Gesells Technik der Bargeldabwertung gilt heute als überholt, man kennt Verfahren, die das umständliche Markenkleben überflüssig machen.

Bei der Ordnung des Weltwährungssystems für die Zeit nach dem Zweiten Weltkrieg wurde der Gedanke, Papiergeld müsse durch Edelmetall gedeckt sein, aufgegeben. Lediglich die USA gaben auf ihre Dollarscheine noch eine Einlösegarantie, bis 1971. Die Hortung von Geld spielte unter dem Papiergeldstandard kaum mehr ein Rolle - die schleichende Inflation ließ den Geldwert von alleine schwinden. Aber eine Politik mäßig dosierter Inflation ist, wiewohl sie eine Zeitlang unter Ökonomen hoch im Kurs stand (Phillips-Kurven-Theorem), kein Garant für andauernde Vollbeschäftigung. Sie verfestigt die Inflationserwartung, verfälscht Rentabilitätsberechnungen und führt zur Fehlallokation von Ressourcen, z. B. zu Übertreibungen beim Wohnungsbau. Die Finanzspekulation ist heute mächtiger denn je, viele Staatshaushalte sind durch jahrzehntelang verantwortungslose Spendierhosenpolitik zerrüttet und eine neuerliche Deflation wird zwar für unwahrscheinlich gehalten, aber nicht ausgeschlossen. Vielleicht wird das das Interesse an Gesell wiederbeleben.

Kapitel Nr. 13 – Fließendes Geld

Prof. Dr. phil. Dr. rer.pol. Wolfgang Berger verfasst einen bemerkenswerten Aufsatz über die Ideen, Ansätze und Realisierungsmöglichkeiten Silvio Gesells. Er hält Vorträge, auch im Deutschen Fernsehen, um die Grundideen Gesells mehr Menschen zu erläutern und zu verdeutlichen. Er hat sich die letzten Jahre ausschließlich der Verbreitung der Ideen Gesells verschrieben, weil auch er der Überzeugung ist, dass dieses Wirtschaftsmodell uns gerade heute aus dem eingeschlagenen Weg in ökonomische Gesamtkatastrophe retten könnte. Hier sein Aufsatz:

Autor: Prof. Dr. Berger – ,Fließendes Geld'

Einleitung

Die globalen Finanzmärkte führen auch in den reichen Ländern zu Entwicklungen, gegen die sich die Menschen in den armen Regionen der Welt seit langem wehren:

1. Eine zunehmende Zahl von Menschen verarmt und verelendet, die globalisierte Wirtschaft lässt täglich 26.000 Menschen verhungern.

2. Ein weltweiter Standortwettbewerb um Investitionskapital verschafft dem Kapital Subventionen, kostenlose Infrastruktur und steuerliche Entlastung.

3. Steuern können wirksam nur auf Arbeit und auf den Konsum erhoben werden, was die Arbeitslosigkeit und die Lebenshaltungskosten erhöht.

4. Soziale Probleme, Subventionen und Steuerflucht führen zu einer Umverteilung von den ärmeren zu den reicheren Bevölkerungsschichten.

5. Die hohe Staatsverschuldung macht Regierungen handlungsunfähig und in ihren Entscheidungen abhängig von großen Konzernen und Kapitalgebern. Demokratie wird ausgehöhlt. Die finanziellen Sachzwänge sind stärker als des Volkes Wille.

6. Nur hohes Wirtschaftswachstum kann diese Probleme abmildern. Quantitatives Wachstum aber bedroht das Klima und die Umwelt – unsere Lebensgrundlagen.

7. Quantitatives Wachstum braucht Rohstoffe – der wahre Grund für die meisten Kriege.

Diese Entwicklungen sind nicht das Ergebnis von Politik, sie ergeben sich zwangsläufig aus dem globalen Geld- und Finanzsystem:

Wer sein Erspartes langfristig, geschickt und sicher anlegt, verdoppelt den Betrag durch Zins und Zinseszins etwa alle zehn Jahre. Bei einer größeren Anlagesumme ist die durchschnittliche langfristige Verzinsung 7 %. Aus € 100.000 werden so

nach   10 Jahren   €   196.720

nach   25 Jahren   €   542.740

nach   50 Jahren   €   2.945.700

nach   75 Jahren   €   15.987.600

nach   100 Jahren   €   86.771.630

Diese € 86.771.630 setzen sich zusammen aus € 100.000 Ersparnis, € 700.000 Zinsen und € 85.971.630 Zinseszinsen.

In einem Gastbeitrag im Deutschen Fernsehen erläuterte Prof. Dr. Dr. Berger die Verzinsung noch an einem weiteren Beispiel: Um es noch dramatischer zu verdeutlichen: „Wenn man zur Geburt Jesus nach diesen heutigen Zinseszinssystem ein Kapital von 1 Münze im Gewicht in Gold, von sagen wir 10 Gramm angelegt hätte, wären daraus

im Jahre 75 nach Christus ein Kilo geworden,

im Jahre 275 eine Tonne Gold,

im Jahre 875 ein Trilliarde Tonnen Gold,

im Jahre 935 Das Gewicht der Erde in Gold,

1995 4 Mio. Trilliarden Erden in Gold.

Das wäre mehr Gold, als es wahrscheinlich im ganzen Universum von diesem seltenen Metall gibt. "

Die Verzinsung ist notwendig, damit das Kapital als Kredit wieder zur Verfügung steht. Voraussetzung dafür ist, dass es Kreditnehmer gibt, die bereit und in der Lage sind, sich in entsprechender Höhe zu verschulden – die also für die hunderttausend Euro innerhalb von zehn Jahrzehnten ca. 86,7 Millionen Euro Zins und Zinseszins zahlen.

Schneller wachsenden Vermögen der Sparer muss eine schneller wachsende Verschuldung von Kreditnehmern gegenüber stehen. Wenn es keine Privatpersonen und keine Unternehmen gibt, die mehr Kredite aufnehmen wollen und können, bleibt als Rettung für die Kapitalmärkte nur eine stärkere Verschuldung von Staaten. Das erleben wir gerade: Die meisten Staaten können sogar ihre Zinsen nur bezahlen, wenn ihnen dafür neue Kredite gewährt werden.

Exponentielle Entwicklungen, die sich unbegrenzt beschleunigen, gibt es in der Natur und im Kosmos nur bei Explosionen, die immer einen Zusammenbruch einleiten. Auch in unserer von Menschen geschaffenen Welt müssen sie irgendwann zusammenbrechen.

Deshalb liegt die Lösung für alle oben aufgeführten Probleme (1. – 7.) in einem „fließenden Geldsystem", das die Wirtschaft nicht durch Zins und Zinseszins antreibt, sondern durch eine monatliche Gebühr von zum Beispiel 0,75 %, die von allen Girokonten abgebucht wird. Bargeld wird mit begrenzter Laufzeit ausgegeben (was mit eingebauten Mikrochips kontrolliert wird) und bei

Fälligkeit gegen Zahlung der kumulierten Gebühr gegen neues, gültiges Geld eingetauscht.

Dieses fließende Geld („Freigeld") ist ein einfaches Tauschmittel und steht auf einer Stufe mit anderen Gütern, die veralten, verrosten, verfaulen, verfallen oder Lagerkosten verursachen.

Das Bankensystem bleibt im Wesentlichen unverändert, nur die Rahmenbedingungen ändern sich: Da Bargeld und Giralgeld „Lagerkosten" verursachen, werden diejenigen, die Kapital haben, diese Kosten vermeiden wollen und interessiert sein, es über geeignete Anlageformen zinsfrei wieder zur Verfügung zu stellen.

Die Folgen für einen Staat, der fließendes Geld („Freigeld") einführt, sind vielfältig:

1. Die Steuern können deutlich reduziert werden: Der Staat kann sich zum Teil aus den „Geldgebühren" finanzieren. Die Erhebung dieser Gebühr ist einfacher und sicherer als Steuern.

 2. Die reduzierten Steuern machen den betreffenden Staat zu einem attraktiven Standort für Investitionen in Sachkapital.

 3. Die Preise sinken im Durchschnitt um 40 %: In die Preise sind jetzt weltweit durchschnittlich 40 % Zinskosten einkalkuliert. Um 40 % reduzierte Kosten steigern die Exporte und die Gewinne der Unternehmen.

 4. Gefallene Preise und gesenkte Steuern verdoppeln die Kaufkraft – den Lebensstandard – jedes Einzelnen oder sie bieten ihm die Möglichkeit, weniger zu arbeiten.

5. Durch die Zinsfreiheit bieten kurzfristige, ökologisch schädliche Investitionen keine Vorteile mehr. Im Gegenteil: langfristige Investitionen – zum Beispiel in die Umwelt, Infrastruktur, Bildung, Forschung, Gesundheit – werden rentabel.

6. Die Rentabilität langfristiger Investitionen bewirkt einen Wechsel vom quantitativen zum qualitativen Wachstum, das ökologisch unschädlich ist.

7. Die vielen langfristig rentablen Investitionsprojekte schaffen Vollbeschäftigung und beenden die – unfreiwillige – Arbeitslosigkeit.

Der schnelle Erfolg des Landes, das zuerst eine „Fairconomy" mit fließendem Geld einführt, wird einen weltweiten „Dominoeffekt" auslösen. Die Pioniere einer neuen Weltordnung aber werden, wie alle erfolgreichen Pioniere, einen Vorsprung haben, den andere kaum noch einholen können.

Der Taler muss wandern, der Rubel muss rollen

Das Geld und das Rad haben viel gemeinsam. Beides sind Erfindungen, die am Anfang der ersten großen Zivilisationen standen.

Heute läuft das Rad sichtbar an Fahrzeugen und unsichtbar in Motoren, Maschinen und Apparaturen. Ein Rad erfüllt seine Funktion nur, wenn es sich dreht – nach Möglichkeit ohne Reibungsverlust. Deshalb wurden Achse und Nabe immer weiter entwickelt. Kugellager und Walzenlager wurden erfunden und immer bessere Schmiermittel eingesetzt. Die modernen Naben haben eine Dauerschmierung und müssen kaum noch gewartet werden.

Auch Geld zirkuliert unsichtbar wie das Rad in einer Maschine und erfüllt seine Funktion nur, wenn es reibungslos umläuft. Auch beim Geld sollte die „Nabe" dauergeschmiert sein.

Seit Jahrhunderten hat es immer wieder Wirtschaftskrisen gegeben. Immer war es die Geldzirkulation, die nicht funktionierte – in der „Nabe" harzte es. In den letzten Jahrzehnten sind die Probleme durch das Schmieren der „Nabe" mit immer neuen Kredit-Finanzspritzen gelöst worden. Jetzt scheinen diese Möglichkeiten erschöpft zu sein.

Die Finanzexperten und der Internationale Währungsfonds veranlassen deshalb die Politiker, ihren Völkern Einschränkungen zuzumuten. Staaten, die sich den globalen Sachzwängen nicht unterwerfen, werden mit Kapitalflucht bestraft. Die Menschheit scheint dazu verdammt, dem Finanzsystem zu dienen, sich von ihm unterjochen zu lassen.

Überzeugungen sind schwerer zu zertrümmern als ein Atom

99 % der Menschen sehen das Geldproblem nicht. Die Politiker sehen es nicht, die Banker sehen es nicht, die Finanzexperten und

Ökonomen sehen es nicht. Sie alle stecken in ihren alten Denkmustern (Paradigmen) fest: Den Zins halten sehen sie als den „Mietpreis" für Geld, der sich in einer freien Wirtschaft auf den Finanzmärkten bildet. Wer eine Wohnung, ein Auto oder einen Computer mietet, muss dafür schließlich auch Miete zahlen.

Aber da gibt es einen feinen Unterschied: Eine Wohnung verfällt mit der Zeit, ein altes Auto wird reparaturanfällig, ein Computer veraltet besonders schnell. Geld aber – wenn es keine Inflation gibt – verfällt nicht, rostet nicht und veraltet nicht.

Der Bankier Maier Amschel Rothschild hat diese Besonderheit des Geldes durchschaut und den Mechanismus der exponentiellen Geldvermehrung, der daraus folgt: „Der Zinseszinseffekt", so hat er gesagt, „ist das achte Weltwunder".

„Nationalökonomie ist, wenn die Leute sich wundern, warum sie kein Geld haben", schreibt Kurt Tucholsky im Jahre 1931: „und dafür gibt es mehrere Gründe. Die feinsten sind die wissenschaftlichen." Solche Überzeugungen können üblicherweise nicht überwunden werden, indem wir beweisen, dass sie falsch sind. Solche Überzeugungen können nur überwunden werden, indem die prominenten Vertreter der alten Denkmuster aussterben.

Geld kann nicht arbeiten und sich auch nicht vermehren

Solange der Zins die „Radnabe" – die Umlaufsicherung – des Geldes ist, müssen diejenigen, die nur ihre Arbeitskraft anzubieten haben, für diejenigen, die Kapital haben, die Zinsen erarbeiten. Geld kann nicht arbeiten und sich auch nicht vermehren. Nur Menschen und Maschinen können arbeiten und nur durch deren Arbeit vermehrt sich Geld – innerhalb von zehn Jahrzehnten von € 100.000 auf ca. € 87 Millionen – wie wir gesehen haben.

Verdient wird dieses vermehrte Geld – Zinsen und Zinseszinsen – von denjenigen, die mit ihrem Kopf, ihren Händen und ihrem Körper arbeiten (Handwerker und Arbeiter), von denjenigen, die Maschinen und Investitionsgüter erfinden und entwickeln (Techniker und Ingenieure), die sie kaufen und einsetzen (Unternehmer), die sie bedienen und warten (Mitarbeiter) und die das, was damit hergestellt wird, verkaufen (Verkäufer).

Nun unterstellen wir einmal, dass der Staat mit insgesamt 20 % Verbrauchs- und Mehrwertsteuer beteiligt ist (in den meisten Ländern und bei den meisten Produkten ist es deutlich mehr). Da im Durchschnitt 40 % aller Preise aus kalkulierten Zinsen und Zinseszinsen bestehen, erhalten diejenigen, die Zinsen und Zinseszinsen erarbeiten nur etwa die Hälfte für diese Arbeit. Diejenigen, die die Zinsen bekommen, erhalten die andere Hälfte.

Somit gehören heute alle, deren Zinseinkünfte niedriger sind als ihre Arbeitseinkünfte, zu den Verlierern des Systems. Das sind die meisten. Nur diejenigen, deren Zinseinkünfte höher sind als ihre Arbeitseinkünfte, gehören zu den Gewinnern. Das sind nur wenige. Daraus ergibt sich unabhängig von allen steuerlichen Gestaltungen eine ständige Umverteilung der Vermögen und Einkommen von unten nach oben.

In den Folterkammern des Geldes geht es unerbittlich zu

Da nun aber Geld sich von selbst exponentiell – also immer schneller – vermehrt, der reale Lohn für Arbeit aber nicht, wird es bei dem durchschnittlichen Zinsanteil in unseren Preisen von 40 % nicht bleiben. Der Anteil muss steigen: innerhalb der nächsten zehn Jahre voraussichtlich auf 50 % und dann weiter und immer schneller auf 60 und 70 %. Die Vermögen derer, die diese Kredite vergeben, steigen so wie der Kurs einer Rakete, die in den Himmel steigt.

Das hat zunächst zur Folge, dass der vermehrte Wohlstand, der sich aus Wirtschaftswachstum ergibt, den Vermögenden zufließt und nicht der arbeitenden Bevölkerung, die diesen Reichtum produziert. Sobald aber die Wachstumsrate niedriger ist als der Zinssatz – und das ist in den reichen westlichen Volkswirtschaften der Fall – sind die Konsequenzen andere:

In den Folterkammern des Geldes gehen immer mehr Unternehmen in Konkurs, weil sie die Zinsen nicht mehr bezahlen können. In den Folterkammern des Geldes werden immer mehr Menschen arbeitslos, steigen die Privatinsolvenzen, nimmt die Verarmung der Mehrheit der Bevölkerung zu. Die Mehrheit der Menschen sitzt in einem U-Boot, das untergeht.

Diese Umverteilung von unten nach oben ist nicht Ergebnis von gewollter oder missratener Politik, sie ist systembedingt und zwangsläufig. Wie groß der Teil der Einkommen und Vermögen ist, der umverteilt wird, bestimmen die Finanzmärkte. Und wie das funktioniert schauen wir uns an einem historischen Beispiel an:

Die Gnade des Pharao

Der Pharao hat Josef, den Sohn Jakobs, zum Regierungschef von Ägypten ernannt. Der Prophet Moses berichtet über Josefs Regierungsgeschäfte:

„Das Land Ägypten und Kanaan verschmachteten weil es an Geld gebrach. Und Josef brachte alles Geld zusammen, das in Ägypten und Kanaan gefunden ward, um Getreide zu kaufen. Da es nun weiter an Geld gebrach im Lande kamen alle zu Josef und sprachen: Warum lässt du uns vor dir sterben, darum, dass wir ohne Geld sind? Josef sprach: Schafft euer Vieh her, so will ich euch für das Vieh Brot geben, weil ihr ohne Geld seid. Da brachten sie Josef ihr Vieh und er gab ihnen Brot für ihre Pferde, Schafe, Rinder und Esel.

Da das Jahr um war kamen sie zu ihm im zweiten Jahr und sprachen zu ihm: Nicht allein das Geld, sondern auch das Vieh ist dahin. Kaufe uns unser Land für Brot. Also verkauften die Ägypter ein jeglicher seinen Acker. Sie sprachen: Du hast uns am Leben erhalten; lass uns nur Gnade finden vor dir, unserm Herrn, so wollen wir gern dem Pharao leibeigen sein. Also machte Josef ihnen ein Gesetz bis auf diesen Tag. Und Josef starb, da er hundertzehn Jahre alt war. Und sie salbten ihn, und legten ihn in eine Lade in Ägypten."

Regierungschefs kommen und gehen, die Pharaonen bleiben

Die meisten Bewohner der meisten Staaten der Erde würden ihre Regierungschefs heute auch salben, wenn sie ihnen nur Brot gäben. Die Mehrheit der Menschheit muss mit etwa einem Euro pro Tag auskommen. Und dafür kann sie – ganz so wie die Überlebenden im alten Ägypten – denen „dankbar" sein, die ihr Überleben finanzieren.

Für jede Million Entwicklungshilfe, fließen zwei Millionen Zinszahlungen zurück in die Industrieländer – sofern der Kreditrahmen nicht um wenigstens einen Teil dieser fälligen Zahlungen erweitert wird. Das führt zur Re-Kolonisierung der Dritten Welt – eine von den Finanzmärkten erzwungene neue Form der Leibeigenschaft. Der Präsident des heutigen Ägypten – Hosni Mubarak – schätzt, dass der Schuldendienst allein der afrikanischen Länder in einem Jahrzehnt das Leben von 500 Millionen Menschen gekostet hat, die verhungert sind.

„Der Dritte Weltkrieg hat bereits begonnen", hat Luiz Inácio Lula da Silva – ehemaliger Präsident von Brasilien (2002-2010) – gesagt, als er noch Arbeiterführer war: „seine schärfste Waffe ist der Zinssatz, und sie ist tödlicher als eine Atombombe."

Das Vermögen der 587 von der Zeitschrift „Forbes" gezählten Milliardäre ist im Jahre 2003 um 36 % gestiegen. Bei dieser Rate verdoppelt es sich in wenig mehr als zwei Jahren – durch die Arbeit der vielen, die diese Vermehrung ermöglicht haben. Aber „wenn eine Gesellschaft den vielen, die arm sind, nicht helfen kann, kann sie auch die wenigen nicht retten, die reich sind", hat John F. Kennedy gesagt und diese Sicht der Dinge nicht überlebt.

Das „System" ist ungerecht, gewalttätig und zerstörerisch

Im September 1992 spekuliert George Soros gegen das englische Pfund und die italienische Lira. Trotz des heftigen Widerstands aller europäischen Zentralbanken sprengt er das bis dahin erfolgreiche Europäische Währungssystem, das der deutsche Bundeskanzler Helmut Schmidt und der französische Präsident Giscard d'Estain geschaffen haben. Er erzwingt die Abwertung der englischen Währung und drückt Großbritannien und Italien aus dem Europäischen Währungssystem heraus. Das hat Soros innerhalb von wenigen Wochen viele Milliarden Dollar Gewinn eingebracht.

„Als anonymer Teilnehmer an Finanzmärkten hatte ich niemals die sozialen Folgen meines Handelns abzuwägen", schreibt der erfolgreichste Spekulant aller Zeiten sechs Jahre später. „Der Wettbewerb im Spiel war hart und wenn ich mir zusätzliche Einschränkungen auferlegt hätte, wäre ich als Verlierer dagestanden. Ich erkannte, dass meine moralischen Vorbehalte in der realen Welt, unter den Bedingungen des Wettbewerbs, wie sie auf Finanzmärkten herrschen, keinerlei Veränderung bewirkt hätte. Wenn ich mich zurückgehalten hätte – jemand anders hätte meinen Platz eingenommen."

Es sind nicht einzelne böse Menschen, die die Welt zerstören – es ist das System, das uns alle gefangen hält. Soros selbst hat erkannt, dass ein System in dem solche „Coups" gelingen, dem Untergang geweiht ist. Dass „fließendes Geld („Freigeld")" die Rettung ist, ahnt er vermutlich nicht.

Was kostet die Welt?

In Emile Zolas Roman „Germinal" versteigert ein Bergwerksdirektor Arbeitsplätze. Wer den niedrigsten Lohn verlangt, wird eingestellt. Ganz ähnlich versteigerten die Prätorianergarden im antiken Rom den Kaiserthron. Julianus, einer der reichsten Römer, hatte das meiste geboten und wurde gekrönt, zwei Monate später dann aber ermordet. Das Römische Reich ist zerfallen, als Reichtum wichtiger wurde als Ruhm und Rom an den Meistbietenden versteigert wurde.

Im Jahre 1876 hat die russische Zarin Katharina II Alaska für $ 7,2 Millionen an die Vereinigten Staaten verkauft. Später aber – nach verlorenen Kriegen und inneren Unruhen – ist die Herrscherfamilie der Romanows gestürzt worden. „Was kostet Russland?", können wir heute fragen. Die Preisfrage für Indien hat die Englisch-Ostindische Compagnie im 17. Jahrhundert beantwortet, die für China das Britische Empire mit dem Opiumkrieg im 19. Jahrhundert.

Die Frage nach dem Preis des Diamantenstaats Liberia ist vor kurzem mit Millionen von Bürgerkriegstoten beantwortet worden. Das kleine, ölreiche Äquatorialguinea ist an das meistbietende Erdölkonsortium versteigert worden. Im Kongo war es komplizierter. Das größte Land Afrikas ist reich an Gold, Uran, Kobalt, Kupfer und Coltan, das für die Chips in Mobiltelefonen, Laptops und CD-Spielern benötigt wird. Bewaffnete Rebellen – auch Kindersoldaten – hindern die kongolesische Regierung daran, diese Bodenschätze zu kontrollieren und Konzessionen zu vergeben.

Eine UN-Expertengruppe unter der Leitung des Ägypters Mahmoud Kassem hat 29 große Unternehmen identifiziert, die die Rebellengruppen im Kongo bewaffnen und die Bodenschätze illegal ausbeuten. Dieser Buschkrieg – auch als „afrikanischer Weltkrieg" bezeichnet – hat seit 1998 zwei Millionen Tote gefordert.

Eroberungen sind gut, Zerstörung ist besser

Der Preis des Irak wurde erstmals nach dem ersten Weltkrieg gestellt, wo mit Öl-Kriegs-Geschäften die heutigen Grenzen innerhalb des osmanischen Territoriums festgelegt worden sind. Im Jahre 2003 haben die Angreifer ca. $ 100 Milliarden in die Zerstörung dieses Landes investiert.

„Wer die Energiereserven der Welt beherrscht, verfügt über ein mächtiges Mittel, um die Entwicklung anderer Machtblöcke zu verhindern", sagt Noam Chomsky, Professor am Massachusetts Institute of Technology (MIT) in Boston. Weltmachtstatus ist nicht zum Nulltarif zu haben. Chomsky meint, die Eroberung der größten Erdölreserven des Planeten sei das Kriegsziel gewesen. Das war ein nützliches Nebenprodukt. Entscheidend war etwas anderes:

1. Mit einer angeblichen Bedrohung der Vereinigten Staaten konnte dem amerikanischen Volk ein Militärbudget in Höhe von $ 400 Milliarden Dollar abgetrotzt werden.

2. Diese Militärausgaben waren nur auf Kredit zu finanzieren, mit der Folge, dass die Schulden des amerikanischen Staates jetzt fünf Mal so schnell steigen wie sein Bruttoinlandsprodukt.

3. Die angerichteten Zerstörungen erfordern einen Wiederaufbau, der nur durch Kredite finanziert werden kann.

Das Fazit: Wenn Häuser, Brücken und Fabriken erst einmal zerstört sind, kann ein neuer Zyklus beginnen und das System der Zinswirtschaft am Leben erhalten. Bei gesättigten Märkten lässt sich das Zinseszinssystem nur durch Militärausgaben und durch in Kriegen erwirkte Zerstörungen aufrechterhalten. „Wenn die Zinswirtschaft beibehalten wird, wird es keine 25 Jahre dauern, bis wir vor einem neuen, noch furchtbareren Krieg stehen", hat Silvio Gesell – der Entdecker fließenden Geldes in der Neuzeit – nach dem Ersten Weltkrieg geschrieben.

Keine Weltmacht währt ewig

Wenn wir heute die letzte verbliebene Weltmacht mit dem habsburgischen Spanien, mit Holland im 17. und 18. Jahrhundert und vor allem mit dem Großbritannien des 19. Jahrhunderts vergleichen, werden wir bald vor einer interessanten Frage stehen: „Was kosten die Vereinigten Staaten?"

Bisher ist jede Macht, die einmal die Welt beherrscht hat, untergegangen: das Mazedonien Alexander des Großen, das Römische Reich, das Mongolenreich Dschingis Khans, das

Frankenreich Karls des Großen, das Britische Empire, die Sowjetunion. Die Geschichte dieser Untergänge ist nicht zu Ende.

Keiner dieser Untergänge – und das ist sehr erstaunlich – geht auf eine militärische Niederlage zurück. Das letzte Beispiel haben wir alle noch vor Augen: das der Sowjetunion. Auf der Blüte ihrer Macht ist sie wahrscheinlich militärisch unbesiegbar gewesen. Und warum ist sie trotzdem untergegangen? Die Sowjetunion und jede andere Weltmacht vor ihr ist an ihren eigenen inneren Widersprüchen zerbrochen.

Und so müssen wir uns jetzt fragen: Welches sind die inneren Widersprüche, an denen unser heutiges, von den Vereinigten Staaten dominiertes System zugrunde gehen wird?

Solange wir mit verzinslichem, „statischem Geld" arbeiten, stehen wir immer vor der Alternative: Entweder Krieg oder Kollaps des Systems. Wer die Macht hat, den Krieg in andere Länder zu tragen, wird diese Alternative vorziehen. Irgendwann aber kehrt in unserer polaren Welt jeder Fluch zu seinem Ausgangspunkt zurück.

Statisches Geld widerspricht den Gesetzen der Schöpfung

Drei Dinge hat Mahatma Gandhi als verwerflich angesehen:

* Wissenschaft ohne Menschlichkeit,

 * Handel ohne Moral,

 * Reichtum ohne Arbeit.

Die größten Forschungsetats fließen heute in die Entwicklung von Techniken, mit denen wir die Lebensgrundlagen auf diesem Planeten – und damit auch die Menschheit – zerstören. Der meiste Handel wird heute mit Produkten und Dienstleistungen betrieben, die die Menschen ausbeuten oder die Natur zerstören. Die größten Vermögen entstehen heute durch die Vermehrung des Kapitals durch Zinsen und Zinseszinsen, die von den Schuldnern erarbeitet werden – ohne eine Arbeitsleistung derer, denen die Vermögen gehören.

Das „statische" Geldsystem, bei dem Kapital sich aus sich selbst heraus exponentiell vermehrt, ist der zentrale innere Widerspruch im System: Es widerspricht den Gesetzen der Natur und des Kosmos. Die Natur ist vergänglich, Gott ist ewig. Entgegen dieser Weisheit der Schöpfung haben wir das Geld unvergänglich gemacht – es an die Stelle Gottes gesetzt. Wir beten es an und machen es zum Maß aller Dinge:

„Da ging hin der Zwölf einer mit Namen Judas Ischariot zu den Hohepriestern und sprach: ‚Was wollt ihr mir geben? Ich will ihn euch verraten.' Und sie boten ihm dreißig Silberlinge. Und von dem an suchte er Gelegenheit, dass er ihn verriete." So steht es im Matthäus-Evangelium.

Alle Religionen verbieten den Zins

Jede Religion eröffnet uns eine Perspektive über dieses Leben hinaus. Für jede Religion ist alles Irdische vergänglich – auch das Geld. Und deshalb muss Geld so sein wie andere Güter auch: Es muss verfallen wie Häuser, verfaulen wie Äpfel, verrosten wie Autos, unmodern werden wie Kleider, veralten wie Computer. Jedenfalls darf es sich nicht ohne „Lagerkosten" von selbst vermehren. Und deshalb haben alle Religionen den Zins verboten:

Das Zinsverbot im Islam ist im Koran verankert: „Und was ihr auf Zins ausleiht, um es zu vermehren mit der Arbeit der Menschen, das soll sich nicht vermehren bei Allah", so steht es in der Sure 38. Die Sure 39 beschreibt die Vergänglichkeit aller Dinge in der Schöpfung und fordert, dass alles, auch das Geld, diesem Naturgesetz unterworfen werden muss.

„Schlecht ist, was du aus der Kraft und dem Gut anderer erschleichst, ohne dass es dir gewährt wurde", sagt Buddha, der dem Reichtum seiner Familie entsagt hat, um Erleuchtung zu erlangen.

„Du sollst dein Geld nicht auf Zinsen ausleihen, noch deine Speise auf Wucher austun", sagt der Prophet Moses. Oder der Prophet Hesekiel: „Leiht jemand auf Zins, der bleibt sicherlich nicht am Leben; seine Blutschuld lastet auf ihm." Das Zinsverbot im Judentum wird innerhalb der jüdischen Gemeinden auch befolgt.

Auch das Christentum verbietet den Zins: „Und Jesus ging zum Tempel und stieß um der Geldverleiher Tische und sprach zu ihnen: ‚Es steht geschrieben: Mein Haus soll ein Bethaus heißen. Ihr aber habt eine Mördergrube daraus gemacht.'" – So der Apostel Matthäus.

Die urchristliche Tradition sieht vor, den Schuldnern nach jeweils 7 x 7 Jahren – also alle fünfzig Jahre – sämtliche Schulden zu erlassen.

Der Prophet Moses schreibt sogar alle sieben Jahre ein Erlassjahr vor. Und Martin Luther hat es auf seine Art gesagt: „Der Zins ist ein in der Wolle gefärbter Dieb und Mörder".

Die Liste der Konzile der römisch-katholischen Kirche, die den Zins als eine besonders schlimme Sünde verdammen, ist lang und eindrucksvoll: Elvira (305 – 306), Arles (314), Nizäa (325), Karthago (348), Taragona (516), Aachen (789), Paris (829), Tours (1153), Rom (1179), Lyon (1274) und Wien (1311). Dort ist sogar beschlossen worden, jeden Herrscher zu exkommunizieren, der nicht allen Wucher in seinem Herrschaftsbereich aburteilt. Und das Konzil in Rom von 1512 bis 1517 bekräftigt noch einmal: „Jegliche Zinszahlung auf Geld ist Wucher". Die Enzyklika Vis Perventi von Papas Benedikt XIV verbietet den Zins als Quelle allen Übels und droht bei Missachtung mit Höllenstrafen. Viele Päpste haben Leute, die Zins genommen haben, mit Kirchenbann bestraft.

Zweierlei Maß im Vatikan

1985 – anlässlich der Schuldenkrise von Mexiko – haben die mexikanischen Katholiken Estelle und Mario Carota ein formelles Ersuchen an den Vatikan gerichtet und darum gebeten, die Position zum Zins darzulegen. Sie wollten die lateinamerikanischen Länder von ihrer erdrückenden Schuldenlast befreien und hatten gehofft, dass der Vatikan mit dem gleichen Nachdruck auf dem Zinsverbot besteht, wie auf seinen anderen Dogmen, zum Beispiel dem Abtreibungsverbot.

Die Kongregation für Glaubenslehre unter der Leitung von Kardinal Ratzinger hat geantwortet, dass die Lehre über den Zins nie neu formuliert worden sei und sich also nichts geändert habe, dass es aber im Vatikan heute niemanden mehr gebe, der in dieser Frage kompetent sei.

Die ökonomische Weisheit der Religionen straft Wirtschaftsweise Lügen

Die dramatischste Konsequenz der zentralen Eigenschaft statischen Geldes ist die schwere Bestrafung langfristigen Denkens:

Vor 30 Jahren habe ich die Investitionsabteilung in einem der großen deutschen Unternehmen geleitet. So wie wir Investitionsentscheidungen vorbereitet haben wird überall gerechnet:

Wir berechnen die Ausgaben, die durch eine Investition entstehen – zum Beispiel eine neue Anlage oder in eine neue Fabrik. Diese Ausgaben würden nicht anfallen, wenn wir nicht investieren würden. Natürlich nicht nur für ein Jahr, sondern für die gesamte Nutzungsdauer. Und wir berechnen die Einnahmen, die diese Investition uns bringt und die es nicht gäbe, wenn wir nicht investieren würden. Natürlich auch für die gesamte Nutzungsdauer. Und dann bilden wir für jedes Jahr die Differenz zwischen diesen von der Investition ausgelösten zusätzlichen Einnahmen und den zusätzlichen Ausgaben.

Natürlich ist es nicht das gleiche ob ich heute eine Million mehr habe oder ob ich in einem Jahr eine Million mehr habe. Das ist wie Äpfel und Birnen. Wenn wir sie vergleichen wollen, müssen wir die

Million in einem späteren Jahr umrechnen auf den Wert von heute. Wir nennen das „abzinsen" – das Gegenteil von verzinsen.

Bei 12 % – dem üblichen Zinssatz für solche Entscheidungsgrundlagen –

sind € 1 Million in   10 Jahren   heute €   321.973 wert,

sind € 1 Million in   25 Jahren   heute €   58.823 wert,

sind € 1 Million in   50 Jahren   heute €   3.460 wert,

sind € 1 Million in   75 Jahren   heute €   204 wert,

sind € 1 Million in   100 Jahren   heute €   12 wert.

Wenn ich heute € 321.973 mit einer Rendite von 12 % investiere, habe ich in zehn Jahren eine Million. Wenn ich heute € 12 mit einer Rendite von 12 % investiere, wird daraus in hundert Jahren auch € 1 Million.

Die schwere Bestrafung langfristigen Denkens

Was ist nun die Konsequenz für unsere Investitionsentscheidungen? Die Antwort ist einfach: Wir brauchen die Rechnung nur für gut zehn Jahre durchzuführen, weil das, was danach passiert, sich auf das Ergebnis kaum noch auswirkt.

Die Antwort ist nicht nur einfach, sie ist auch erschreckend: Was danach passiert, beeinflusst die Investitionsentscheidungen nicht mehr. Statisches Zins-Geld ist mächtiger als die Weisheit aller Religionen.

Wenn ich damals eine Investition empfohlen hätte, weil sie langfristig sinnvoll ist, hätte ich meine Karriere riskiert – und die ist mir vor 30 Jahren wichtig gewesen. Wenn ein Vorstand sich für eine Investition entscheidet, die langfristig sinnvoll ist, verliert er seine Position. Und wenn er sie nicht verliert, wird seine Gesellschaft aufgekauft, denn solche „Fehlentscheidungen" reduzieren den „Shareholder Value" – den heutigen potentiellen Kaufpreis des Unternehmens – und machen es zu einem Übernahmekandidaten.

In der Logik unseres statischen Geldes ist es deshalb rentabel, die Meere leer zu fischen, die tropischen Regenwälder abzuholzen, das Klima zu zerstören, die Rohstoffe zu verbrauchen, den Planeten als Lebensraum für Pflanzen, Tiere und Menschen zu gefährden, nicht versicherbare Risiken mit der Gentechnik einzugehen. Die Folgen betreffen zukünftige Generationen. Es rechnet sich, weil zukünftige Schäden und Folgelasten abgezinst werden und deshalb die heutigen Entscheidungen nicht beeinflussen.

Endlagerkosten für hunderttausend Jahre

Ein Beispiel für die Brutalität dieser Kurzsichtigkeit: Viele Politiker fordern noch immer, die Atomkraft auszubauen, weil Atomstrom am kostengünstigsten sei. Der Abfall dieser Form der Energieproduktion ist Plutonium. Plutonium hat eine Halbwertszeit von 24.000 Jahren. Das bedeutet: nach 24.000 Jahren ist die Hälfte der radioaktiven Substanzen verstrahlt, nach weiteren 24.000 Jahren vom Rest wieder die Hälfte und so weiter.

Dieses Teufelszeug muss also viele hunderttausend Jahre sicher gelagert werden. Sicher gegen Erdbeben. Sicher gegen tektonische Verschiebungen. Sicher gegen Krieg. Sicher gegen Überschwemmungen. Sicher gegen Terroranschläge. Sicher gegen Erpressung. Sicher gegen Korruption. Sicher gegen Schlamperei. Sicher gegen unfähige Verwaltungen. Sicher gegen das Vergessen.

Und natürlich hat sich bisher noch keine Region gefunden, die diese tickenden Zeitbomben freiwillig bei sich endlagert.

Hunderttausend Jahre – wissen Sie, was das bedeutet? Der „Ötzi", der von einem Südtiroler Gletscher freigegeben worden ist, ist gerade einmal fünftausend Jahre alt. Und erst seit achttausend Jahren gibt es überhaupt das Geld, als dessen Sklaven wir die Verbrechen an unserem Planeten und an unseren eigenen Nachkommen begehen.

Tausendjähriger Wohlstand mit fließendem Geld

Die Sumerer haben den Schekel erfunden (Israel benutzt dieses Wort heute für seine Währung). „Sche" bedeutet Weizen und „Kel" ist ein Maß für 16 Gramm – soviel wie eine Kelle fasst. Mit Münzen im Wert eines Schekels Weizen sind die schönen Priesterinnen im Tempel der Fruchtbarkeitsgöttin Astarte bezahlt worden – für den heiligen Geschlechtsverkehr. So brauchen die Männer den Weizen nicht in den Tempel bringen.

Wenn der Weizen alt ist und verdirbt, werden die Schekel auch alt und verderben. Und wenn er alle ist, sind die Schekel wertlos, denn für die nächste Ernte werden neue geprägt. Der Schekel vereinfacht den Tausch. Aufzubewahren ist er nicht besser und nicht schlechter als Weizen.

Was die sumerische Hochkultur mit diesem fließenden Geld geschaffen hat ist erstaunlich: Das babylonische Reich ist nach dem Urteil des Propheten Jesaja „das schönste und herrlichste unter den Königreichen". Der griechische Schriftsteller Herodot hat im 5. Jahrhundert v. Chr. Babylon, seine Hauptstadt, besucht und überschwänglich beschrieben: Die Stadt hatte die Größe des heutigen Paris. Die Stadtmauern waren über hundert Meter hoch und 25 Meter breit, oben fuhren Wagen mit sechs Pferden. Mit ihren prachtvollen Tempeln, weitläufigen künstlich angelegten Kanälen und hängenden Gärten war sie für Jahrtausende – Jahrtausende! – die schönste und reichste Stadt der Welt.

Fließendes Geld („Freigeld") an der Wiege des Abendlandes

Auch der Aufstieg Griechenlands hängt mit einer geldpolitischen Innovation zusammen: Der Staatsmann Lykurg war sparsam – spartanisch. Um zu sparen führte er Münzen aus Eisen ein. Im damals feuchten Mittelmeerklima sind die Münzen verrostet. Das Geld ist genauso veraltet wie die Dinge, die es dafür zu kaufen gab. Aus rostendem Material lässt sich kein Geldvermögen aufbauen und vererben.

Was die griechische Hochkultur mit fließendem Geld geschaffen hat, ist erstaunlich: die Baukunst des römischen Reiches, sowie die Grundlagen der modernen Philosophie, der Mathematik, der Astronomie, der Physik und – der Demokratie.

Fließendes Geld („Freigeld") macht aus armen Fischerdörfern reiche Hansestädte

Eineinhalb Jahrtausende nach dem Zerfall des Römischen Reiches wird Europa aus dem mittelalterlichen „Winterschlaf" erweckt – auch das als Folge einer geldpolitischen Innovation:

Die Stauferkönige wissen nicht, wie sie ihren Haushalt finanzieren sollen. Im Gegensatz zu den meisten anderen deutschen Herrschern sind sie arm, aber listig. Sie führen die „Brakteaten" ein – aus dünnem Blech einseitig geprägte Münzen. Diese Münzen werden jährlich „verrufen" – für ungültig erklärt. Mit einem „Abschlag" von 20 % können sie dann gegen die neuen gültigen Münzen umgetauscht werden. Mit dem Abschlag finanzieren die Könige den Staatshaushalt.

Und weil das so einfach ist, machen die meisten europäischen Herrscher zwischen dem 12. und 15. Jahrhundert es ihnen nach.

Was die mittelalterliche Hochkultur mit fließendem Geld geschaffen hat, ist erstaunlich:

* Die vielen wunderschönen mittelalterlichen Städte werden gegründet und ausgebaut – im deutschen Sprachraum, in Italien, in Frankreich und Holland.

* Fast alle großen Dome und Kathedralen Europas werden in dieser Zeit erbaut.

* Die Hanse verwandelt ärmliche Fischerhäfen rund um die Ostsee in Oasen blühenden Reichtums – die Hansestädte.

* Die Fünftagewoche wird fast überall eingeführt – ganz ohne Gewerkschaften: außer dem Sonntag ist der „blaue Montag" arbeitsfrei. Teilweise gibt es sogar eine 4-Tage-Woche.

* Der Historiker Egon Friedell beschreibt die üppigen Festgelage des einfachen Volkes mit Gauklern und Geschichtenerzählern, Musikanten und Troubadouren – da läuft jedem von uns das Wasser im Munde zusammen. Es ist eine Zeit, die überquillt vor triefendem Hochgenuss.

Fließendes Geld („Freigeld") bringt Rettung in der Weltwirtschaftskrise

Die große Wirtschaftskrise, die 1929 beginnt, wird durch einen geldpolitischen Fehler der amerikanischen Notenbank ausgelöst. Die Arbeitslosigkeit grassiert wie die Pest und es gibt nichts mehr zu kaufen.

In Wörgl, Tirol, und Umgebung sind 1.500 Menschen arbeitslos und 200 Familien absolut mittellos. Wörgl hat damals 4.300 Einwohner.

Bürgermeister Michael Unterguggenberger fragt sich, warum Leute, die arbeiten wollen und können das nicht tun sollen, nur weil kein Geld da ist, um sie zu bezahlen. In einem Buch von Silvio Gesell hat er gelesen, was er tun kann:

Er gibt „Arbeitswertscheine" aus, die auf den gleichen Betrag in Schilling lauten. Deshalb werden sie von den Wörglern als gleichwertig anerkannt. Die Scheine müssen an jedem Monatsende mit einer Wertmarke als Nutzungsgebühr beklebt werden. Mit den ersten Scheinen, die er ausgibt, bezahlt er die Arbeiter, die die Kanalisation bauen. Um die Nutzungsgebühr zu sparen, geben sie die Scheine schnell beim Bäcker aus und kaufen Brot.

Der Bäcker will die Gebühr auch nicht zahlen und gibt sie schnell dem Tischler, der seine Fenster erneuert. Der bringt sie zum Metzger für Wurst und der zum Schmied für ein neues Hoftor. Vor lauter Sparsamkeit zahlen die Bürger die Gemeindesteuer im Voraus. Damit lässt der Bürgermeister die Straße pflastern. Das löst einen neuen Kreislauf aus.

Wörgl hat Vollbeschäftigung und bekommt eine ordentliche Infrastruktur. Das Experiment ist so erfolgreich, dass es Nachahmer in anderen Gemeinden findet. Der französische Ministerpräsident Édouard Daladier besucht den Ort persönlich.

Die Finanzexperten allerdings erklären das Experiment für groben Unfug. Die österreichische Zentralbank setzt bei der Regierung durch, dass es verboten wird. Der Bürgermeister geht vor Gericht. Vor dem Verwaltungsgerichtshof in Wien verliert er und wird entlassen. Die Scheine sind bis dahin im Durchschnitt insgesamt

416mal zirkuliert und haben Werte erzeugt, die heute € 4.600.000 entsprechen.

Nach dem Verbot kehrt Wörgl zur Landeswährung zurück, zu hoher Arbeitslosigkeit und zu schrecklichem sozialen Elend.

Fließendes Geld („Freigeld") kann auch heute eine „Fairconomy" errichten

Die Lehre aus all diesen Beispielen ist einfach: Geld schafft Arbeitsplätze, sobald es fließend ist und keine Zinsen abwerfen muss. Warum? Erstens weil dann plötzlich auch die langfristigsten Investitionen rentabel werden und verwirklicht werden. Und zweitens weil dann sogar Investitionen durchgeführt werden, die bis dahin unter den Tisch gefallen sind, weil ihre Rentabilität zu niedrig ist.

Es fehlt doch nirgendwo an Arbeit – am wenigsten dort, wo die Not am größten ist. Es fehlt immer nur am Geld, sie zu bezahlen. Statisches Geld, das Zinsen frisst, kann nur für kurzfristig vorteilhafte Dinge ausgegeben werden und nur für Investitionen, die kurzfristig einen sehr hohen Vorteil haben. Das aber sind nicht viele.

Eine Bewegung, die diesen Konstruktionsfehler des Kapitalismus erkennt und behebt, wird zu der Bewegung für breiten Wohlstand, Vollbeschäftigung und Frieden – weltweit, und damit zu der Bewegung, die unseren Planeten als Lebensraum für Pflanzen, Tiere und Menschen erhält und seine Zukunft gestaltet. Einer

Wirtschaft mit fließendem Geld müssen die Menschen sich nicht länger unterwerfen. Eine solche Wirtschaft verwandelt sich aus sich selbst heraus zu einer „Fairconomy", die dem Leben dient – und damit auch den Menschen.

Wo kämen wir hin, wenn jeder fragte: „Wo kämen wir hin?"? Wo kämen wir hin, wenn keiner ginge, um zu schauen wohin wir kämen, wenn wir gingen?

Statisches Geld belässt uns im Zustand einer gefräßigen Raupe, die ihren Lebensraum sinnlos zerstört. Fließendes Geld („Freigeld") verwandelt uns in einen Schmetterling, der voller Freude lebt und das Blumenmeer nicht zerstört, sondern befruchtet. Die Verwandlung in den Schmetterling ist der einzige Sinn der Existenz der Raupe gewesen. So wird unser wunderschöner kleiner Planet wieder zu dem Paradies, als was Gott ihn erschaffen hat.

Was in unserem Bewusstsein nicht als Möglichkeit vorhanden ist, kann nicht geschehen. Die Erde wird den Himmel spiegeln oder die Hölle. Es ist unsere Entscheidung.

Kapitel Nr. 14 – Was hat Gesell bewirkt?

Eine ökonomische Theorie ist auch immer ein Gedankengebäude, dessen Erfolg mit der politischen Stärke der sie tragenden Gruppe zusammenhängt.

Die Freiwirte hatten dies früh erkannt und konsequenterweise versucht, alle möglichen politischen Organisationen und Parteien von links bis rechts zu unterwandern. Heute nennt man das Lobby-Arbeit. So hatte auch Gesell selbst u. a. mit Walter Rathenau Verbindungen angeknüpft und Briefe gewechselt. Rathenau wurde einen Tag vor einer verabredeten Besprechung mit Gesell, am 24.6.1922 erschossen. Gesell wollte sich ebenfalls mit Lenin treffen. Das Treffen scheiterte jedoch. Während seines Aufenthalts in München 1919 erhielt Gesell zweimal Besuch von Gottfried Feder, dem nationalsozialistischen Wirtschaftsideologen und späteren Staatssekretär. Das zweite Gespräch brach Gesell mit den Worten ab: „Sie begreifen das nie.“

Insgesamt gesehen waren die Unterwanderungs- und Überzeugungsversuche mehr oder weniger erfolglos, zumal jeder der relevanten Machtapparate seine eigene Theorieanlehnung hatte und hat.

Traditionell bestanden die engsten Verbindungen wohl zum Apparat der Sozialdemokratie. Das verbindende Element war die Kapitalismuskritik, die allerdings auf vollkommen unterschiedlichen theoretischen Fundamenten beruhte. Die Sozialdemokratie verortete das Übel der kapitalistischen Wirtschaftsordnung eben nicht im Geldwesen, sondern in der Produktion.

Dementsprechend konnte sie und die mit ihr seit jeher verbundene Gewerkschaftsbewegung über die Organisation von »Gegenmacht« eine innere Rechtfertigung für ihr Bestehen finden. Anhand des Beispiels des Heidelberger Ökonomieprofessors Lederer, der für die Sozialdemokraten ein vernichtendes Gutachten über die Freigeldlehre verfasste, stellt Senft zutreffend in seinem Buch »Weder Kapitalismus noch Kommunismus« fest: »Allein die Tatsache, dass die Idee des Freigeldes in weiten Kreisen der Angestellten und Arbeiter Anhänger gewonnen hat, ließ befürchten, hier sei eine Konkurrenzorganisation im Emporkommen begriffen.«

Die kapitalistische Doktrin fand ihren ultimativen Ausdruck in der Neoklassik. Während in der Klassik verteilungspolitische Aspekte durchaus noch diskutiert wurden, blendete man diesen problematischsten Aspekt des Kapitalismus nunmehr (insbesondere mit dem zweiten Hauptsatz der Wohlfahrtsökonomik, wodurch die strenge Trennung zwischen allokativen und verteilungspolitischen Betrachtungen begründet wird) einfach in weiten Teilen aus.

Die Freiwirtschaftsbewegung dürfte auch deswegen so erfolglos sein, weil sie vom Ansatz her ungeeignet ist, einem der kapitalismusimmanenten „Organisations-Geschwüre" theoretischen Support zu geben. Die Verwirklichung der freiwirtschaftlichen Idee würde die betreffenden Organisationen überflüssig machen.

Was hat Gesell bewirkt?

Der im Sinne von Lakatos »harte Kern« der die gesellschaftlichen Machtapparate unterstützenden Theorien wurde von Gesell letztlich nicht beeinflusst:

– Noch immer treibt der tote *Say* sein Unwesen, indem er in den Lehrbüchern bis heute spukt und nicht tot zu bekommen ist. Dieser ist, als Peter Hartz verpuppt, mittlerweile sogar in der »modernen«, theorieentwöhnten Sozialdemokratie angekommen. Dort verortet man das Beschäftigungsproblem nicht etwa in Unzulänglichkeiten des Geldwesens, sondern auf dem Arbeitsmarkt. Dementsprechend wird in neoliberaler Manier der Kampf gegen die Arbeitslosigkeit durch einen Kampf gegen die Arbeitslosen ersetzt, was die besten Voraussetzungen für eine große Koalition abgibt.

– Immer wieder feiert der Marxismus – jüngst durch die Linkspartei – fröhliche Urstände, so dass die Ausbeutung noch immer (wenn auch vergeblich) im Produktions- statt im Zirkulationsprozess gesucht wird.

Im Laufe der Jahrzehnte sind jedoch auch viele Aspekte von Gesells Theorie in die soziale Wirklichkeit umgesetzt oder doch in die Theorie aufgenommen worden. Die Neoklassik war diesbezüglich relativ aufnahmebereit, da sie – mit Ausnahme des (allerdings zentralen) *Say'*schen Theorems – kaum geldtheoretische Vorfestlegungen hatte. Ohne das *Say'*sche Theorem als den »harten Kern« der neoklassischen Theorie zu beschädigen, wurden v. a. folgende Theorieelemente von der Freiwirtschaft adaptiert (v. a. im Rahmen der monetaristischen Konterrevolution):

– Die Geldmengensteuerung in der »kastrierten« Form;

– Die Abkehr von der Goldwährung;

– Indexwährung;

– Freie Wechselkurse;

– Die Diskussion über ein Weltwährungsregime – gelegentlich wird Gesell – fälschlicherweise – sogar der Status des geistigen Vaters des Internationalen Währungsfonds zugedacht. Außerhalb der Diskussion blieb der revolutionäre Kern der Gesellschen Theorie, nämlich die Entmachtung des Geldes und seine Gleichstellung auf die Stufe von Ware und Arbeit mittels der Umlaufsicherung.

Kapitel Nr. 15 - Kommentare über Silvio Gesell

Prof. Dr. Irving Fisher

„Freigeld könnte der beste Regulator der Umlaufgeschwindigkeit des Geldes sein, die der verwirrendste Faktor in der Stabilisierung des Preisniveaus ist. Bei richtiger Anwendung könnte es uns tatsächlich binnen weniger Wochen aus der Krise heraushelfen. ... Ich bin ein bescheidener Schüler des Kaufmanns Gesell."

Stamp Scrip, New York 1933, S. 67, und: Mail and Empire (Toronto) vom 21.11.1932.

Prof. Dr. Wilhelm Röpke

„Jede Wissenschaft hat eine sumpfige Grenzzone des frei schweifenden Abenteurertums, in der jene sich aufhalten, die meistens verbohrte Dilettanten, ganz selten aber auch geniale und bahnbrechende Außenseiter sind. Die Nationalökonomie hat unter vielem anderen die Lehre vom Frei- und Schwundgeld. ... Tatsächlich ist der wissenschaftliche Konservativismus nicht notwendigerweise Ausdruck engen Zunftgeistes. ... Wenn jetzt einer der angesehensten Nationalökonomen der Gegenwart, Irving

Fisher, seine Autorität für das Schwundgeld, einer der Lieblingsideen unserer ‚monetary cranks', einsetzt, so ist das an sich noch keineswegs ein Ruhmestitel und ganz gewiss sollte es kein Anlass sein, diesen Fall als ein Exempel für konservativere Nationalökonomen zu erklären."

Schwundgeld?, in: Das Tagebuch Nr. 1/1933, S. 11.

„Alle diese monetären Erlösungslehren - unter denen die sogenannte ‚Freigeldlehre' Silvio Gesells am bekanntesten ist - laufen mit eintöniger Regelmäßigkeit auf Inflation hinaus."

Die Lehre von der Wirtschaft, Erlenbach-Zürich 11. Auflage 1968, S. 160.

Prof. Dr. John Maynard Keynes

„Das große Rätsel der wirksamen Nachfrage verschwand aus der wirtschaftlichen Literatur. … Es konnte nur verstohlen unter der Oberfläche weiterleben, in den Unterwelten von Karl Marx, Silvio Gesell und Major Douglas. … Von den Leitsätzen orthodoxer Finanz ist sicherlich keiner antisozialer als der Fetisch der Liquidität. …

Wenn ich recht habe in meiner Annahme, dass es verhältnismäßig leicht sein sollte, Kapitalgüter so reichlich zu machen, dass die Grenzleistungsfähigkeit des Kapitals Null ist, mag diese der vernünftigste Weg sein, um allmählich die verschiedenen anstößigen Formen des Kapitalismus los zu werden. Gewaltige gesellschaftliche Änderungen würden sich aus einem allmählichen Verschwinden eines Verdienstsatzes auf angehäuften Reichtum ergeben. ...

Jene Reformatoren, die in der Erzeugung künstlicher Durchhaltekosten des Geldes ein Heilmittel gesucht haben, zum Beispiel durch das Erfordernis periodischer Abstempelungen der gesetzlichen Zahlungsmittel zu vorgeschriebenen Gebühren, sind somit auf der richtigen Spur gewesen und der praktische Wert ihrer Vorschläge verdient, erwogen zu werden. ...

Gesells Hauptwerk ist in kühler, wissenschaftlicher Sprache geschrieben, obschon es durchweg von einer leidenschaftlicheren, erregteren Hingabe für gesellschaftliche Gerechtigkeit durchströmt ist, als manche für einen Gelehrten schicklich finden. ... Ich glaube, dass die Zukunft mehr vom Geiste Gesells als von jenem von Marx lernen wird."

Allgemeine Theorie der Beschäftigung, des Zinses und des Geldes, Berlin 1936, S. 28, 131, 185, 196, 300 – 302 und 317.

Prof. Dr. Joseph Alois Schumpeter

„Ich bin kein Marxist. Dennoch erkenne ich zur Genüge die Größe von Marx an, um mich beleidigt zu fühlen, ihn zusammen mit Silvio Gesell und Major Douglas auf die gleiche Ebene gestellt zu sehen."

Review of the General Theory of Employment, Interest, and Money,

in: Journal of the American Statistical Association Vol. 31 (December 1936).

„Eine wachsende Neigung der Nationalökonomen, einen monetären Kapitalbegriff anzuerkennen und zu verwenden, konnte sich jedoch nicht durchsetzen, was auch für die wenigen Versuche gilt, den Zins als rein monetäres Phänomen zu interpretieren. Sie wurden so wenig beachtet und vollständig vergessen, dass sie in der Diskussion dieses Themas während der 30er Jahre unseres Jahrhunderts nicht einmal erwähnt wurden. Nur einer dieser Versuche, und zwar der von Silvio Gesell, wurde von Lord Keynes vor der Vergessenheit bewahrt."

Geschichte der ökonomischen Analyse Zweiter Teilband, nach dem Manuskript posthum herausgegeben von Elisabeth Schumpeter, Göttingen 1965, S. 1356.

Prof. Dr. Dudley Dillard

„Gesell ist sowohl antiklassisch als auch antimarxistisch. ... Die Einmaligkeit der Gesellschen theoretischen Untersuchung erklärt sich aus seiner Einstellung zur Sozialreform. Nur unter Berücksichtigung seines allgemeinen Blickwinkels als Reformer kann seine Theorie verstanden werden. ... In einigen wichtigen Punkten ist seine Analyse nicht voll entwickelt, aber im Allgemeinen ist sein Modell einwandfrei."

Gesells Monetary Theory and Social Reform, in: American Economic Review Vol. 32 (1942), S. 348.

Prof. *Dr. Maurice Allais*

„Wir wollen hier ganz besonders den Bahnbrechern wie Proudhon, Walras und Silvio Gesell unsere Hochachtung bezeugen, die die große Versöhnung von Individualismus und Kollektivismus vollbracht haben, auf der die von uns angestrebte Wirtschaftsordnung beruht."

Economie et Intérêt, Paris 1947, S. 613.

Prof. Dr. Adolf Weber

„Gesell sieht manche Zusammenhänge klar und einwandfrei. ...
Dennoch wird man seinen praktischen Vorschlägen nicht
zustimmen können."

Geld, Banken, Börsen. München 1947, S. 42.

Prof. Dr. Erik Nölting

„Vieles, was Gesell unter seiner 'Natürlichen Wirtschaftsordnung'
versteht, ist durchaus akzeptabel, freilich auch nicht mehr als eine
Binsenwahrheit. ... Der Kampf gegen das arbeitslose Einkommen ist
populär, er entspricht im Übrigen alter sozialistischer Tradition.
Geld ist immer ein Angriffsziel all derer gewesen, die nicht tiefer in
den komplizierten Mechanismus der Wirtschaft hineinschauen und
sich als typische Vordergrundsdenker an der Oberfläche halten. ...
Der Zins ist eine sekundäre und abgeleitete Erscheinung, nichts als
eine Abzweigung aus dem Profitstrom. Dem Kapital in der Geldform
wohnt keinerlei geheimnisvolle und selbstschöpferische Kraft der
Vermehrung inne, die den Zins erzeugt. Geld ist an sich nur
Wertmesser, Umlaufmittel oder Zahlungsmittel und steht als
solches völlig jenseits von Gut und Böse."

Die Wirtschaftspolitik und das Geldproblem (hrsg. von der SPD),

Hannover 1948, S. 14 – 15 und 20.

Prof. Dr. Kenneth E. Boulding

„Während der letzten 20 Jahre hat die theoretische Nationalökonomie eine Revolution erlebt, von deren Umfang sich fast alle Laien nur eine vage Vorstellung machen können, die aber an Bedeutung alle Fortschritte der Wirtschaftswissenschaften seit Adam Smith übertrifft. Diese Revolution war wesentlich durch die Bemühungen der Wirtschaftstheoretiker angeregt worden, die Kritiken der ‚Geldnarren' – eines Silvio Gesell, Major Douglas sowie eines Foster und Catchings zu beantworten. Obwohl das Gesamtsystem der Arbeiten dieser Schriftsteller voller Irrtümer steckt, haben sie zweifellos doch ein Stückchen Wahrheit gefunden, das den orthodoxen Nationalökonomen entgangen ist, sich jedoch in die allgemeine Entwicklungsrichtung der wirtschaftlichen Lehrmeinung ohne weiteres einfügen lässt. Diese bisher vernachlässigte Wahrheit lag in der Erkenntnis, dass unter bestimmten Umständen ein Mangel an Kaufkraft oder an Verbrauch in dem Sinne eintreten kann, das die Gesellschaft nicht bereit ist, bei gegebenen Preisen die Gesamtmenge der zum Verkauf angebotenen Güter zu kaufen. ...

Besonders in recht unorthodoxen Kreisen hat man schon seit langem erkannt, dass während einer Arbeitslosigkeit eine Erhöhung der Umlaufgeschwindigkeit des Geldes höchst erstrebenswert wäre. Hierfür sind verschiedene Mittel vorgeschlagen worden; eines der interessantesten bildet das sogenannte ‚Schwundgeld'. Dieser Vorschlag ist nicht nur wegen seiner theoretischen Konsequenzen, sondern auch wegen des Umstandes bemerkenswert, dass er in der Praxis versucht wurde, und zwar in kleinem Umfange in der österreichischen Ortschaft Wörgl und in größerem Umfange in der kanadischen Provinz Alberta. Der Grundgedanke des Plans ist, dass das Geld entsprechend der Dauer seines Besitzes an Wert verlieren soll. Dies wird nun in der Weise herbeigeführt, dass man die Inhaber des Geldes in regelmäßigen Zwischenräumen eine Marke auf die Rückseite der Noten kleben lässt. … Obwohl diese Schwundgeldpläne einen fatalen Fehler aufweisen, sind sie nun nicht ganz so verrückt, wie sie klingen mögen. Einer der Hauptgründe der Arbeitslosigkeit liegt in dem Vorteil, den in Zeiten eines Preisfalls und damit eines steigenden Geldwerts die Geldhortung einbringt, und in dem Verlust, der mit dem Besitz von am Werte verlierenden Gütern verbunden ist. Kann man aber die Geldhortung unrentabel machen, wird die deflationistische Wirkung einer erwarteten Preissenkung weit schwächer sein. … Eine Schwierigkeit bei den Schwundgeldplänen entsteht nun aber daraus, dass sie den Geldsubstituten nicht genügend Rechnung tragen. … Selbst wenn ein vollkommen autonomer Staat die Verwirklichung eines solchen Planes versuchte und sich mit der Einführung eines Schwundgeldes begnügte, das Giralgeld jedoch unangetastet ließe, würden die Wirtschaftssubjekte einfach zur Verwendung von Giralgeld übergehen. Besteuerte man nun aber auch die Giralguthaben, so könnten andere Ersatzmittel gefunden werden."

Friedenswirtschaft (amerikanische Erstausgabe unter dem Titel „The Economics of Peace" 1945), Bern o.J. (ca. 1948), S. 166 – 167 und 197 – 199.

Prof. Dr. Lawrence Klein

„Was Gesell zu sagen hatte, war durchaus gut und enthält viel Wahres, aber er ging nicht weit genug. Er hätte die Wirkung des Freigeldes auf Konsum, Sparen, Investition und Einkommen analysieren sollen. ... Wissenschaftliche Ökonomen neigen dazu, die 'Verschrobenen', insbesondere die Geldreformer, zu ignorieren. Johannsen, Foster und Catchings, Hobson und Gesell - sie alle trugen Vorzügliches bei in unserer Zeit, aber sie konnten kein Gehör finden. Hoffentlich werden die Wirtschaftswissenschaftler in Zukunft jenen ein wohlwollendes Ohr schenken, die ein großes Maß an wirtschaftlichem Einfühlungsvermögen besitzen."

The Keynesian Revolution, London 1949, S. 149 - 152.

Prof. Dr. Alvin Hansen

„Keynes' Ansichten ähneln sehr stark denen der utopischen St.-Simonisten des frühen 19. Jahrhunderts, die großen Nachdruck auf die Entlohnung der Unternehmungslust legten, hingegen die Entschädigung für akkumuliertes Vermögen möglichst klein halten wollten. ... Keynes nimmt sich im Kapitel 16 die Freiheit, über eine Wirtschaft zu spekulieren, in der die Grenzleistungsfähigkeit des

Kapitals und wahrscheinlich auch der Zinssatz irgendwie (die Methode ist nicht klar umrissen) auf Null herunter getrieben werden. ... Die Erörterungen über den ‚leichten Tod des Rentiers' stellen eine Abschweifung dar, bei der Keynes in nicht ganz ernst zu nehmender Weise seinen Gedanken freien Lauf ließ."

Keynes' ökonomische Lehren, New York 1953; dt. Übers. Villingen 1959, S. 156.

Prof. Dr. Carl Föhl

„Mangel an Vertrauen in die Sicherheit der langfristigen Anlage ist der offensichtliche Grund, warum der Konsolidierungswille zeitweise verschwindet. ... Es ist unseres Erachtens folgerichtig gedacht, wenn die Schwundgeldtheorie eine Überwindung dieser Hemmung durch eine Geldart erhofft, die gewissermaßen mit einem negativen Zinsfuß behaftet ist.

Auch in der Allgemeinen Theorie von Keynes hat die Lehre Gesells die verdiente Anerkennung gefunden. Wir stimmen mit Keynes in dem wesentlichen Punkte überein, dass Gesell auf der rechten Fährte war, wenn er im Horten von Zahlungsmitteln eine wesentliche Störungsquelle der wirtschaftlichen Automatik suchte. Das von Gesell zur Belebung vorgeschlagene Freigeld (Schwundgeld) erscheint uns zwar als eine folgerichtig durchdachte Lösung, aber dennoch nicht als ein Allheilmittel, weil die Verwirklichung eines stark negativen Zinsfußes eine zu kapitalintensive Kombination von Kapital und Arbeit als wünschenswert erscheinen lassen, also zur Fehlleitung von Kapital führen würde. Die von Keynes gegen diese Lösung erhobenen Bedenken, dass dann an Stelle der Zahlungsmittel andere Gegenstände gehortet würden und dass daraus die gleichen nachteiligen Folgen für den Beschäftigungsgrad entstünden, lassen sich dagegen nach unserer Auffassung leicht widerlegen.

Bei einem mit derartigem Gelde arbeitenden System könnte man durch die kontinuierliche Entwertung der Noten und der Buchforderungen die Spanne zwischen den kurz- und langfristigen Zinssätzen beliebig vergrößern. ... Voraussetzung ist dabei, dass die Güterpreise konstant bleiben und nicht etwa im Verhältnis der Geldentwertung mit absinken. Dazu ist aber die laufende Ausgabe einer zusätzlichen Geldmenge erforderlich, und zwar in einer Form, welche auch tatsächlich die gewünschte Einwirkung auf die Güterpreise hat. Daraus geht aber wiederum hervor, dass die von den Schwundgeldtheoretikern erzielte Wirkung auch ohne das umständliche und praktisch schwer zu verwirklichende Hilfsmittel des Schwundgeldes durch eine tatsächlich gesteuerte Inflation mit gewöhnlichen Zahlungsmitteln erzielt werden könnte.“

Geldschöpfung und Wirtschaftskreislauf (1936), Berlin 2. Auflage 1955, S. 337 – 338.

Prof. Dr. John Kenneth Galbraith

„The social and political role of economic belief was at least equally great in the case of Say's law of markets. We now marvel at the hold exerted by this proposition on economic thought before Keynes. In addition, the practical and political consequences (again conservative) were equally profound. If there could be no deficiency or excess in aggregate demand (if any other solution meant that a man was unlearned in the fundamentals of economics – to be consigned, as Keynes suggested, to 'live furtively below the surface in the underworlds of Karl Marx, Silvio Gesell or Major Douglas') – there could be no case for increasing or decreasing public outlays or revenues to affect the level of output or employment. The alternative possibilities allowed only for a self-correcting theory of the business cycle or one that permitted (or encouraged) the adjustment, i.e., reduction of wage levels or the correction of other special equilibrium error. ...

One further aspect of this history is important. Popular perception of the shortcoming ran well ahead of the theoretical economic accommodation. While economic theory had no appreciable reaction to the rise of the great industrial firm prior to the 1930s, the case of single-firm monopoly apart, the ubiquity and omnipotence of 'big business' had been a source of popular discussion and concern for forty years. It was the basic fare of the muckrakers and the political base of the populists. Journalists and politicians and the public at large had sensed, what the theory denied or ignored; namely, that where the participants in an industry were large and few they wielded great power not explained by the occasional case of single-firm monopoly. Similarly, long before Keynes made it reputable for economists, the lesser breeds without the discipline – politicians, journalists, liberal business men as well as Gesell, Major Douglas, Foster and Catchings and the other members of the pre-Keynesian underground – had argued, that in depression affirmative action should be taken by the state to increase aggregate demand. A not wholly irrelevant consequence of the rigid and enduring commitment to Say's law was that the economics profession, through the early years of the Great Depression – indeed until rescued by Keynes – had a reputation for doctrinaire negativism. And those who continued to find truth only in the established belief, were doomed to live out their lives in a state of obsolescence that was all too cruelly manifest and which, one trusts, will be a sobering lesson for the future."

Economics as a System of Belief, in: American Economic ReviewVol. 60 (1970), p. 469 – 470.

Prof. Dr. Gottfried Bombach

„... Außenseiter Silvio Gesell mit seiner skurrilen Schwundgeldidee ..."

Keynesianische Ökonomie und die Ökonomie vor Keynes,

in: Wirtschaftsdienst Nr. 7 / 1976, S. 331.

Prof. Dr. George Garvy

„Man wundert sich, warum Keynes fünf Seiten dem Leben und den Theorien eines typischen monetären Kauzes widmete, dessen Name in der Zwischenzeit in Vergessenheit geraten ist, während er zahlreiche Ökonomen mit ‚ketzerischen Ansichten' gerade auf dem Gebiet, in welchem er einen neuen Pfad zu schlagen glaubte, übersah."

Keynesianer vor Keynes, in: H.-J. Ramser, M. Timmermann und W. Wittmann (Hrsg.),

Der Keynesianismus Band 2, Berlin-Heidelberg-New York 1976, S. 22.

Prof. Dr. Friedrich August von Hayek

„Wenn wir nach dem Besitz von Geld streben, so deshalb, weil es uns die meisten Möglichkeiten bietet, die Frucht unserer Arbeit zu genießen. ... Viele haben sich dazu verleiten lassen, das Geld als Symbol von Beschränkungen zu hassen. ... Dem wahren Sachverhalt entspräche es jedoch weit mehr, wenn man das Geld als eines der großartigsten Werkzeuge der Freiheit, die der Mensch je erfunden hat, bezeichnen würde. Das Geld eröffnet in unserer heutigen Gesellschaft den Armen eine erstaunliche Fülle von Möglichkeiten, die größer ist als die, über welche vor wenigen Generationen die Reichen verfügten."

Der Weg zur Knechtschaft (1944), München 1976, S. 99.

„Die Forderung nach Freiheit bei der Geldschaffung wird zunächst vielen mit gutem Grund suspekt erscheinen, da eine ganze Reihe von vermeintlichen Weltverbesserern mit stark inflationistischem Einschlag solche Forderungen in der Vergangenheit immer wieder erhoben hat. … Sie hatten offenbar nicht erkannt, dass uns die Regierung in stärkerem Maße als irgendeine private Unternehmung mit dem Schwundgeld versorgt hatte, das von Silvio Gesell empfohlen worden war."

Entnationalisierung des Geldes, Tübingen 1977, S. XI.

Prof. Dr. Joachim Starbatty

„Die Wirtschaftswissenschaft hat Silvio Gesell tiefe Einblicke in das Wesen des Geldes und des Zinses zu verdanken. Jedoch ist Silvio

Gesell von der nationalökonomischen Zunft immer als Sonderling betrachtet worden. Er war ja auch kein Professor – und das ist schon verdächtig. ...

Weiter glaube ich, dass bei Silvio Gesell die theoretische Analyse durch Normen beeinflusst worden ist, dass er ein bestimmtes Vorurteil hat, ein Vorurteil, das ich persönlich sehr sympathisch finde und das überdies auch ein ‚klassisches' Vorurteil ist: das Vorurteil gegen eine Wirtschaft, die auf Gelderwerb gerichtet ist. ...

Der Unterschied zwischen Aristoteles, Thomas von Aquin und Gesell scheint mir darin zu liegen, dass Silvio Gesell den Zins nicht gänzlich abschaffen will, sondern offensichtlich nur den Urzins, der aus der unterschiedlichen Fristigkeit von Waren- und Geldkapital herrühre. Denn es ist eindeutig, dass Zinseinnahmen keine leistungslosen Einnahmen sind, sondern dass die Hergabe von Kapital Fortschritte im Wirtschaftsprozess ermöglicht. ... Das Verzichten auf Gegenwartsgüter ermöglicht einem anderen das Einschlagen von Produktionsumwegen und daraus kann dieser dann den Zins zahlen. ... Ein kurzer Hinweis auf die Aktualität des Schwundgeldgedankens. Inzwischen haben wir eine zinslose Wirtschaft, inzwischen haben wir auch ‚Schwundgeld'. ...

Insgesamt ist die Gesellsche Parabel über das utopische Barataria ein meisterhaftes Lehrstück zur Einführung in eines der schwierigsten Kapitel der Nationalökonomie: der Geld- und Zinstheorie. ... Weiter ist bei Silvio Gesell vorbildhaft, dass er in der Schaffung einer funktionsfähigen Geldordnung den ‚nervus rerum' einer funktionsfähigen Wirtschafts- und Gesellschaftsordnung gesehen hat."

Eine kritische Würdigung der Geldordnung in Silvio Gesells utopischem Barataria (Billigland), in: Fragen der Freiheit Nr. 129 / 1977, S. 6, 24 27, 29 und 30-31.

Prof. Dr. Michel Herland

„Die Wiederentdeckung einer vernachlässigten keynesianischen Therapie dürfte ein gewisses Interesse erwecken in einer Periode, in der die Weltwirtschaft sich scheinbar dauerhaft in einer großen Rezession befindet. …

Gesells ‚Natürliche Wirtschaftsordnung' beginnt mit einem Lob für Proudhon. Die geistige Verwandtschaft beider Autoren ist also offenbar. Aber Gesell kritisiert ihn auch stellenweise. … Gesells Zinstheorie verdient es, zur Kenntnis genommen zu werden, denn sie kündigt mit sehr viel Genauigkeit schon die Zinstheorien von Wicksell und Keynes an. …

Die hier vorgestellten Reformprojekte lassen noch viele technische Probleme ungelöst, insbesondere die des Übergangs von der aktuellen Situation zu dem Moment, in dem die gewählte Reform sich durch einen neuen ausgeglichenen Zustand der Wirtschaft auswirken würde. Andere Unwägbarkeiten bleiben. … Wie dem auch sei, die projektierte Änderung des Geldes würde auch zu qualitativen Veränderungen in der Gesellschaft führen. Sie impliziert eine neue politische Option. Diese ist nicht ganz unwahrscheinlich, wenn man bedenkt, dass sie sich in die Perspektive einer sozialistischen, humanistischen und selbstverwalterischen Strömung einfügen könnte, die von Proudhon ausging und die sich zu verstärken scheint."

Perpetuum mobile et crédit gratuit – deux propositions oubliées pour améliorer l'fonctionnement d'une économie monétaire, in: Revue économique Novembre 1977, S. 938 – 971; dt. Übersetzung in der Zeitschrift für Sozialökonomie Nr. 69/1986, S. 23; Nr. 70/1986, S. 37; Nr. 71/1986, S. 24.

Prof. Dr. Oswald Hahn

„Silvio Gesell hat es verstanden, klar und verständlich zu schreiben – eine Gabe, die sowohl den reinen Theoretikern und Reformern wie auch manchen Praktikern unserer heutigen Zeit weitgehend abgeht. Die ‚Natürliche Wirtschaftsordnung' ist auch heute noch lesenswert. ... Silvio Gesell konnte eine ‚Schule' begründen. Derartiges ist nur wenigen Wissenschaftlern vergönnt gewesen. ... Es ist nicht auszuschließen, dass über eine US-amerikanische verfasserbedingte Innovation die Theorie des Schwundgeldes dort eine Auferstehung erfährt und von dort aus begeisterte Aufnahme in Europa findet."

In Memoriam Silvio Gesell, in: Zeitschrift für das gesamte Kreditwesen Nr. 6/1980, S. 211–212.

Prof. Dr. Dieter Suhr

„Das Geld spielt unter den Waren und Diensten eine gleiche Rolle wie der Joker im Kartenspiel, in dem der Joker jede andere Karte vertritt. ... Das Geld, das auf dem Kapitalmarkt verliehen wird, ist mit dem Ablauf von Zeit mehr wert als das Geld, das auf anderen Märkten ausgegeben wird. Die Differenz zwischen dem Nennwert dieses ausgegebenen Geldes und dem auf dem Geldmarkt verliehenen Geld ist der Mehrwert von Geld. Geld ist mehr wert als Geld. Geld hat einen nach Märkten gespaltenen Wert. Zum einen hat es seinen Kaufkraft-Nennwert. Zum anderen hat es seinen Liquiditätspreis pro Zeit. ... So öffnet sich zwischen den beiden Werten des Geldes mit dem Ablauf von Zeit eine monetäre Schere. Als Joker unter den Tauschobjekten wirkt das Geld privilegierend im Wirtschaftsverkehr, und der Zins, soweit er Liquiditätsprämie ist, sprudelt als Pfründe aus diesem Privilegium. Daher kann nicht die Rede davon sein, das Geld wirke im Tauschverkehr neutral. ...

Weil die Liquiditätsprämie dafür sorgt, dass verliehene Kaufkraft der ausgegebenen Kaufkraft davonwächst, bringt sie die transtemporalen Preisgefüge aus dem Gleichgewicht. ...

Gesell ist ein gescheiter Außenseiter, der sich in sehr origineller Weise mit dem Geld und mit dem Zins, mit dem Recht auf den vollen Arbeitsertrag und mit Therapievorschlägen beschäftigt hat. ... Was er im Hinblick auf seine Probleme konzipiert hat und was für die damaligen Krisenkonstellationen funktionsgerecht war, das ist auch für die grundsätzliche Verbesserung des monetären Geschehens im Allgemeinen bedenkenswert."

Geld ohne Mehrwert - Befreiung der Marktwirtschaft von monetären

Transaktionskosten, Frankfurt/M. 1983, S. 8 – 9, 17 und 51.

Prof. Dr. Hans Christoph Binswanger

„Gesell ist der Begründer der ‚Freiwirtschaftslehre', ein ökonomischer Outsider, der jedoch von Keynes in gewissem Sinne als Vorläufer anerkannt wurde. Er wird daher auch heute vor allem als Keynesianer, ja geradezu als eine Art Hyper-Keynesianer interpretiert, d.h. als Vertreter einer Schule, die im Interesse einer Krisenvermeidung einen möglichst tiefen (nominalen) Zins propagiert. Gesell hatte aber auch erkannt, dass mit der Reduktion der Zinssätze ein Krisenproblem allein nicht lösbar ist. Er schlägt

deswegen als notwendiges Korrelat zur Einführung des ‚Freigeldes'
die Einführung des ‚Freilands' vor. ... Es zeigt sich, dass man nie die
reale Seite der Wirtschaft - d.h. die Beanspruchung des Bodens
bzw. der Ressourcen - aus den Augen verlieren darf, selbst wenn
man den monetären Faktoren die primäre Bedeutung beimisst. Das
hat Gesell deutlicher erkannt als Keynes."

Arbeit ohne Umweltzerstörung - Strategien einer neuen

Wirtschaftspolitik, Frankfurt/M. 1983, S. 246 – 248.

Prof. Dr. Victoria Chick

„Rent-free land and interest-free money characterize the 'Natural
Economic Order'. Land would be nationalized, its owners
compensated by the issue of state bonds. Through the device of
stamped money, which would remain current only if a stamp,
obtained at a cost set by government, was regularly affixed, the
rate of interest of these bonds and other lending instruments
would eventually be driven to zero. With no income diverted to
rent or interest the worker would receive the full value of his
output. Mothers were to receive income from annuities based on
the nationalized land, since their 'output', the population, was the
source of demand for land and hence rent.

Gesell attributed depressions to inadequate investment and the latter to the fall in the expected rate of return as investment continued, coupled with a money rate of interest which was prevented from falling by the alternative opportunity of hoarding. This analysis substantially anticipates Keynes, as Keynes amply acknowledges (1936, pp 353-8). Gesell suggested adjusting the stamp duty on money to force down the rate of interest.

The stamped money principle was three times applied on a local scale in the 1930s: in Bavaria, in the Austrian Tirol and in Alberta, Canada. In each case the scheme successfully raised demand and employment, but the money was soon banned by the authorities.

Though theoretical inadequacies and practical difficulties are claimed against Gesell's theory, its aim is probably more responsible for its eclipse. But it lives on furtively, below the surface, in the underworlds of Keynes' 'General Theory' and Fisher's 'Booms and Depressions'."

Article 'Silvio Gesell', in: John Eatwell (Ed.), The New Palgrave – A Dictionary of Economics, London 1987, p. 520.

Prof. Dr. Ernst Ulrich von Weizsäcker

„Geld soll nach Gesell umlaufen und nicht spekulativ angehäuft werden. Um dieses Ziel zu erreichen, muss man für Geld eine

‚Nutzungsgebühr' bezahlen. In einem berühmten Experiment im österreichischen Wörgl wurde Gesells Idee 1932 einmal praktiziert. Dies führte zu einem bedeutenden lokalen Wirtschaftsaufschwung. Als aber 170 weitere Gemeinden das Modell von Wörgl nachmachen wollten, sah die Österreichische Nationalbank ihr Monopol gefährdet und sorgte dafür, dass das lokale Geld verboten wurde.

Realistisch ist indessen die Hoffnung auf eine Neubelebung von Gesells Ideen nicht. Sie käme einer Revolution des gesamten Finanzwesens gleich. Und der Unterschied zu heute wäre dennoch nicht allzu groß. Wer heute sein Kapital ruhen lässt, wird dafür (anders als zu Gesells Zeiten) auch ohne ‚Freigeld' bestraft. Die heutigen Zinsen abzüglich der fälligen Ertragsbesteuerung sind niedriger als die Inflation. Außerdem weiß ich gar nicht, ob ich als Umweltschützer in einer Welt von fünfeinhalb Milliarden Menschen für ‚Freigeld' sein soll. Schließlich ist dessen Zweck immer noch die Ankurbelung der Wirtschaft."

Für die Armen gilt: Geld oder Leben, in: Natur Nr. 7 / 1993, S. 52.

Prof. Dr. William Darity Jr.

„Man kann sagen, dass John M. Keynes sich in wesentlichen Teilen seines Werkes „Allgemeine Theorie der Beschäftigung, des Zinses und des Geldes" stark an Gesell anlehnte. ... Keynes' Auffassungen über das Geldwesen liegen so stark auf der Linie Gesells, dass die Ähnlichkeit mehr als unheimlich ist. ... Keynes' gut entwickelte Theorie der Vorliebe für Liquidität identifiziert die unbedeutenden Durchhaltekosten des Geldes als grundlegendes Übel, da auf diese Weise ein übermäßiger Anreiz geschaffen wird, Geld in der Kasse zu halten statt es in Realkapital zu investieren. Entsprechend sah er in Gesells Vorschlag von ‚gestempeltem' Geld eine geniale Idee – damit könnten im Prinzip künstliche Durchhaltekosten des Geldes erzeugt werden. ... Sowohl Keynes als auch Gesell befürworteten ein System von einem gegen Null tendierenden Geldzinsfuß. ... Indem er seine eigenen Interessen verfolgte, musste Keynes fast zwangsläufig Gesell entdecken, eine weitere Stimme, die für einen ‚Mittelweg' zwischen Bolschewismus und Manchestertum eintrat. Daher finden wir in Keynes' ‚Allgemeiner Theorie' Abschnitte, die in hohem Maße beeinflusst sind von Gesells ‚anti-marxistischem Sozialismus', den Keynes positiver als ‚liberalen Sozialismus' bezeichnete."

Keynes' Political Philosophy – The Gesell Connection, in: Eastern Economic Journal No. 1/1995,

S. 27 – 41; dt. Übersetzung in der Zeitschrift für Sozialökonomie Nr. 116/1998, S. 3, 5 und 11 – 12.

Prof. Dr. Joseph Huber

„Man kann Gesell heute mit Interesse nachlesen, aber es bleibt dies doch eine Retrospektive, die sich mit den Zukünften von gestern befasst. Heute sind Gesells Fragestellungen nicht mehr aktuell und sie geben keine nützliche Perspektive für die weitere Zukunft. Aber das teilweise wieder erwachte Interesse an seinen Arbeiten rührt nicht zuletzt daher, dass sich in der heutigen Transformationskrise der industrietraditionalen Gesellschaft erweist, dass bestimmte soziale und ökologische Fragen bezüglich Zins, Wachstum, Einkommens- und Vermögensverteilung nach wie vor keine befriedigenden Antworten gefunden haben. Die berufene Ökonomie neigt zu der marktmodellbezogenen Vermeintlichkeit, sie habe eigentlich alle wesentlichen Fragen längst beantwortet. Das kritische Publikum mag daran zu recht nicht ganz glauben, und so suchen manche derweil Rat aus noch schlechterer Quelle."

Vollgeld - Beschäftigung, Grundsicherung und weniger Staatsquote durch eine modernisierte Geldordnung, Berlin 1998, S. 382–383.

Prof. Dr. Hans Georg Nutzinger

„Geld und Kredit sind in den Modellen der Ökonomen eigentlich nicht sehr gut integriert. ... Dass Geld tatsächlich eine eigene, von den realen Vorgängen weitgehend abgelöste Dynamik entfalten kann, das finden wir nur in irgendwelchen spezialisierten Diskussionen. ... Derartige Spezialdiskussionen sind aber im Rahmen des ‚Mainstream' nur ganz marginale Felder. Die Ökonomen überlassen das Feld weitgehend Außenseitern wie Silvio Gesell. Diese Außenseiterdiskussionen sind nicht ausreichend mit der allgemeinen Theorie verknüpft und daher ebenfalls in vieler Hinsicht auch nicht gut durchdacht. Aber die Anhänger von Gesell haben einen wichtigen Umstand im Prinzip richtig erkannt, dass nämlich der Besitz von Land und Geld dem Inhaber solcher ‚assets' eine gewisse privilegierte Position gibt, die ja auch Keynes als wesentlichen Bestandteil seiner eigenen allgemeinen Theorie der Beschäftigung, des Zinses und des Geldes gesehen hat. ... Dieses Geldmonopol ist noch nicht richtig theoretisch analysiert, aber der damit angesprochene Zusammenhang lässt sich nicht bestreiten."

Marktwirtschaft, Nachhaltigkeit und Wirtschaftswachstum,

in: Jürgen Blazejcak (Hrsg.), Zukunftsgestaltung ohne Wirtschaftswachstum? -

DIW-Diskussionspapiere Nr. 168 / 1998, S. 102 – 103.

Prof. Dr. Bernard A. Lietaer

„Die ausgeklügelten Komplementärwährungen der 1930er Jahre besaßen einen Zirkulationsanreiz, der von dem erfolgreichen deutsch-argentinischen Kaufmann und Finanztheoretiker Silvio Gesell empfohlen wurde. Gesells Idee des ‚rostenden Geldes', der ‚Freigeldes' basiert auf der Idee, die Menschen durch eine ‚Anti-Hortungs-Gebühr' zur Zirkulation des Geldes anzuregen. ... Gesells Freiwirtschaftslehre wurde sowohl von den rechten als auch von den linken Parteien abgelehnt. Gelegentlich wurde er missverstanden, den meisten aber waren seine Ideen in der Auseinandersetzung zwischen Marxismus und Kapitalismus zu sehr ‚an der Mitte' orientiert. Tatsächlich gilt seine Arbeit als ‚größte Versöhnung von Individualismus und Kollektivismus' (Maurice Allais)."

Das Geld der Zukunft – Über die destruktive Wirkung des existierenden Geldsystems

und die Entwicklung von Komplementärwährungen. München 1999, S. 262 – 265.

Prof. Dr. Willem Buiter und Prof. Dr. Nikolaos Panigirtzoglou

„Wir greifen den Vorschlag von Gesell auf, die Geldhaltung mit einem negativen Zins zu versehen. Die administrativen Kosten, die mit einer solchen periodischen Währungsreform verbunden wären, sind nicht unerheblich. ... Diese Kosten muss man jedoch gegen das Risiko einer Liquiditätsfalle setzen, wenn man eine niedrige

Inflationsrate ohne Geldbesteuerung anstrebt, oder mit den Kosten einer höheren Inflationsrate vergleichen. Wenn es also wirklich Länder gibt, die von einer Liquiditätsfalle bedroht sind oder schon in einer solchen gefangen sein sollten, dann haben die Politiker nun eine weitere Option zur Hand, die es lohnt, bedacht zu werden: Gesell-Geld."

Liquidity traps: How to Avoid Them and How to Escape Them.
Cambridge Mass. National Bureau of Economic Research
NBER-Working Paper No. 7245 / 1999.
http://www.nber.org/~wbuiter/liqnew.pdf
http://blogs.ft.com/maverecon/2009/05/negative-interest-rates-when-are-they-coming-to-a-central- bank-near-you/
Prof. Dr. Axel Leijonhufvud

„The analogical case suggested above, is one of stamped money. All government-issued money is dated. At the date of issue, a one-dollar bill will legally discharge a debt of one dollar. One year later, we suppose, it will only discharge a debt of 85 cents. The legal tender law is redrawn to make legal tender depreciate in its purchasing power at 15 per cent per year. Banking laws can be rewritten so that checking deposits are compelled to behave similarly. Money issue might be handled as follows. We may imagine, that the initial money issue was distributed all over the days of a year. Subsequently, every day the monetary authorities retire the money issued one year earlier and reissue money to the same face value amount, 85 cents of each reissued dollar goes to the citizens who are returning old dollars to the central bank. Fifteen cents to the dollar is the senior age that is available for resource absorption by the government. If operated in this manner, this Gesell money scheme* will keep the nominal stock of money constant und thus stabilize the price level. ...

Recall once more that our Gesell money exercise is a perfect real-terms analogue for the anticipated inflation case. It is obvious, that the Gesell world can be restored to 'non-inflationary conditions' very easily. First, you simply abolish the 15 per cent tax on its money – a matter of a stroke of the pen. Second, recognizing that Gesell denizens will demand larger real balances, when money is not taxed, you increase the stock of nominal money sufficiently to avoid creating deflationary pressure on the economy. That is all. Naturally, one does not expect any unemployment to develop as a consequence of these measures.

* Silvio Gesell's stamped money scheme is today remembered chiefly because of Keynes' fascination with it at the time that he completed the 'General Theory'. My main argument in the text is, of course, that Gesell money would not eliminate the business cycle or, more to the point prevent the occurrence of recessions of a Keynesian type. Keynes' delight with the Gesell scheme was not well founded, therefore, but due rather to his characteristic failure to distinguish between nominal and real interest rates."

Chapter "Gesell Money", in: Macroeconomic Instability and Coordination – Selected Essays, Cheltenham/UK and Northampton/USA 2000, p. 141, 144 and 149.

Prof. Dr. Bernd Senf

„Gesell hat mit seiner fundamentalen Zinskritik ein Tabu angerührt, das bis dahin über Jahrhunderte hinweg nicht nur von den verschiedenen Richtungen der Wirtschaftswissenschaften gehütet worden war, sondern auch in zunehmendem Maße von den christlichen Kirchen. ...

Dass das Geld mehrere Funktionen erfüllt, nämlich Tauschmittel, Wertaufbewahrungsmittel und Spekulationsmittel zu sein, ist auch von anderen Ökonomen vor ihm gesehen worden. Aber keiner hat so klar wie Gesell erkannt, dass sich diese unterschiedlichen Funktionen in einem unversöhnlichen Widerspruch oder Gegensatz zueinander befinden, dass das bisherige Geld sozusagen in seinem Wesenskern gespalten ist. Und diese Spaltung des Geldes treibt den Zins hervor, der seinerseits eine Fülle von Krisen und die Spaltung der Gesellschaft bewirkt. ... Der Zins setzt die Wirtschaft unter einen permanenten Wachstumszwang. ...

Wenn die tiefere Ursache der Geldblockierung und des dadurch hervorgerufenen Zinses in der Gespaltenheit des bisherigen Geldes - in der ‚monetären Kernspaltung' liegt -, dann gilt es diese innere Spaltung des Geldes zu überwinden, indem seiner Tauschmitteleigenschaft durch eine entsprechende Rechtsordnung absoluter Vorrang eingeräumt und damit dem fließenden Geld der Weg geebnet wird, während die Abzweigung des Geldes zu anderen Zwecken unterbunden wird. ...

Das erfolgreiche Modell von Wörgl hätte Schule machen können. Es kam jedoch nicht dazu, weil die österreichische Nationalbank ihr Monopol in Sachen Geldversorgung gefährdet sah und die juristische Notbremse zog. ... Kurze Zeit später gingen derartige Ideen und Alternativen ohnehin in der Barbarei des Faschismus unter und gerieten über lange Zeit in Vergessenheit. ... Man kann nur hoffen, dass die Menschheit nicht erst noch weitere durch das Zinssystem verursachte Katastrophen erleiden muss, sondern schon vorher klüger wird und die entsprechenden notwendigen Veränderungen einleitet."

Die blinden Flecken der Ökonomie – Wirtschaftstheorien in der Krise,

München 2001, S. 152, 161, 169, 183 und 193 - 5. Aufl. Kiel 2009.

Prof. Dr. Dirk Löhr

„Vieles von dem, was Gesell vorschlug, kommt uns aus heutiger Sicht vernünftig, ja fast selbstverständlich vor. Somit stellt sich die Frage, warum Gesells Agitation bei den Politikern und Wissenschaftlern seiner Zeit keinen Erfolg hatte. ... Weder die im Vordringen befindliche neoklassische noch die marxistische Theorie konnte zur damaligen Zeit mit der von Gesell aufgeworfenen Fragestellung etwas anfangen. ... Während in der

Klassik verteilungspolitische Aspekte durchaus noch diskutiert wurden, blendete man diesen problematischsten Aspekt des Kapitalismus nunmehr einfach in weiten Teilen aus. ... Im Laufe der Jahrzehnte sind jedoch auch viele Aspekte von Gesells Theorie in die soziale Wirklichkeit umgesetzt oder doch in die Theorie aufgenommen worden. ... Außerhalb der Diskussion blieb der revolutionäre Kern der Gesellschen Theorie, nämlich die Entmachtung des Geldes mittels der Umlaufsicherung."

Gesells Kampf gegen die Währungspolitik seiner Zeit,

in: Fragen der Freiheit Nr. 270 / 2005, S. 19–24.

Prof. Dr. Thomas Huth

„In Gesells sozialreformerischem Wirken sehen wir für uns Heutige Weiter- und Tiefergehendes als das Streben nach einzelnen währungspolitischen Reformmaßnahmen und seien sie noch so bedeutungsvoll. Gesells Vision einer nichtkapitalistischen Marktwirtschaft erscheint uns gerade heute, in einer Zeit also, in der die unbarmherzigen Gesetzmäßigkeiten einer von den Finanzmärkten wesentlich dominierten kapitalistischen Marktwirtschaft die Schlagzeilen beherrschen, als eine befreiende Tat. Gesell öffnet die Augen und er weist einen realistischen Weg, um aus der unheilvollen Alternative Planwirtschaft oder

Kapitalismus und den das intellektuelle sowie das sozialreformerische Denken blockierenden Dichotomien Freiheit oder Gleichheit, Effizienz oder Gerechtigkeit etc. zu entkommen. Silvio Gesells Gedanken befreien uns aus dem Zwang, den Kapitalismus zu akzeptieren, weil der Kommunismus nicht akzeptiert werden kann. Hierin sehen wir seine Bedeutung, aktuell und in der Zukunft."

Silvio Gesell heute - Gedanken zur 75. Wiederkehr seines Todestags, in: Fragen der Freiheit Nr. 270 / 2005, S. 3

Prof. Dr. Gerhard Senft

„Gesells gedankliche Vorgabe, die Wirkungsmöglichkeiten des Geldes als zentrales Steuerungsmedium in Wirtschaft und Gesellschaft für eine aktive Konjunkturpolitik und im Sinne einer anderen Verteilung der produzierten Güter zu nutzen, sowie seine Ansätze zu einer Neuordnung der Bodenressourcen knüpfen denkgeschichtlich an verschiedene Traditionen an. Die Forderung nach der Beseitigung von leistungslosen, aus ökonomischen Machtpositionen resultierenden Einkommen verweist auf sozialistische Wurzeln. ... Dem sozialliberalen Entwicklungsstrang hingegen zurechenbar erscheinen Gesells gegen vormoderne Privilegien und gegen Monopolbildungen in der Wirtschaft gerichtete Programmpunkte. ... Eine andere Ausrichtung bekommen Gesells Gedankengänge, wenn er auf die Segnungen des von monopolistischen Strukturen befreiten Marktes zu sprechen kommt. Die ‚Kampfbahn' der Marktwirtschaft sollte nach Gesell in letzter Konsequenz so beschaffen sein, dass sich Wettbewerb und ‚Ausleseprozesse' in Analogie zu einem angeblich in der Natur vorgefundenen Geschehen vollziehen. ... Die ohne Zweifel problematischen Stellen in Gesells Schriften wurden vor allem von marxistischer Seite ins Treffen geführt, um sein Werk insgesamt zu denunzieren. ... Silvio Gesell versuchte mit dem Anknüpfen an populäre Zeitströmungen seiner eigenen Lehre mehr Zugkraft zu verleihen. Dass er sich dabei mit geringer Umsicht auf einige Tretminenfelder begeben hat, liegt auf der Hand."

Auf der Suche nach der „Natürlichen Ordnung", in: Hans G. Nutzinger, „Gerechtigkeit in der Wirtschaft – Quadratur des Kreises?", Marburg 2006, S. 77–79.

Prof. Dr. Peter Ulrich

Der „Geldkomplex" – eine „unerledigte Kapitalfrage" der Ökonomie

Die globale Finanzökonomie verselbständigt sich immer mehr gegenüber der Realwirtschaft. Neue ‚Finanzprodukte' suchen die schnelle Wertsteigerung ohne den langsamen Umweg über real lebensdienliche Investitionen. ... Es ist letztlich der Druck zur Verzinsung, der das Anlage suchende Kapital alle Grenzen, leider oft auch die der Menschlichkeit und Naturverträglichkeit, sprengen lässt – wenn die zuständige Politik es denn zulässt. Zu allen Zeiten und in allen bekannten Kulturen, auch im Christentum, ist das Zinsnehmen als ethisch fragwürdig beargwöhnt worden. ...

Wo soll das hinführen? Die kapitale Frage der real existierenden Marktwirtschaften bleibt die unerledigte ‚Kapitalfrage': Ist eine Marktwirtschaft ohne Kapitalismus oder zumindest ohne dessen lebenspraktisch problematische ‚Sachzwänge' machbar? Soll und kann überhaupt der Zinsmechanismus, der den Leistungswettbewerb verzerrt, eliminiert werden? Wie lässt sich ein für die Koordination komplex-arbeitsteiliger Wirtschaftsprozesse funktionierendes Geld ohne den problematischen ‚Joker Vorteil' der Lager- und Hortungsfähigkeit definieren? Helfen das freiwirtschaftliche Konzept von Schwundgeld oder zeit- und raumgebundenes, lokale Wirtschaftskreisläufe nährendes Regiogeld weiter, verbunden mit Regionalbanken und Mikrokredit-Systemen, nicht zuletzt in Drittweltländern? Lauter Schlüsselfragen des 21. Jahrhunderts, mit denen sich jedoch die Fachwelt buchstäblich nur am Rande befasst. Wo wird etwa ‚Geldpolitik' nicht nur stabilitätspolitisch, sondern auch in systemkritischer Absicht analysiert? Wo werden die eigentums- und unternehmensrechtlichen Voraussetzungen für die gesellschaftliche Neutralisierung der Kapitalverwertungsmechanismen untersucht? Und wo wird umfassend über die ‚zivilisierende' Einbettung einer leistungsfähigen Marktwirtschaft in eine zeitgemäße Gesellschaftsordnung nachgedacht, mitsamt einem

162

postkapitalistischen Eigentumsrecht, das einer voll entfalteten Bürgergesellschaft dienlich wäre?

Angesichts der akademischen Heimatlosigkeit all dieser epochalen Fragen in der Standardökonomik ist es an der modernen Wirtschaftsethik, sich der Herausforderung des ‚Geldkomplexes' anzunehmen, auch wenn die real bestehenden Macht- und Interessenstrukturen für einschlägige geistige Innovationen vorerst wenig Raum bieten. Doch das Neue entsteht meistens zuerst im ideellen Umdenken von suchenden Minderheiten."

aus: Geleitwort von Peter Ulrich zu Mathias Weis und Heiko Spitzeck (Hg.), Der Geldkomplex – Kritische Reflexion unseres Geldsystems und mögliche Zukunftsszenarien, Bern 2008, S. 5–6.

Prof. Dr. Gregory Mankiw

„Die Zinsrate für die Geldbasis ist etwa Null, daher hat sich die FED anderen Mitteln zugewandt, um die Wirtschaft wieder anzukurbeln, wie dem Ankauf langfristiger Schuldverschreibungen. Aber die Wirksamkeit dieser Mittel ist unsicher und sie sind mit Risiken verbunden. In vieler Hinsicht befindet sich die FED in unbekannten Gewässern. Warum sollte die FED also die Zinsraten nicht noch weiter senken? Warum nicht die Vorgabe, die Zinsrate auf, sagen wir, minus 3 Prozent anstreben? ... Stellen sie sich vor, die FED verkündet, dass heute in einem Jahr eine Losnummer mit einer Ziffer von Null bis 9 aus einem Hut hervorholt würde. Alle Geldscheine, deren Seriennummer mit dieser Ziffer endet, wären dann kein gültiges Zahlungsmittel mehr. Ganz plötzlich wäre damit die zu erwartende Rendite für Geldhaltung minus 10 Prozent. Dieser Schritt würde für die FED den Weg frei machen, die Zinsrate unter Null zu drücken. Die Leute wären erfreut, Geld für minus 3% zu verleihen, denn 3 Prozent zu verlieren ist besser als 10 Prozent.

Die Idee, dass Geld eine negative Rendite haben könnte, ist nicht vollkommen neu. Im ausgehenden 19. Jahrhundert setzte sich der deutsche Ökonom Silvio Gesell für eine solche Steuer auf Geldhaltung ein. Er machte sich Gedanken darüber, dass die Menschen in Krisenzeiten ihr Geld lieber horten anstatt es zu verleihen. John Maynard Keynes erwähnte diese Idee über eine Geldhaltesteuer und hielt sie für gut. In der Situation von Banken, die übergroße Reserven halten, erscheint Gesells Sorge über die Haltung von Geld ganz plötzlich sehr modern."

H.G.Wells, Historiker:

"Gesells Name wird ein führender Name in der Geschichte sein, wenn sie einst entwirrt sein wird"

Dr. Oskar Stillich, Nationalökonom an der Humboldt-Universität:

"Gesell hat im Reiche der Wirtschafts- und Sozialwissenschaften Originales geschaffen trotzdem (oder weil?) er ein Autodidakt ist. Gerade deshalb, weil es sich nicht um einen durch eine regelrechte wissenschaftliche Schule gegangenen Theoretiker handelt, muss das, was er geleistet hat, umso höher bewertet werden. Die Schriften Gesells enthalten viel wissenschaftlich Wertvolles und Fruchtbares, das nicht wieder aus dem Bestande der Geldlehre verschwinden wird."

Prof. Dr. John Maynard Keynes, Nationalökonom an der Universität Cambridge/England:

"Der Zweck von Gesells Buch als Ganzes kann als die Aufstellung eines antimarxistischen Sozialismus beschrieben werden, eine Reaktion gegen das laissez-faire, auf theoretischen Grundlagen aufgebaut, die von jenen von Marx grundverschieden sind. Ich glaube, dass die Zukunft mehr vom Geiste Gesells als von jenem von Marx lernen wird. Das Vorwort zu `Die Natürliche Wirtschaftsordnung durch Freiland und Freigeld´ wird dem Leser, wenn er es nachschlägt, die moralische Höhe Gesells zeigen. Die Antwort auf den Marxismus ist nach meiner Ansicht auf den Linien dieses Vorwortes zu finden."

Prof. Dr. Joachim Starbatty, Nationalökonom an der Universität Tübingen:

"Die Wirtschaftswissenschaft hat Silvio Gesell tiefe Einblicke in das Wesen des Geldes und des Zinses zu verdanken, jedoch ist Silvio Gesell von der nationalökonomischen Zunft immer als Sonderling betrachtet worden. Er war ja auch kein Professor - und das ist schon verdächtig. Entscheidend ist, dass die grundsätzlichen Ideen, die ordnungspolitischen Ideen von Silvio Gesell richtig und vorbildhaft sind."

Prof. Dr. Oswald Hahn, Nationalökonom an der Universität Erlangen-Nürnberg:

"Silvio Gesell hat es verstanden, klar und verständlich zu schreiben - eine Gabe, die sowohl den reinen Theoretikern und Reformern wie auch machen Praktikern unserer heutigen Zeit weitgehend abgeht. Die `Natürliche Wirtschaftsordnung´ ist auch heute noch lesenswert... Gesell entwickelte geniale Konzeptionen und wurde vergessen, während die jeweiligen weniger genialen Zeitgenossen einige Generationen blendeten, ehe sich auch hier die Vorstellung einer Falsifizierung durchsetzte."

Prof. Dr. Irving Fisher, Nationalökonom an der Yale University:

"Freigeld könnte der beste Regulator der Umlaufgeschwindigkeit des Geldes sein, die der verwirrendste Faktor in der Stabilisierung des Preisniveaus ist. Ich bin ein bescheidener Schüler des Kaufmanns Gesell."

Prof. Dr. Maurice Allais, Nationalökonom an der Universität Paris/Frankreich:

"Wir wollen hier ganz besonders den Bahnbrechern wie Proudhon, Walras und Silvio Gesell unsere Hochachtung bezeugen, die die größte Versöhnung von Individualismus und Kollektivismus vollbracht haben, auf der die von uns angestrebte Wirtschaftsordnung beruht."

Prof. Dr. Hans-Christian Binswanger, Nationalökonom an der Hochschule für Wirtschafts- und Sozialwissenschaften St. Gallen/Schweiz:

"Gesell ist der Begründer der `Freiwirtschaftslehre´, ein ökonomischer Outsider, der jedoch von Keynes in gewissem Sinne als Vorläufer anerkannt wurde. Er wird daher auch heute vor allem als Keynesianer, ja geradezu als Hyper-Keynesianer interpretiert, d.h. als Vertreter einer schule, die im Interesse einer Krisenvermeidung einen möglichst tiefen (nominalen) Zins propagiert. Gesell hat aber auch erkannt, dass mit der Reduktion der Zinssätze ein Krisenproblem allein nicht lösbar ist. (...) Gesell schlägt deswegen als notwendiges Korrelat zur Einführung des `Freigeldes´ (...) die Einführung des `Freilandes´ vor. (...) Das Hauptwerk von Gesell trägt daher auch den Titel `Natürliche Wirtschaftsordnung durch Freiland (!) und Freigeld´. Es zeigt sich, dass man nie die reale Seite der Wirtschaft - d.h. die Beanspruchung des Bodens bzw. der Ressourcen - aus dem Auge verlieren darf, selbst wenn man den monetären Faktoren die primäre Bedeutung beimisst. Das hat Gesell deutlicher erkannt als Keynes."

Prof. Dr. Dudley Dillard, Nationalökonom an der Universität Maryland/USA:

"Gesells Standort ist sowohl antiklassisch als auch antimarxistisch(...) Die Einmaligkeit der Gesellschen theoretischen Untersuchung erklärt sich aus seiner Einstellung zur Sozialreform. Nur unter der Berücksichtigung seines Allgemeinen Blickwinkels als Reformer kann seine Theorie verstanden werden. (...) In einigen wichtigen Punkten ist seine Analyse nicht voll entwickelt, aber im Allgemeinen ist sein Modell einwandfrei."

Heinz Nixdorf:

"Silvio Gesell hat mich in meinen jungen Jahren beeindruckt"

"Die Ratlosigkeit der Politiker von heute macht die Arbeiten von Silvio Gesell immer moderner."

Luise Rinser:

"Da gibt es das sogenannte Experiment Wörgl. Das muss man nachlesen, da gibt es Bücher drüber. Das Experiment ist abgewürgt worden vom österreichischen Staat...Ich würde allen raten, sich mit der Wirtschaftslehre von Silvio Gesell zu befassen."

Erich Mühsam:

"...Gesells theoretische Leistung ist aber mit dieser Stille um seinen Fortgang nicht abgetan, und wie bedeutungsvoll die Leistung war, wird dann erkannt werden, wenn sie in der Praxis erprobt werden wird. Gustav Landauer wusste, was er tat, als er vor elf Jahren empfahl, die Revolutionierung des Geldwesens der Räterepublik Bayern dem an Proudhon geschulten, dabei ganz selbstständigen Denker Gesell anzuvertrauen...

Silvio Gesell war ein sozialer Wegbahner von größtem geistigem Wuchs; der Spott der Börsenpraktiker und das Gelächter der Marxisten können seine Bedeutung als Vorkämpfer gerechter und freiheitlicher Gesellschaftsgestaltung nicht mindern. Die Zeit revolutionärer Verwirklichung wird dem Toten vieles abzubitten haben, was die Zeit dogmatischer Unbelehrbarkeit an dem Lebenden und damit zugleich an sich selbst gesündigt hat. Der Weg der Menschheit zur anständigen Gemeinschaft wird mit mancher Fuhre Erde aus dem Garten Silvio Gesells gestampft sein."

Prof. Dr. Felix G. Binn, Gesamthochschulbereich Düsseldorf, Fachbereich Wirtschaft:

"Eine fast unüberwindliche Mauer hat bislang den breiten Zugang zu Silvio Gesells Ideenwelt versperrt. Diese Vorurteile wurden gebildet in einer Zeit, die Begriffe wie Demokratisierung des Lebens, Leistungsgesellschaft, Pluralismus, Sozialverpflichtung

169

nicht kannte. In einer solchen "gut bürgerlichen" Zeit mussten diese Begriffe, die uns heute selbstverständlich scheinen, revolutionäre Schreckgespenster par exellence sein.

Auch Gesell verwendete diese Worte nicht; er meinte sie aber! Gleichzeitig meint er, dass vordemokratische Privilegien in der Geldverfassung und im Bodenrecht keine Basis für unsere Demokratie bilden, schlimmer noch, unserer Gesellschaft die Krisen bescheren und sie jedes Mal in ihren Grundfesten erschüttern.

Neben denen, die diese Zusammenhänge geistig nicht bewältigen, stehen diejenigen, die sich in diesem System zum eigenen Vorteil etabliert haben und an einer Änderung kein Interesse haben.

Ihnen hinzu gesellt sich die Schar der Brotgelehrten und Vertreter der herrschenden Lehre, die sich im wertfreien Elfenbeinturm mit der Beschreibung und statistischen Erfassung volkswirtschaftlich-wissenschaftlicher Phänomene beschäftigen, die sie im Übrigen nach naturwissenschaftlichem Denkmodell in den Ursachen als unbeeinflussbar hinnehmen. Ihnen allen stellt Gesell sein Konzept entgegen."

Albert Einstein:

"Ich erfreue mich an dem glänzenden Stil von Silvio Gesell. ... Die Schaffung eines Geldes, das sich nicht horten lässt, würde zur Bildung von Eigentum in anderer, wesentlicherer Form führen."

Es wird im Übrigen berichtet, dass Albert Einstein und Silvio Gesell eine Reihe von Jahren regelmäßig miteinander Karten spielten. Wer noch mit in der Runde saß und ob es sich um Skat, Doppelkopf oder Rommé handelte, konnte ich im Nachhinein nicht mehr feststellen.

Kapitel Nr. 16 - Schmankerl: Briefe Silvio Gesells

An Sigmund Flückinger vom 15. 10. 1915 aus Les Hauts Geneveys

Sehr geehrter und lieber Herr Flückinger!

Ihren gehaltvollen Brief vom 27. v. M. empfing ich hier auf dem Umweg über Eden. Mit rechter Freude und mit einer gewissen Beruhigung erfuhr ich von der Gründung des Schweizerischen Freiland-Freigeld-Bundes. So ist's recht. Der volle Arbeitsertrag, der restlos volle Arbeitsertrag, die vollkommene Ausmerzung des arbeitslosen Einkommens! So wird's gut. Und ich darf mich gleich als sein Mitglied und sogar als Ehrenmitglied betrachten eines Bundes, der so tapfer ausschreitet auf ein so gewaltiges Ziel! Nun, ich nehme diese große Auszeichnung an als Anerkennung der Ehrlichkeit meines Strebens und als Ermunterung, treu auszuharren in den kommenden Kämpfen, „so lange noch eine Ader in mir lebt".

Mit vorzüglicher Hochachtung

Silvio Gesell

An Prof. Dr. Ernst Haeckel vom 28. 6. 1916

aus Berlin-Lichterfelde, Dahlemer Str. 28

Hochgeehrter Herr!

Es ist eine gefährliche Sache, den Kampf ums Dasein, den die Lebewesen brauchen, mit den Kriegen der Menschen zu vergleichen. Gefährlich, weil der Vergleich erfahrungsmäßig zu einer biologischen Begründung des Krieges missbraucht wird und damit die Friedensarbeit erschwert.

Kriege gibt es doch nicht in der Natur; sogar die sog. Ameisenkriege entbehren aller Kennzeichen menschlicher Kriege. Man sieht niemals, dass sich Tiere derselben Art zusammentun, um über eine andere Gruppe derselben Art herzufallen. Der Kampf zwischen Tieren derselben Art beschränkt sich auf den Zweikampf und gibt dadurch regelmäßig dem Tüchtigsten den Sieg, während der Krieg das Beste vernichtet. Dem Tüchtigsten gehört die Welt und soll sie gehören, der Krieg kann dagegen die Menschheit nur dem Untergang entgegenzüchten. Übrigens beweist ja schon der Umstand, dass sich der Feind durch künstliche Farben und Uniformen kenntlich machen muss, dass die Menschheit mindestens bis zur Erfindung der Uniform (Tätowierung etc.) keine Kriege zu ihrer Entwicklung bedurfte. Zieht man den Soldaten die Röcke aus, so hat der Krieg sofort ein Ende. Und die Uniform kann man doch nicht als Ausleseelement betrachten.

Weil der Krieg keine biologische Erscheinung ist, aber auch nur darum, ist auch Ihre in den „Weltkriegsgedanken" ausgesprochene frohe Hoffnung berechtigt. Als rein menschliche, unserer irrenden Vernunft (Handelskrieg!!) entsprungene Handlung können wir selbstredend aufgrund besserer Erkenntnisse die Kriege vermeiden. Fehlerhafte menschliche Einrichtungen, falsche Beobachtungen, keine animalischen Triebe sind es, mehr nicht, die uns die Waffe als Ultima Ratio in die Hand drücken. Namentlich unser mangelhaftes, uraltes Geldwesen wie auch der Privatgrundbesitz sind es, die die Menschen und Völker verhetzen. Wie das zugeht, finden Sie in der beiliegenden Druckschrift „Gold und Frieden?" näher auseinandergesetzt.

Wenn Sie, hoch geehrter Herr, den Wesensunterschied, der zwischen Krieg und Kampf ums Dasein liegt, durch ihre Autorität den in der Kriegspropaganda biologisch Orientierten stärker noch zum Bewusstsein brächten, so würden Sie dem unglücklichen kommenden Geschlecht das Leben erleichtern, dem Friedenswerk einen unermesslichen Dienst erweisen.

Mit vorzüglicher Hochachtung

Silvio Gesell

An den Herrn Präsidenten des Sowjet

Wladimir Iljitsch Uljanow Lenin, St. Petersburg

vom 2. 12. 1917 aus Les Hauts Geneveys*

Liebwerter Genosse!

Wenn jetzt aus Millionen banger Menschenherzen Dankgebete zum Himmel steigen, so ist das Ihrem und Ihrer mutigen Freunde Wirken zu verdanken. Und zitternd fragen sich alle wieder, ob es gelingen wird, das große Werk der Revolution vor den im Geheimen wirkenden Kräften der Reaktion unter Dach und Fach zu bringen.

Wir haben in dieser Beziehung doppelte Sorgen. Wir sagen uns: Lenins Werk wird an den Mängeln des Geldwesens scheitern. Alle Revolutionen sind bisher am Geldwesen gescheitert; auch die russische wird diesem Schicksal nicht entgehen, wenn nicht noch rechtzeitig das Freigeld die Situation rettet.

Vergessen Sie nicht, dass das Geld das Blut der Volkswirtschaft ist und dass dieses Blut in der herkömmlichen Form des Geldes vergiftet ist und den ganzen Organismus vergiften muss.

Der Schweizer Freiland- und Freigeld-Bund erstrebt die Einführung eines neuartigen Geldes, das der Menschheit alle die gewaltigen Vorteile der Geldwirtschaft sichert und frei ist von allen den Kapitalismus ausmachenden Begleiterscheinungen. Muster dieses neuen Geldes liegen bei. Es gibt dieses Geld den Fragen, die durch die Untersuchungen des Sozialisten Proudhon aufgeworfen wurden, die theoretische und praktische Lösung.

Von den Hauptwirkungen dieses Geldes – auf Seite 3 – 4 aufgeführt – wollen wir hier nur die eine erwähnen, nämlich dass das Freigeld einen ständig wachsenden Druck auf den Kapitalzins ausübt, in der Weise, dass in einem Zeitraum von etwa 15 – 20 Jahren der Zins gänzlich aus der Volkswirtschaft ausscheiden muss.

Wenn der Erfolg einer Revolution dauernd gesichert werden soll, so kann dies nur dadurch erreicht werden, dass alle nicht aktiv an der Umgestaltung des Staates mitwirkenden Personen unter Anspannung aller Kräfte zur Arbeit zurückkehren, denn aus dieser Arbeit soll der Wohlstand erwachsen, der für die Masse das Zeichen ist, dass die Revolution wohltätige Wirkungen hat und darum zu unterstützen ist. Eine Revolution, die dem Volke Entbehrungen bringt, ist des Misserfolges sicher.

Nun würde das von uns geschaffene Freigeld ganz außerordentlich anspornend auf die Arbeit wirken, indem es den Tausch der Produkte unter allen Umständen sichert und dadurch erst jedem den vollen Ertrag der persönlichen Arbeit gewährleistet – und das ist Vorbedingung für alle Arbeit.

„Unsere Vertrauensmänner machen Revolution – jetzt ist Arbeit die erste Pflicht aller, die diese Revolution unterstützen wollen." So soll es jetzt im ganzen Russland heißen.

Das Freigeld würde diese Arbeit auslösen und ganz automatisch in die richtigen Bahnen lenken. Das jetzige Geld, der Papierrubel, stört die Arbeit; es hemmt sie statt sie anzuregen und zu fördern. Die

Unsicherheit macht übrigens auch jede Disposition unmöglich. Und ehe der Unternehmer sich einem Defizit aussetzt, legt er lieber seine Fabrik still, wodurch der Volkswirtschaft und der Revolution die Mitwirkung oft der tüchtigsten Männer genommen wird. Und ohne die Mitwirkung dieser erfahrenen Männer ist die Revolution dem Misserfolg geweiht.

Es gibt Männer, die beim bloßen Anblick des Freigeldes seine ganze ungeheure Tragweite überschauen, denen es eine ganze neue Welt eröffnet. Diese sind jedoch sehr selten. In der Regel ist es nötig, die gegen das Freigeld erhobenen Bedenken, die immer nur Vorurteilen entstammen, durch methodische Aufklärung zu zerstreuen. Diese Arbeit ist in einem größeren Werk „Die Natürliche Wirtschaftsordnung durch Freiland und Freigeld" erschöpfend ausgeführt worden. Da aber die Zeit zum Theoretisieren nicht die geeignete ist, so machen wir der russischen Regierung den Vorschlag, auf unsere Kosten eine geeignete Persönlichkeit nach Petersburg zu schicken, um das System im mündlichen Vortrag auseinanderzusetzen und um die nötigen Anweisungen zur Ausführung der Reformen zu geben. Weitere Vorbereitungen sind nicht nötig. Acht Tage nach dem Beschluss würde schon das Freigeld im Umlauf sein können und seine beruhigenden, Arbeit fördernden Wirkungen ausüben. Und wenn dann zusammen mit der Einführung des Freigeldes die Regierung eine öffentliche Anleihe ausschreibt, so würde sie damit einen ganz gewaltigen Erfolg erzielen. Bei einem Minimalzinsfuß würden Anleihen für den Gesamtbetrag des bisher ausgegebenen Papiergeldes gezeichnet werden, was der Regierung erlauben würde, das jetzige Rubelgeld restlos zu verbrennen und so mit

177

einem Schlag in währungstechnischer Beziehung der Regierung die ihr entfallenen Zügel zurückgeben. Zu erwähnen ist noch, dass das Freigeld keinerlei besonderer Deckung bedarf, dass also die Goldreserven des Rubels restlos abgestoßen werden können.

Falls Sie auf unseren Vorschlag eingehen, wollen Sie an die Adresse von Herrn Dr. Fritz Trefzer, Bern, Wabernstr. 16, das Wort „Einverstanden" telegrafieren.

Mit revolutionären Grüßen

Schweizer Freiland- und Freigeld-Bund
Dr. Fritz Trefzer   Dr. Ernst Schneider   Silvio Gesell

Dieser Brief hat Lenin nie erreicht. Vgl. hierzu auch den Band 18 von Gesells Gesammelten Werken, wo auf der Seite 165 ein von Werner Schmid in seinem Buch „Silvio Gesell – Lebensgeschichte eines Pioniers" (Bern 1954, S. 175) erwähntes Begleitschreiben zitiert ist, das einer Sendung der „Natürlichen Wirtschaftsordnung" an Lenin beigelegen habe.

An Heinrich Patt vom 15. 1. 1921 aus Rehbrücke*

Mein lieber Kampfgenosse!

Das Bild ist ausgezeichnet gelungen. Namentlich die beiden Adler sind in ihrer Stellung vorzüglich. Überhaupt die ganze Anlage des Bildes. Und ich bin sehr froh, ein solches Bild zu besitzen und einen solchen Künstler in unserer Mitte zu wissen.

Wir werden dieses Bild (bunt) zur Illustrierung der „Freiland-Fibel" gebrauchen. Für den „Kettenbrecher" brauchen wir ein einfarbiges Bild (schwarz) und da wären namentlich die Lichtwirkungen zu berücksichtigen. Auch müsste die Erde inmitten des Sternenhimmels dahin schweben, etwa wie im „Faust". Also die Erde in der Größe, wie Sie sie gezeichnet haben – der Mond, ein Komet, Sterne. Die Lichtquelle (Sonne) unsichtbar. Das Ganze von der Sonne aus betrachtet. Dementsprechend auch die Schatten auf der Erde, die Mondphasen und der Kometenschweif, der immer der Sonne abgewendet steht.

Beim gefesselten Menschen muss darauf geachtet werden, dass die Schwerkraft die Ketten nach dem Zentrum zieht, nicht etwa nach ‚unten', nach dem Südpol. Der Mensch dürfte passend mehr sehnig als gut genährt gezeichnet werden.

Ich schicke hier ein Bild des Sternenhimmels, das Ihnen vielleicht nützlich sein kann. Die Beleuchtung der Erde dürfte zweckmäßig der des Mondes entsprechen.

Ich bemerke, dass ich nichts von der Zeichenkunst verstehe, so dass das, was mir eben vorschwebte, vielleicht überhaupt nicht darstellbar ist. Ich bewundere Ihre künstlerische Gestaltungskraft, wundere mich, dass Sie mich (...) und bin überzeugt, dass das Bild, das Sie nun schaffen wollen, mit dazu beitragen wird, die uralten, unverrosteten Ketten der Menschheit zu brechen.

Hurra! Mit Bundesgruß

Gesell

* Heinrich Patt war ein an der Kunstakademie Düsseldorf ausgebildeter Maler und Kunsterzieher.

An Heinrich Patt vom 26. 1. 1921 aus Rehbrücke

Mein lieber Bundeskamerad!

Wenn die Erdkugel zwischen den Gestirnen dahin schweben soll, dann muss die Sachlage auf der Erde sehr einfach gestaltet werden, wenn es nicht zu optischen Widersprüchen kommen soll. Ich glaube darum, dass wir auf die Adler verzichten müssen, auch darauf, dass der gefesselte Mann sichtbar am Zerbrechen der Ketten arbeitet. Es muss dann eine Menschengestalt hilflos mit schweren Ketten an die Erde geschmiedet sein. Die Hilfe kommt ihm dann von außen – eben vom „Kettenbrecher" – und ist darum auf dem Bild nicht sichtbar. Die Menschengestalt müsste m.E. in diesem Falle ganz

180

platt auf dem Rücken liegen mit gespreizten Armen und Beinen – das Bild vollkommener Hilflosigkeit und Ergebung und Hoffnungslosigkeit. Also schon fast wie ein Toter.

Die Hauptschwierigkeit wird wohl die richtige Beleuchtung bilden, so dass das Erdbild in den Sonnenkreis hineinpasst. Durch seitliches Licht, mit starker Schattenbildung, ähnlich wie auf dem gesandten Mondbild dürfte das am besten zu erreichen sein. Vielleicht müsste die Menschengestalt darum auch nur schwach hervortreten?

Das Bild, das Ihnen vorschwebt mit den beiden Adlern, wäre sicherlich ein gutes Motiv für ein größeres Bild. Es setzt auch schon gerade die Kenntnisse voraus, für die wir kämpfen. Es wird also das nächstfolgende Bild sein. Also zunächst das Bild des Kettenträgers in der eben angedeuteten Lage.

Da ich nicht Zeichner bin, so muss ich Ihnen die zeichnerische Gestaltung ganz überlassen. Sie werden, davon bin ich überzeugt, auch das Richtige treffen.

Dem Ergebnis Ihres Kunstsinnes und Fleißes mit Freude entgegen sehend

Gesell

An Heinrich Patt (undatiert, März 1921)

Lieber Freund und Kamerad!

Das prächtige Bild des „Kettenbrechers" ist pünktlich eingetroffen. Ich sandte es an Haacke in Erfurt und wir überlegen, wie wir es verwenden werden. Für den Kopf des „Befreiers" konnte es leider nicht verwendet werden. Für das grobe Zeitungspapier gehört ein gröberer Strich. Dass Sie uns die Verwertung des Bildes so einfach kostenlos überlassen, zeugt für die Schönheit der Bestrebungen, die Sie durch Ihre Tat fördern wollen.

Ihnen herzlich dankend und frohe Ostern wünschend

Ihr Silvio Gesell

An Fritz Bartels vom 2. 9. 1921 aus Rehbrücke

Sehr geehrter Herr Bartels!

Ich erhielt gestern die freundliche Einladung zum Vertretertag in Hannover. Zugleich erhielt ich auch die Aufforderung von Herrn Groß, ein Programm zu verfassen. Und mit derselben Post auch die „Freiwirtschaft", aus der ich ersehe, dass der Westgau und die Stettiner Gruppe die „Sieben Punkte" zum Programm erheben.

Das, was wir erstreben, greift so tief in alle Verhältnisse ein und setzt so vieles voraus, dass es nicht anders gehen wird als es in ein vollständiges Regierungsprogramm einzubauen, wenn wir nicht darauf hinausgehen wollen, in der entscheidenden Stunde viele unserer eigenen Anhänger zu überraschen, was dann verhängnisvoll werden könnte. In Kassel waren, so weit ich mich erinnere, die Ansichten geteilt über die Zweckmäßigkeit, den Inhalt der Worte FREILAND – FREIGELD im Programm scharf zu umreißen. In der Zwischenzeit haben sich aber die politischen Verhältnisse außerordentlich getrübt. Wirth scheint nicht die Macht zu haben zu den nötigen durchgreifenden Maßnahmen und eine andere Regierung als die jetzige, die arbeitsfähiger wäre, ist kaum denkbar.

In Anbetracht dieser Lage und im Hinblick auf die Möglichkeit, dass wir die Gewerkschaften, die Bauernorganisationen und auch manche Handels- und Handwerkerkammer für uns gewinnen können, wenn wir ihnen ein fertiges Regierungsprogramm vorlegen können. Ich rechne mit der vielleicht noch sehr kühn erscheinenden Möglichkeit, dass wir nach der Abdankung Wirths (bei Gelegenheit des neuen Steuerplanes) die Reichsgeschäfte werden in die Hand nehmen müssen, weil sich sonst niemand dazu bereit finden wird.

Ich schicke Ihnen anbei den Entwurf für ein solches Regierungsprogramm und wenn Sie glauben, dass derselbe in Hannover zur Annahme gelangen könnte, so bitte ich Sie, mich zu benachrichtigen. Dann werde ich der Einladung folgen, um einzelne Punkte des Programms näher zu begründen.*

Ich glaube, dass – wenn Sie die Besprechung des Programms als ersten Punkt der Tagesordnung aufstellen, im Laufe der Besprechung sich so vieles klären und so viele Missverständnisse heben werden, dass auch die Organisationsstreitigkeiten spielend erledigt werden können. Mit der Annahme dieses Programms bekämen unsere Leute bei ihrer Werbung um die Gewerkschaften ein außerordentlich wirksames Werkzeug in die Hand.

Wollen Sie mir bitte Ihre Meinung hierüber mitteilen, damit ich mich je nach dem weiter vorbereiten kann. Es fehlen im Programm noch einige Abschnitte, an deren Ausarbeitung ich gerade bin.

Mit Bundesgruß stets der Ihre

* Vgl. die Kundgebung „An das deutsche Volk" in Hannover im Band 12 der Gesammelten Werke, S. 297 – 316.

An Hildegard Wegscheider vom 22. 2. 1922 aus Rehbrücke*

Sehr geehrte Frau Wegscheider!

Es ist ein Glück für die Sozialdemokratie, dass die Loslösung von der Koalition und von der Regierung auf so billige Weise erreicht wurde. Mit dem kommunistisch-marxistischen Programm kann die Sozialdemokratie die Regierung niemals übernehmen, ohne Schaden an Leib und Seele zu nehmen. Vom Kapitalismus führt kein gangbarer Weg zum Sozialismus, wie ihn die Sozialdemokratie heute noch versteht. Jetzt stehen die Genossen und Genossinnen wieder vor dem Berg – wie vor 1914. Mit dem Verlust einer Hoffnung allerdings, aber mit dem Gewinn der Erfahrung, dass die Eroberung der politischen Macht ohne ein sofort in allen Teilen durchführbares Wirtschaftsprogramm wertlos ist. Jetzt, nach der

Erstürmung des Berges wissen sie nun, dass sich hinter dem Berg neue steilere Berge erheben.

Es ist keine Schadenfreude, trotzdem aber reine Freude, die ich über diese Entwicklung empfinde. Jetzt wird die Sozialdemokratie in sich gehen müssen und die Richtung gebenden Sätze ihres Programms überprüfen. Sie wird Bernsteins vorzeitig im Interesse der Agitation unterbrochene Arbeit wieder aufnehmen müssen. Revisionismus. Es ergeht hier den Sozialdemokraten wie es Lassalle erging, der seufzend darüber klagte, wie die Agitation ihn davon abgehalten hatte, der Theorie die nötige Zeit zu widmen. Der Misserfolg hat die Voraussetzungen der marxistischen Lehre vom Kapital ihrer Selbstverständlichkeit entkleidet und nun wird Bernstein die Bahn frei haben. Allerdings wird man sich beeilen müssen, wenn man nicht will, dass die sozialdemokratische Organisation in Staub zerfällt. Der Freiwirtschaftsbund würde zwar in diesem Fall den Staub wieder sammeln, aber ich sehe nicht ein, warum man eine solche Organisation erst zerfallen lassen muss, um sie neu zu sammeln. Der Freiwirtschaftsbund strebt nur danach, den Arbeiterorganisationen bessere, schärfere Waffen zu geben. Er will keine Organisation, er will das Ziel.

Es wird wohl das Beste sein, wenn Sie selbst, sehr geehrte Frau, die ‚Fühlungnahme' Falkenberg – Gesell weiter bis zum Ergebnis betreiben. Falkenberg wird dann nicht so leicht kneifen können. Es ist nämlich geradezu komisch, welche heilige Scheu so gut wie alle Männer vor der Währungsfrage hegen. Sie glauben, sie müssten als verständige Menschen diese Fragen a priori entscheiden können. Und wenn sie merken, dass das nicht geht, glauben sie bei sich einen geistigen Defekt entdeckt zu haben, der sie verbergen müssen.

Ich erwarte also in dieser Sache weitere Nachrichten von Ihnen und freue mich inzwischen über diesen ersten Erfolg Ihrer Bemühungen. Ich habe jetzt eine „Denkschrift für die Deutschen Gewerkschaften zum Gebrauch bei ihren Aktionen in der Frage der Währung, der Valuta und der Reparationen" in Arbeit und in Druck. Sie wird in wenigen Tagen erscheinen und, wie ich annehme, gute Dienste der Arbeiterbewegung leisten. Es sind 160 Seiten.

Mit der Rechtsschwenkung der Regierung werden Sie nun wieder damit rechnen müssen, dass die Kirche weiteren Einfluss auf die Schule zurückerobern will. Aus diesem Grunde sende ich Ihnen hiermit eine kleine Schrift „Kannte Moses das Pulver?", die ich vor Jahren verfasste, die ich aber aus dem Verkehr zog, weil sie meine anderen Bestrebungen, die ich für wichtiger halte, hemmte. In Ihrem Kampfe mit der Reaktion werden Sie diese Schrift sehr gut verwenden können, denn bis jetzt habe ich noch keinen Fall erlebt, dass jemand nach Durchsicht der Broschüre nicht völlig von der Richtigkeit meiner Schlüsse überzeugt gewesen wäre. Mein Name müsste aber aus der Schrift entfernt werden.

In größter Hochschätzung

Ihr ergebener Silvio Gesell

* Dr. Hildegard Wegscheider gehörte von 1919 – 1921 für die SPD der verfassunggebenden preußischen Landesversammlung an und war danach SPD-Abgeordnete im preußischen Landtag.

An Reichskanzler Dr. Joseph Wirth vom 3.3.1922 aus Rehbrücke

Wie verschaffen wir der Reichsregierung die nötige Macht und Gewalt zu den durchgreifenden Maßnahmen auf finanziellem Gebiet, die zur Rettung von Staat und Volk unerlässlich geworden sind? Diese Frage stellt sich heute jeder, der die Gefahr erkannt hat, in der der Staat und mit ihm er selber schwebt.

Dass es mit Parteikoalitionen, bei denen der eine Teil nach rechts und der andere nach links zielt, nicht geht, das haben Sie uns, Herr Reichskanzler, durch Ihren wiederholt angebotenen Rücktritt klar genug gezeigt. Es ist erwiesen, dass eine kapitalistisch orientierte Regierung, die nichts anderes erstreben will noch kann als die Wiederherstellung der alten Zustände, an der Empörung der Massen, am verzweifelten Widerstand von Tausenden von Desperados in führenden Stellungen von vorn herein zum Scheitern verurteilt ist (siehe Kapp). Es ist aber auch ebenso klar erwiesen, dass das Programm dieser Massen – SPD-USDP-KPD – der Natur des Menschen widerspricht und für unsere auf Weltwirtschaft angewiesene Volkswirtschaft nicht in Betracht kommen kann (siehe Russland).

Die Linke versagt also – die Rechte versagt auch. Die Koalition versagt. Zugleich aber ist eine starke, schlagfertige Regierung nie nötiger gewesen als heute. Bedenkt man, dass unter den Koalitionsregierungen der letzten drei Jahre das Vermögen der Gläubiger im Betrag von 180 Milliarden Goldmark auf ebenso viel Papier-Mark hinab verwirtschaftet worden ist, so erkennt man, dass wir russischen Zuständen zutreiben, die für ein Industrievolk wie das unsrige den Tod bedeuten.

Das Floß, auf dem wir treiben, das Sie, Herr Reichskanzler, führen, wird uns nur noch kurze Zeit eine Zuflucht sein können. Im Mahlstrom der Valutaschwankungen und Börsendifferenzen wird dieses Floß an den Klippen von Hungerrevolten zerrissen werden. Schon jetzt wird es nur dadurch flott gehalten, dass wir in erschreckend wachsendem Maße Greise, Kranke, Kinder, Rentner zu Tausenden über Bord gehen lassen.

Wir brauchen eine starke Regierung, Herr Reichskanzler! Hie Kapitalismus – hie Sozialismus, eine Koalition mit diskrepierenden Tendenzen. Eine unlösbare Aufgabe. Es muss also, soll das deutsche Volk aus dem Engpass heraus, etwas grundsätzlich Neues geschehen – etwas, was weder Kommunismus noch Kapitalismus ist und für das die politische und wirtschaftliche Unterstützung des gesamten werktätigen Volkes gesichert werden kann.

Das in beiliegendem „Sammelruf" skizzierte und in der mitgehenden Literatur entwickelte freiwirtschaftliche, antikapitalistische Programm zeigt dieses Neue. Der „Sammelruf" zielt nicht auf eine Parteikoalition, sondern auf eine Koalition aller schaffenden, werbenden, sorgenden, aufbauenden Volkskräfte.

Und was heute noch besonders interessant ist: Er liefert in seinen richtunggebenden Grundsätzen die Elemente für ein Programm für Genua, das, wenn es mit Entschlossenheit vertreten wird, der übrigens völlig ratlosen Entente die Führung entreißen und der deutschen Regierung die Unterstützung aller freien Geister der Welt und namentlich auch aller proletarischen Organisationen sichern würde, womit dann auch die weltpolitische Situation für eine Nachprüfung des Friedensvertrags geschaffen würde.

Bei der Hinaussendung dieses „Sammelrufes" ziemt es sich, dass ich das erste Exemplar dem ersten Staatsmann des Reiches in die Hände reiche. Sollten Ihnen, Herr Reichskanzler, mündliche Erklärungen erwünscht sein, so bin ich dazu selbstredend zu jeder Zeit bereit.

Mit dem Ausdruck meiner vorzüglichen Hochachtung

Silvio Gesell

An Hildegard Wegscheider vom 22. 11. 1922 aus Rehbrücke

Sehr geehrte Frau Wegscheider!

Ich habe mir allerdings sehr viel Mühe gegeben – seit vielen, vielen Jahren -, um in die Massen etwas Verständnis für die Bedeutung des Geldwesens zu tragen. Zwar nicht ohne Erfolg, aber doch nicht mit dem heute nötigen durchschlagenden Erfolg. Darum freue ich mich ganz außerordentlich, dass Sie, sehr geehrte Frau, mir Ihre Hilfe antragen. Ich denke übrigens, dass das, was Sie zu tun in der Lage sind, genügen wird, um den Stein ins Rollen zu bringen. Es ist sonst alles zur Tat vorbereitet. Es fehlt nur die Unterstützung des Proletariats, desselben Proletariats, dem die Aktion dienen soll.

Ich werde morgen, Sonntag, den ganzen Tag zu Ihrer Verfügung sein und auch nächsten Montag. Sollte das Wetter für Sie etwa zu unwirsch werden, dann bin ich auch bereit, Ihnen nach Berlin entgegenzufahren. Morgen früh werde ich dann noch zwischen 9 und 10 telefonieren.

Mit dem Ausdruck größter Hochachtung
Ihr Silvio Gesell

An Hildegard Wegscheider vom 25. 11.1922 aus Rehbrücke

Sehr geehrte Frau und liebe Genossin im Kampfe gegen den Kapitalismus!

An die von Ihnen genannten Personen werde ich die Einladung zu der Zusammenkunft am 1. 12. gleich verschicken. Mehrere Gewerkschaften sollen schon ihre Bereitschaft erklärt haben.

Sie leisten hier einer großen vielversprechenden Sache einen mächtigen Vorschub. Fahren Sie so fort! Ich habe das Empfinden, dass es diesmal etwas wird mit der Einheitsfront des Proletariats.

Hocherfreut grüßt Sie
Ihr ergebener Silvio Gesell

An den Internationalen Gewerkschaftsbund in Haag
vom 20. 12. 1922 aus Rehbrücke

Sie erhalten mit gleicher Post ein Exemplar einer „Denkschrift für die Deutschen Gewerkschaften zum Gebrauch bei ihren Aktionen in der Frage der Währung, der Valuta und der Reparationen". Diese Denkschrift ist zwar für die augenblicklichen deutschen Verhältnisse verfasst, greift jedoch in vielen Beziehungen weit über die deutschen Grenzen hinaus. Sie finden dort positive Vorschläge zur Lösung der Währungsfrage im antikapitalistischen Sinne.

Sollte diese Schrift bei Ihnen genügend Interesse erwecken, um bei Ihnen den Wunsch aufkommen zu lassen, mehr von dieser Angelegenheit zu erfahren, so bin ich gern bereit, Ihnen einen Referenten zu nennen, der Ihnen dort den Plan in mündlicher Darstellung entwerfen wird, wie auf dem Wege der Gewerkschaften mit Unterstützung des internationalen Gewerkschaftsbundes und unter Führung desselben die Macht des Geldes gebrochen und die Valutafrage und Währungsfrage im Sinne der Arbeit und des Friedens gelöst werden kann. Sollten

Ihnen zum Studium dieser Angelegenheit noch einige Exemplare der Denkschrift erwünscht sein, so werde ich Ihnen dieselben gerne und auch kostenlos zusenden.

Veuillez Messieurs agréer l'assurance de ma parfaite considération
Silvio Gesell

An Reichskanzler Dr. Gustav Stresemann am 30.8.1923 aus Rehbrücke

Sehr geehrter Herr,

Ihre große Rede und namentlich der in ihr angeschlagene glückliche Ton in der Reparationsfrage ermuntert mich, Ihnen das anliegende Heft ‚Die Freiwirtschaft' zu übersenden und Ihre Aufmerksamkeit auf die die Reparationsfrage behandelnden ersten beiden Artikel zu lenken. Ich mache Sie besonders auf die Tatsache aufmerksam, dass die einflussreiche große Zeitung ‚L 'Eclaireur du soir' meine Vorschläge als Erfolg versprechend bezeichnet und fördert und dass auch bereits der ‚Temps' (Paris), von der Redaktion des ‚L'Eclaireur du soir' angeregt, ähnliche Vorschläge macht. Das Warten auf die Revision des Versailler Diktates hat uns bereits viel mehr geschadet als die weitestgehende Revision uns nutzen könnte, wie auch die in England noch herrschende und in Amerika jetzt überwundene Arbeitslosigkeit beiden Ländern mehr geschadet hat als der Gesamtbetrag der von Deutschland erwarteten Reparationen ausmacht. Der von mir gemachte Vorschlag würde uns ermöglichen, ganz auf alle Revisionen des Vertrages zu verzichten und diesen unter erträglichem Druck nach dem Buchstaben zu erfüllen, wobei die Nebenerscheinung zur Hauptsache wird, nämlich dass die Weltwirtschaft sofort wieder in Vollbetrieb kommen würde.

Mit vorzüglicher Hochachtung
Silvio Gesell

An den Reichsbankpräsidenten Dr. Hjalmar Schacht vom 30.12.1923 aus Rehbrücke

Sehr geehrter Herr,

es dürfte für die Führung Ihres Amtes bedeutsam sein, über eine Lösung der Valutafrage rechtzeitig unterrichtet zu werden, die jetzt in Frankreich in Angriff genommen worden ist und worüber die beiliegende Abschrift eines mir zugegangenen Zirkulars Aufschluss gibt.

Die Lösung entspricht in allen Einzelheiten den Vorschlägen, den ich selbst der deutschen Regierung vor nunmehr drei Jahren machte, auf den aber bis zur Stunde in keiner Weise reagiert wurde. In den anliegenden Schriften, die ich hiermit der Bibliothek der

Reichsbank stiften möchte, werden Sie den Vorschlag von vielen Seiten aus beleuchtet finden. Über das Spiel einer internationalen Währung werden Sie in der gleichfalls beiliegenden Broschüre „Das Monopol der Schweizerischen Nationalbank" Beachtenswertes finden. Sollten Sie, um Zeit zu gewinnen, sich lieber einen Vortrag halten lassen über das in Rede stehende System, so bitte ich Sie, sich an den Geschäftsführer des Freiwirtschaftsbundes, Herrn Hans Timm in Berlin, Rosenthaler Str. 40-41 zu wenden. Auch gestatte ich mir, Sie bei dieser Gelegenheit auf die Tagung des Freiwirtschaftsbundes aufmerksam zu machen, die am 9. Januar im Herrenhaus beginnt und wo man sich gründlich mit der Währungs- und Valutafrage beschäftigen wird.

Die Währungs- und die Valutafrage verlangen eine synchronische Lösung und die besondere Lage Deutschland verlangt eine schnelle Lösung. Von Ihrer Seite könnte der Lösungsprozess dadurch außerordentlich beschleunigt werden, dass Sie Ihren Einfluss benutzten, um die deutsche Presse zu einer allgemeinen Besprechung des im Zirkular gemachten Vorschlages zu veranlassen. Noch besser wäre es, wenn Sie offiziell eine Kommission zur Prüfung des Vorschlages bestellten. Die Vorgänge im Rheinland zeigen, wie viel mit der ungelösten Währungs- und Valutafrage auf dem Spiel steht.

Mit vorzüglicher Hochachtung
Silvio Gesell

An Prof. Dr. Irving Fisher vom 10. 3. 1929 aus Eden-Oranienburg

Sehr geehrter Herr Prof. Fisher!

Ich erhielt vor einiger Zeit Ihren freundlichen Brief und Ihr neues, überaus wertvolles und nötiges Werk. Da ich so gut wie alles unterschreiben kann, was in dem Buch gesagt ist und mit der hier geübten Deutlichkeit gesagt werden muss, so werde ich auch noch sehr oft die Gelegenheit haben, das Buch zu empfehlen.

Sie mögen vom propagandistischen Standpunkt aus betrachtet recht gehabt haben, als Sie es ablehnten, selber positive Vorschläge für die Lösung der von Ihnen aufgezeichneten Aufgabe zu machen. Meisterhaft haben Sie es verstanden, dem intelligenten Leser implizit die Lösung zu zeigen. Da es aber nur auf diese intelligenten Leser ankommt, so erreichen Sie Ihr Ziel, ohne die Masse der Leser unnötigerweise vor den Kopf zu stoßen. Ich habe mich also über Ihr Werk gefreut und danke Ihnen herzlich für die freundliche Übersendung.

Mit heutiger Post sende ich Ihnen Heft 3 des „Freiwirtschaftlichen Archivs", worin im Artikel „Der Wertgedanke" Ihr Name wiederholt genannt wird. Sie werden sehen, dass ich im Gebrauch des Wortes ‚purchasing power' eine Gefahr erblicke, eine neue Quelle für eine neue money illusion. Der Wertgedanke (das sogenannte Wertproblem) ist nie etwas anderes gewesen als der wissenschaftliche Ausdruck der populären money illusion. Dieser Wertgedanke ist nun glücklicherweise zu Tode kritisiert worden. Niemand arbeitet noch mit diesem Gedanken. Und damit ist die Bahn frei geworden für neue fortschrittliche Forschung. Ich selbst habe den Wertgedanken schon vor über 30 Jahren bekämpft und meine Freude war groß, als ich ihn so nach und nach verschwinden sah aus der Literatur. Sie werden es darum begreifen, wie es mich betrüben würde, wenn der Wertgedanke und die auf ihm

195

beruhenden money illusions im Gebrauch des Ausdrucks ‚purchasing power' wieder Wurzel schlagen würden.

Es würde mich außerordentlich freuen, wenn Sie Gelegenheit nähmen, im „Freiwirtschaftlichen Archiv" Ihre Gedanken zu meinen Betrachtungen zu veröffentlichen.

Mit dem Ausdruck meiner vorzüglichen Hochachtung bin ich
Ihr ergebener Silvio Gesell

An Anna Boettger-Gesell vom 31. 12. 1929 aus Eden-Oranienburg

Allerliebste Boettgersanna,

die schönen Tage um Weihnachten herum sind nun vorüber. Und morgen können wir uns an den Silvesterfestlichkeiten erholen, wenn wir dazu Lust verspüren. Ich kenne diese Festlichkeiten leider nicht; so werde ich mich zu Bett legen und das neue Jahr schlafend seinen Einzug halten lassen. Ich weiß nicht, ob Anita Dir über die Weihnachtsfreuden berichtet hat. In einem Hause mit so vielen Kindern hat die Weihnachtsfeier einen wirklichen Sinn. Und man freut sich, mittenmang Jugenderinnerungen aufzufrischen.

Eine große Freude hast Du mir mit Deinem Bild gemacht. Ich finde, es ist die beste Fotografie, die ich nicht nur von Dir, sondern überhaupt gesehen habe. Kein Künstler hätte die Stimmung und die „Seele" so ausgezeichnet herstellen können, wie es hier der Knipser getan hat. Abgeklärte Lebensanschauung. Manchmal gelingt es mir, hinter den Augen des Bildes auch noch die aus der

196

Braunschweiger Zeit hervorleuchten zu lassen, und dann erlebe ich eine doppelte Freude. Es sind über 40 Jahre her. Wie stark solch ein Blick sich einprägt! Und dann denke ich an die Zeit, wo Dein Bild auf meinem Schreibtisch in der Calle Tucumán No. 303 stand und ich auf die Ankunft vom Dampfer ‚Ohio' wartete. Es war eine schöne Zeit und eine solche Zeit erlebt man nur einmal. Sage Tutti, dass ihre Mitarbeit am Gelingen des Bildes sichtbar ist und dass sie ihre Sache wirklich gut gemacht hat. Wie wird sich auch der Carlos Idaho freuen, wenn er das Bild erhält. Ich bin Tutti sehr dankbar für das schöne Weihnachtsgeschenk.

Nun wirst Du sicherlich schon über Fridolins Reise Nachrichten haben. Hoffentlich ist die Reise gut verlaufen. Hoffentlich findet er eine gute Unterkunft da an der Riviera für die ganze kleine Familie und auch für Dich. Es ist recht nett von ihm, dass er Dich in Zürich abholen will. So wirst Du die Reise mit doppelter Ruhe antreten und mit doppeltem Genuss durchführen. Und dann wollen wir hören, was er von Deiner Reise nach dem La Plata sagt. Ich selbst bin alle Tage mehr entschlossen, in die Binsen zu gehen. Es ist mir, als ob jede einzelne Binse mit einem elektrischen Funken an der Spitze mich anzöge. Ich bereite meine Sachen so langsam vor. Dann verbrenne ich eine Menge Papiere, damit sich nachher niemand damit herumplagt, und heize den Ofen mit Büchern. Wenn es kälter wäre, würde diese Arbeit schneller vonstatten gehen. In der Vernichtung liegt die göttliche Ordnung. Das hat Annedore auch schon begriffen. Das Haus ist seitdem in musterhafter Ordnung. Vielleicht kostet diese Ordnung etwas mehr Geld.

Heute haben wir herrliches Wetter. Sonne, wirklicher Sonnenschein. Nicht ganz wie in Les Hauts Geneveys, aber ähnlich. Und auch nur minutenweise. Aber man überzeugt sich wenigstens, dass die Sonne noch da ist.

Adiós, meine liebe Boettgersanna. Sei herzlich zum neuen Jahr begrüßt und auch die Mölikaters und Fridolin, wenn er dort auftaucht.

Dein Alterle

An Prof. Dr. Irving Fisher vom 2. 2. 1930 aus Eden-Oranienburg

Sehr geehrter Herr!

Erst heute bin ich in der Lage, Ihnen, sehr geehrter Herr, für das Werk, das Sie mir schickten, meinen Dank in der Form auszudrücken, wie ich es mir vorgenommen hatte, nämlich in Gestalt einer gut gelungenen englischen Übersetzung meines Buches „The Natural Economic Order", translated by Philip Pye M.A. Ich glaube, Ihnen mit diesem Werk eine Freude zu bereiten, denn Sie werden sehen, dass hier die Forderungen, für die Sie schon so lange und so tapfer kämpfen, vielleicht mit anderen Worten, mit anderen Gedanken, mit anderen Argumenten, aber doch mit gleicher Unbeugsamkeit gestellt werden.

Wenn die Organisationen, die sich hier in Deutschland für die Verwirklichung der in der NEO besprochenen Reformen gebildet haben, sich besonders in letzter Zeit mit erfreulicher Virulenz entwickeln, so dürfte das nicht zum geringsten Teil auf die Unterstützung zurückzuführen sein, die diese Reformen in wesentlichen Teilen durch Ihre Arbeiten erfahren haben. Und mir scheint, dass Ihre bahnbrechenden Arbeiten nirgends so offene und freudige Anerkennung gefunden haben wie hier.

Genehmigen Sie, hoch geehrter Herr, den Ausdruck meiner vorzüglichen Hochachtung
Silvio Gesell

An Prof. Dr. Frederic Soddy vom 8. 2. 1930 aus Eden-Oranienburg

Sehr geehrter Herr!

In einer Ihrer Schriften über das Geldwesen nannten Sie auch meinen Namen in einem mich ehrenden Zusammenhang. Es beunruhigt mich aber der Gedanke, dass Sie Ihr Urteil über meine Leistungen wahrscheinlich aus Briefen, die Freunde meiner Reformvorschläge an Sie gerichtet haben mögen, gebildet haben und dass Sie, wenn Sie meine Arbeiten im Zusammenhang und auch in Ihrer Muttersprache vorgelegt bekommen, aus irgendwelchem Grunde Ihre Äußerung bereuen möchten. Diese

Beunruhigung wächst sich aber jetzt zu einem Unbehagen aus, wo der Übersetzer, Mr. Philip Pye M.A., Ihren Namen zu Reklamezwecken für das Buch verwendet, allerdings nur in Form eines Zitates aus Ihren Werken.

Ich möchte Sie also bitten, sehr geehrter Herr Soddy, das Buch „The Natural Economic Order", sobald Sie Zeit dazu finden, durchzulesen. Und wenn Sie dann glauben, alle die warnen zu müssen, die Ihr Name in der Reklame anlocken könnte, so teilen Sie mir das bitte mit, damit ich entsprechend handeln kann. Ich werde dann die Seite mit den „References" ausmerzen lassen. Das Buch geht Ihnen heute durch die Post zu. Sollte ich keine Antwort erhalten, dann nehme ich an, dass Sie mit den „References" einverstanden sind.

Genehmigen Sie, sehr geehrter Herr Soddy,
den Ausdruck meiner vorzüglichen Hochachtung
Silvio Gesell

.

Kapitel Nr. 17 - „Proletarische Hoffnungen und Aktionen"

Originaltext Silvio Gesell: Geschrieben im Winter 1917/1918

Vorwort

Die sozialen, wirtschaftlichen Einrichtungen sind Menschenwerk. Der Mensch entwickelt sie vorwärts oder rückwärts, je nach den Wünschen und nach der Erkenntnis der jeweiligen Machthaber, wie das schon aus den Parteibenennungen Konservativer, Reaktionär, Sozialist, Anarchist usw. hervorgeht. Eine gesetzmäßig und automatisch sich vollziehende Entwicklung, wie man sie in der Natur beobachtet, gibt es hier nicht. Der Glaube an die Entwicklung des kapitalistischen Staates zum sozialen Gebilde ist ein Märchen. Der Mechanismus, der zum Kapitalismus führt, muss zerstört werden. Und diese Zerstörung erfordert eine Tat. Solange diese Tat nicht getan wird, ist alles vertan, was die Arbeitenden aller Stände und Berufe tun werden.

1 Proletarische Hoffnungen

1.1 Die Hoffnungen auf den Weltkrieg

Als der Krieg ausbrach, witterten einige Sozialisten Morgenluft. Wo sollte es jetzt losgehen? Natürlich dort, wo der „Kapitalismus" am weitesten fortgeschritten war. In England? In Deutschland? Wahrscheinlich in Frankreich, wo ja schon die eine Hälfte des

Volkes ganz, die andere halb von Renten lebte – denn die „Entwicklung des Kapitalismus" misst man an der Zahl und am Gewicht der Rentner (Rentiers). Dort, wo die Masse des Volkes, die überwältigende Majorität, aus Rentnern (Rentiers) bestand, da musste es zuerst losgehen.

Aber die Proletarier rebellierten nicht. Die wenigen, die es versuchten, sind still, ohne Sang und Klang hinter Gefängnismauern um die Ecke gebracht worden. Wenigstens hat man von solchen Rebellionen nichts gehört. Der Ruf „Proletarier aller Länder, seid einig" verhallte im Waffengeklirr. Dafür aber wurde das Kommando der Offiziere „Proletarier aller Länder, schießt euch gegenseitig tot" mit Kadavergehorsam ausgeführt. Viele Führer der Proletarier stießen zuletzt am lautesten ins Kriegshorn.

Die Morgenluft verwehte; geblieben ist vom Internationalismus der Katzenjammer des Bewusstseins, eine traurige Rolle gespielt zu haben. Wer die Macht richtig einzuschätzen wusste, die dem Staate das Nachrichtenmonopol verschafft, der wusste, dass es so kommen würde. Die Zensur modelte die Geister, wie der Staat sie brauchte, und die Flintenläufe nahmen automatisch die Richtung, die man den Geistern mit Hilfe von Lug und Trug gegeben hat. Alle Hoffnungen, die der Proletarier auf den Krieg gesetzt hatte, waren dahin.

Und es ist fast gut, dass es so gekommen ist. Vom Kriege dürfen und wollen wir nichts Gutes erwarten, auch keine Morgenluft. Ungeziefer, Seuchen, Hunger soll uns der Krieg bringen, keine soziale Umgestaltung. Aus besudelten und bluttriefenden Händen wollen wir die Befreiung nicht annehmen. Ceres, nicht Mars soll die

Grundmauern des Staates legen. Wir hassen den Krieg, selbst wenn er uns beschenken will. Die Befreiung ist eine Kulturtat und Kultur kann uns nur der Friede bringen. Der Friede bereitet die Geister für die Freiheit vor, er zerfrisst sicher und schnell die Ketten. Er schafft die stolzen Männer, die keine Ketten sehen wollen, weder bei sich noch bei anderen. Ja, gerade bei den anderen nicht. Der Krieg verdirbt diese Männer. Ein Tag, ein einziger, dem die Menschen im Kriegsgeist verlebt hatten, genügte, um das geistige Werk von Jahrzehnten zu vernichten. Noch bevor der Hahn kräht, bevor noch ein Schuss abgegeben, hatten die Proletarier aller Länder sich gegenseitig verraten.

1.2 Die Hoffnungen auf die Weltrevolution

Aber den Russen hat doch der Krieg die Revolution ermöglicht. Ganz recht. Was die Russen jetzt haben, ist eine Frucht des Krieges. Sie sieht auch danach aus. Ein Schritt vorwärts auf der ... kapitalistischen Bahn. Das ist der Erfolg. Ein Agrarstaat, wo der Großgrundbesitz zerschlagen und die Stücke unter die Bauern verteilt werden. Wie der Mantel Christi unter die Soldaten. Und diese Bauern halten ihre Stücke jetzt fest. Mit vier Ochsen kann man den russischen Bauern jetzt nicht mehr von ‚seiner' Scholle reißen. Die Pest des Privatgrundbesitzes hat jetzt in Russland das ganze Volk ergriffen und Wurzeln geschlagen. Was die Schweizer Bauern haben, das haben jetzt die russischen Bauern auch und sie werden auch bald alles haben, was dazu gehört – Hypothekenbanken, Agrarpolitik und den Gegensatz zur Industriebevölkerung. Wer in Russland geistig oder physisch unfähig ist, eine Bauernwirtschaft selbstständig zu leiten – und das ist überall ein großer Teil des Volkes - , oder wer Unglück hat, wer viele Erben hinterlässt, dessen Acker geht der Familie mit absoluter Sicherheit verloren, der verfällt dem Proletariat, wie in der Schweiz. Es werden keine 50 Jahre verstreichen, da wird das russische Land nur mehr dem Namen nach den Bolschewiks gehören, sachlich gehört es dann den Hypothekengläubigern, die in der Hauptstadt die Renten verprassen. Dann werden die russischen Bauern von der „Not der Landwirtschaft" reden, über die Forderungen der Lohnarbeiter schimpfen, die die „herrlichen Zeiten" der Leibeigenschaft zurück wünschen werden. Und um die aufsässigen Knecht in der Macht zu behalten, werden die von den Hypotheken ausgeplünderten Bauern die Wiedereinführung der Staatskirche und Staatsschulen fordern, wo man die Kinder der Knechte zu unterwürfigen, bescheidenen, fleißigen Haustieren heranbildet – wie in der Schweiz. Der soziale Druck geht eben, wie das Wasser, immer bergab. Von den Rentnern (Rentiers), den Hypothekengläubigern, geht er aus auf die Bauern, die ihn auf die Knechte abzuwälzen suchen – dem Gesetze des geringsten Widerstandes folgend.

Die Bolschewiks haben das Privateigentum dort eingeführt, wo sie es hätten abschaffen müssen; dafür haben sie es abgeschafft, wo sie es hätten erhalten und sichern müssen, nämlich in der Industrie.

Um die Freiheit und Selbstständigkeit des Mannes zu begründen, zu sichern und überhaupt zu ermöglichen, muss der Boden mit allen Rohstoffen als unveräußerliches Volkseigentum erklärt und parzellenweise der privaten Bewirtschaftung in Pacht übergeben werden. Damit wird jede Möglichkeit der Ausbeutung ausgeschaltet, jede Trustbildung, jedes Monopol gebrochen. Die Unveräußerlichkeit des Bodens, die öffentliche Verpachtung ist das einzig wirksame Mittel, um die Massen vor Knechtschaft, Pauperismus und Ausbeutung zu sichern, um auch dem unselbstständigen Knecht das Recht auf den vollen Arbeitsertrag zu sichern. Auf freiem Boden allein kann ein freies Volk stehen. Und die Freiheit gehört zu Arbeit – nur unter freien Männern gedeiht sie. Staatsbetrieb ist Staatsknechtschaft und von Knechten können wir nur Knechtsarbeit erwarten. Staatsbetrieb ist Unsinn. Unzählige Versuche haben das erfahrungsmäßig auch denen klar gemacht, die sich theoretisch nicht belehren lassen. Warum das so ist? Weil die Privatwirtschaft auf dem Selbsterhaltungstrieb, der Staatsbetrieb oder Kommunismus auf dem Arterhaltungstrieb gründet und weil der Selbsterhaltungstrieb als der primäre stärker ist als der sekundäre Trieb der Arterhaltung. Der Arterhaltungstrieb ist ja nur erweiterte Selbsterhaltung, ein Mittel, das Ich zu erhalten. Der Weitsichtige ist Altruist aus Egoismus. Der Kurzsichtige, der die zusammenhänge nicht überblickt, ist nur Egoist – und das ist die große Masse. Die große Masse liefert darum auch immer schlechte Kommunisten. Helden sind selten. Und der Mann muss ein Held sein, der sich als Kommunist bewähren will. Darum, aus diesen natürlichen Gründen muss eine Wirtschaft, die mehr mit den altruistischen als mit den egoistischen trieben rechnet, um so viel schwächer sein als die Privatwirtschaft, wie der Altruismus als Kraftquelle schwächer ist als der Egoismus. Wer für sich, unmittelbar für sich arbeitet, arbeitet besser, intensiver und namentlich intelligenter als der, dem die Frucht der persönlichen Arbeit nur auf dem weiten Umweg des Gemeinwohls zugute kommt. Das zeigt auch schon die Arbeit bei Stücklohn und

Tagelohn, das zeigt die Art, wie der Staatsbeamte und der Privatmann das Publikum bedient. Das zeigt die Tatsache, dass die tüchtigen Arbeiter immer den Lohnkommunismus abgelehnt haben. Den Privatarzt (Egoisten) weckt eine Hausschelle aus dem tiefsten Schlaf – um einen Staatsarzt (Altruisten) zu wecken, muss man schon die Feuerglocke läuten. Dann kommt er mürrisch und zu spät.

Auch in Russland ist es so. Auch den russischen Kommunisten und Altruisten braucht man nur zu kratzen – dann schaut gleich der Egoist hervor. Darum leistet auch in Russland der industrielle Kommunismus nicht das, was der Privatbetrieb in den anderen Ländern leistet. Wenn nur das Experiment den Russen nicht noch die staatliche Selbstständigkeit kostet! Denn die Welt gehört nun mal denen, die nach dem leistungsfähigsten System arbeiten. Leistung ist Macht – wer in der Leistung ins Hintertreffen kommt, verliert seine Selbstständigkeit.

1.3 Die Hoffnung auf die „Konzentration des Kapitals"

Eine andere, ebenso trügerische sozialistische Hoffnung ist die erwartete Konzentration des Kapitals (die nicht mit Kapitalvermehrung zu verwechseln ist) in immer weniger Händen, womit dann eine entsprechende Vermehrung des Proletariats und proletarischer Wahlzettel einhergehen werde. Diese Konzentration des Kapitals, so sagt man, gehe gesetzmäßig vor sich, ohne dass der Mensch direkt daran mitwirkt, so dass das Proletariat ebenfalls gesetzmäßig zur Ausschlag gebenden Partei heranwachsen müsse.

Automatisch als unabwendbares Geschick müsse dem Proletariat die Übermacht zufallen, trotz etwaigen Gebärstreiks der Proletarierinnen und der großen Sterblichkeit in den Proletarierfamilien. (Seine etymologische Bedeutung hat das Wort Proletariat längst verloren.) Dann setzt die Diktatur des Proletariats ein, dann spielt das Proletariat mit dem Kapital wie die Katze mit der Maus. Der Proletarier braucht sich nur unter den Baum zu legen, dann fällt ihm der Zukunftsstaat in Form des Wahlzettels als reife Frucht in den Mund. (Die Frage, ob die Kapitalisten in der schweizerischen Demokratie so ganz einfach vor der Wahlurne kapitulieren würden, mögen andere beantworten.)

Sehen wir uns auch diesen Glaubensartikel näher an. Manche Tatsachen widersprechen ihm, Tatsachen, die wir alle kontrollieren können. Da ist z.B. das Bodenkapital, das durch die regelmäßig vor sich gehenden Erbschaftsteilungen eher zentrifugalen als zentripetalen Kräften ausgesetzt ist. Durch das Erstgeburtsrecht und durch Fideikommisse suchte man früher der Pulverisierung des Bodenkapitals entgegenzuwirken. Heute erstrebt man dasselbe Ziel durch Schutzzölle, deren Kosten das Proletariat zahlen soll. Das sind doch keine Zeichen einer gesetzmäßig und automatisch vor sich gehenden Konzentration. Heute sind die Bauern nur mehr dem Namen nach Eigentümer des Bodens; die eigentlichen Besitzer sind die Inhaber der Hypotheken und Pfandbriefe. Den Grundbesitz darf man darum heute nicht nur auf dem Lande suchen, sondern in den Tresoren der Banken. Auf 1000 Grundbesitzer gibt es vielleicht 5000 Pfandbriefbesitzer. Wo ist da die Konzentration?

Dabei ist das Bodenkapital seiner Natur nach verhältnismäßig leicht zu verwalten und erfreut sich außerdem noch besonderer Sympathien der Gesetzgeber (siehe die agrarische Gesetzgebung in allen Ländern, die nichts anderes ist als eine künstliche Verlangsamung des natürlichen Zerfalles des Bodenkapitals!). Und wenn es so mit dem Hauptkapitalstück, dem Boden, steht, warum soll es mit den anderen Kapitalien anders sein?

Die Erbschaftsgesetze, die das Bodenkapital zerzetteln, tun dasselbe auch mit den übrigen Kapitalien. Bernstein war's, der für nötig hielt, es einmal in gründlicher Weise zu zeigen, dass die heutigen Riesenbetriebe an sich durchaus kein Beweis der Kapitalkonzentration seien, insofern als die Aktien dieser Unternehmungen in vielen Händen zu sein pflegen. (Eduard Bernstein, Die heutige Einkommensbewegung) Zuweilen sind die Arbeiter selber Besitzer solcher Aktien. (Die Goldminenaktien Afrikas lauten vielfach auf 1 Pfund = 25 Franken). Sicher werden bei den Wahlurnen die Riesenwerke nicht von einzelnen Personen, sondern von Millionen von Aktionären verteidigt. Und den Großgrundbesitz verteidigen dort die Pfandbriefbesitzer, die unter Umständen zahlreicher sein mögen als das den Großgrundbesitz bearbeitende Proletariat.

Aber abgesehen hiervon! Nehmen wir einmal an, eine Kapitalkonzentration fände wirklich statt, und zwar gesetzmäßig und in der von den Proletariern erhofften Progression, so wird man immer noch sich fragen müssen, ob die Kapitalisten solche für sie zur politischen Gefahr werdende Konzentration nicht selbst wieder sabotieren und verhindern werden? Wer hindert sie denn daran, durch Erbschafts- und Steuergesetze der weiteren Proletarisierung der Volksmassen entgegenzuwirken? Sicher werden es die Sozialdemokraten nicht sein, die sie daran hindern werden, denn gerade sie fordern immer wieder die progressive Einkommenssteuer! Diese Steuer ist aber das gegebene Mittel, die Kapitalkonzentration in der für den Fortbestand der kapitalistischen Herrschaft nötigen Grenze zurück zu dämmen. Wie die Kapitalisten durch den Schutzzoll den Grundbesitz zu retten versuchten – so werden sie im entgegen gesetzten Fall durch Importprämien den Grundbesitz zerschlagen, falls sie das für ihre Herrscherstellung für nötig halten. Nötigenfalls verschenkt der Kapitalist einen Teil seiner Habe an Proletarier und verwandelt diese so in eine politische Schutztruppe. Wenn der König von England ein Gesetz durchdrücken will, so bedient er sich dazu des sogen. Pair Schub (Pair Schub: das Recht der Krone, eine Anzahl von Pairs willkürlich zu ernennen, um der Regierung die Majorität in der ersten Kammer zu sichern). Und wenn die Kapitalisten sich die Macht sichern wollen, so werden sie sich desselben Mittels bedienen. Mit einer Aktie, einem Sparkassenbuch, einer unentgeltlichen Grabstätte kann man zu jeder Zeit die Pairs von links nach rechts schieben und Rot in Gelb verwandeln.

Man wird vielleicht sagen, dass die Kapitalisten zu kurzsichtig seien für solche Politik der Selbstverstümmelung, dass der Kapitalist blindlings sein Ziel, die Vergrößerung „seines" Besitzes verfolgen wird. Da wären z.B. die amerikanischen Milliardäre. Doch da unterschätzt man den Weitblick dieser Klasse. So lange das ganze Volk dem Dollar nachjagt, wissen Morgan und Konsorten, dass sie nichts zu fürchten haben. Sie haben mit ihren Milliarden die Presse, sogar die Hochschulen und die Kirchen. Da hat es vorläufig keine

Gefahr. Der Kampf gegen die Fideikommissbildung, das Interesse derselben bürgerlichen Kreise für den Kleingrundbesitz (small holdings in England) entspringen diesem kapitalistischen Selbsterhaltungstrieb. Und im Übrigen erinnere man sich hier des Ausspruches des Zaren Alexander II.: „Entweder revolutionieren wir von oben oder die Mujiks tun es von unten; entweder geben wir den Mujik freiwillig (?) einen Teil unseres Grundbesitzes oder die Mujik nehmen sich das Ganze."

Dieser Ausspruch zeugt am besten für die Aussichtslosigkeit der auf die Kapitalkonzentration sich stützenden proletarischen Hoffnungen. Die Kapitalkonzentration wird – wenn sie vor sich gehen sollte – niemals die Grenze politischer Gefahr überschreiten. Der Kapitalist wird diese Entwicklung immer selber sabotieren; das Proletariat wird immer in der Minderheit gehalten werden.

Ein anderes, höchst wirksames Mittel, die Kapitalkonzentration immer und immer wieder zu sabotieren, haben die Kapitalisten in den Währungspfuschereien zur Verfügung. So war in den Jahren 1875 – 1885 durch Einführung der Goldwährung der verschuldete Grundbesitz in höchste Not geraten und die Gefahr lag nahe, dass der Boden in seiner Gesamtheit unter den Hammer kommen würde. Dann hätte sich wiederholt, was sich im alten Rom ereignete, als die Silberbergwerke Spaniens, die den Stoff für die Geldfabrikation der Römer lieferten, erschöpft waren und wegen Mangel an Geld die Preise der landwirtschaftlichen Produkte so weit sanken, dass die Bauern die Hypotheken nicht mehr verzinsen konnten. Damals wurde in Rom in Folge dieser Währungsnöte der Boden zu Latifundien zusammen gewuchert. Da man in jener Zeit das Papiergeld noch nicht kannte, auch solches ohne die

Buchdruckerfindung nicht hätte machen können, und auch damals die Goldproduktion zugleich mit der des Silbers versagte – so blieb den Römern nichts anderes übrig als dem „Kladderadatsch" tatenlos zuzusehen. Mit jener Latifundien Bildung (Kapitalkonzentration) ging Rom und das Kapital fast spurlos zu Grunde.

Was taten nun die Agrarier in Deutschland, Frankreich und Nordamerika, um der drohenden Gefahr der Latifundien Bildung zu begegnen? Sie forderten die Rückkehr zum Bimetallismus und erreichten wenigstens, dass die Liquidation der Silbermünzenbestände aufgehoben oder wenigstens verzögert wurde. (Noch heute sind die Fünfliber im Umlauf, ebenso die Silbernoten der Vereinigten Staaten). Daneben setzten sie Sperrzölle durch für alle landwirtschaftlichen Produkte – die wenigstens vorübergehend helfen sollten und auch halfen. So gelang es ihnen, den weiteren Rückgang der Preise zu verhindern, bis im Jahre 1890 die ungeheuren Goldfunde in Afrika dem Preisrückgang und damit der Not der Grundbesitzer ein Ende machten.

Heute brauchen die Kapitalisten keine Doppelwährung, keine Sperrzölle und dergleichen mehr, um die Preise auf gewünschter Höhe zu halten. Sie haben gelernt, Geld aus Papier zu machen und damit verfügen sie über ein unfehlbares Mittel, die Kapitalkonzentration zu jeder Zeit zu sabotieren und sich dadurch ewig die Majorität zu erhalten. So hat z.B. die Nationalbank seit Beginn des Krieges ihren Notenumlauf verdoppelt und dadurch alle Preise willkürlich in die Höhe getrieben.

Die Bauern, Handwerker, Unternehmer, Kaufleute sehen, dass durch diesen einfachen Streich ihre Aktiva (Viehherden, Acker, Waren, Häuser, Maschinen usw.) sich verdoppelt haben, während ihre Passiva (Hypotheken, Wechsel, Obligationen, Schuldscheine usw.) unverändert blieben. Sie sehen, dass sie so 50 Prozent ihrer Schulden losgeworden sind. (Im Grunde genommen die uralte mosaische Sabotage der Kapitalkonzentration; ein Jubeljahr auf 50% herabgesetzt.) Da nun fast das gesamte Kapital eines Landes bei der ausgedehnten modernen Kreditwirtschaft die Form von Geldforderungen genommen hat, so kann man sagen, dass durch die genannte Kapitalsabotage der Nationalbank die Hälfte des gesamten Kapitals von den Gläubigern auf die Schuldner übergegangen ist. Es ist also eine Kapitalzersplitterung größten Stils, die die Nationalbank nach Belieben fortsetzen und wiederholen kann, wenn es aus politischen Gründen ratsam erscheint, der Proletarisierung der Volksmassen Halt zu gebieten. Wer die Währung beherrscht, kann zu jeder Zeit und in beliebigem Umfang Pairschub vornehmen und seinem Anhang so die Macht erhalten.

Der Kapitalist ist also wie die Bakterie stets und in fast beliebigem Umfang teilbar. Der Proletarier aber ist unteilbar.

Ein Milliardär kann zu jeder Zeit in 50.000 Miniatur-Rentiers von je 1000 Franken Einkommen zerlegt werden. Wirtschaftlich ist das für das Proletariat gleichgültig, wie es dem Schafe gleichgültig ist, ob es vom Wolf oder den Räudemilben gefressen wird. Politisch ist es jedoch nicht einerlei, ob eine Milliarde Kapital bei den Wahlurnen von einem Milliardär oder von 50.000 kleinen Rentiers vertreten wird. Auch darf hier nicht vergessen werden, dass bei der gewaltigen Produktionskraft des mit modernen Maschinen ausgerüsteten und geschulten Arbeiters (Ausdruck aus dem Erfurter Programm) ganz gut einmal eine Zeit kommen kann, wo das heutige Verhältnis zwischen der Zahl der Arbeiter und Rentiers auf den Kopf gestellt und auf jeden Arbeiter mehrere, wenn auch nur kleine Rentiers (wie in Frankreich) kommen werden, wo das Wort „die große Masse" sich auf die Schmarotzer beziehen wird. Wie könnte in solchem Falle der Arbeiter dann noch durch den Wahlzettel zur Herrschaft kommen?

Proletarier, die ihr vom Wahlzettel die Vormacht erwartet! Es ist ein Traum! (Dass die Wahlzettelpolitik Unsinn ist, haben auch schon die norwegischen Minderheitssozialdemokraten erkannt und erklärt. Sie sagen in ihrem Beschluss: Die Sozialdemokratie kann das Recht der besitzenden Klassen, die Arbeiter auszubeuten, nicht anerkennen, selbst wenn sich dieses Recht auf eine Majorität in der Gesetzgebung stützt! La Sentinelle 10/4 1914. Mit dem Majoritätsschwindel wird das Proletariat ewig ausgebeutet werden.)

1.4 Die Anziehungskraft des Zukunftsstaates auf die nicht-sozialistischen Arbeiter.

Der Proletarier hat so oft von der großen wimmelnden grauen Masse gehört, dass er sich für unüberwindlich hält. Doch überschätzt er seine Zahl und damit auch seine Macht. Sie ist gar nicht so groß im Vergleich zu den Volkselementen, die sich nicht zu den Proletariern rechnen. Ja, wenn alle die, die sich im Schweiße ihres Angesichts ihr Brot verdienen müssen, geschlossen gegen den gemeinsamen Feind – den Zinsbezüger – vorgingen, dann brauchten sie ja nicht einmal politisch die Mehrzahl zu sein, um ihren Willen durchzusetzen. Was könnten die Zinsbezüger tun, wenn alle die, die arbeiten, sich gegen sie wendeten? Deshalb ist es ja auch ganz richtig, wenn der Arbeiter singt:

„Alle Räder stehen still, wenn dein starker Arm es will!"

Was will der Rentier, wenn alle Räder still stehen? Als Arbeiter im Sinne dieses „starken Armes" müssen wir aber nicht allein den eigentlichen Lohnarbeiter betrachten, sondern alle, die nicht von Zinsen leben – also die Bauern, Kaufleute, Beamten, Ingenieure, Chemiker, Baumeister, Künstler, Geistliche, Lehrer, Ärzte - kurz jeder, der nur dann essen kann, wenn er arbeitet. Nur dann, wenn es gelingt, alle diese Arbeiter unter einen Hut zu bringen, werden auf das Kommando „Stillgestanden" alle Räder auch wirklich still stehen.

Und wie sieht es nun mit der Anziehungskraft aus, den der proletarische Zukunftsstaat auf die „Arbeiter" ausübt? Das Programm des Zukunftsstaates müsste m.E. von Leuten entworfen werden, die einen Einblick in das Leben und Treiben der Menschen geworfen haben, die sich heute ihr Leben in Freiheit gestalten können. Denn der Zukunftsstaat soll doch ein Fortschritt sein. Das Leben im Zukunftsstaat soll frei, schön, sorglos sein – aber was weiß der Arbeiter heute aus persönlicher Erfahrung, was ein schönes, freies Leben ist? Wenn jemand zum Baumeister des Zukunftsstaates berufen wäre, so müsste das m.E. eher der Rentier sein. Das Leben, das dieser heute führt, mit den „Beschränkungen", die die Arbeit mit sich bringt, das sei das Leben aller – im Zukunftsstaat.

Das höchste Gut ist die Unabhängigkeit, die Freizügigkeit, die Selbstverantwortung. Wer diese Güter auch nur 14 Tage genossen hat, wird vom proletarischen Zukunftsstaat mit seiner allgemeinen Verstaatlichung, Gebundenheit, Bevormundung nichts wissen wollen. Mit diesem Programm kann man bei den oben genannten Arbeiterkategorien nicht krebsen gehen. Sie werden ausnahmslos sagen: Lieber ertrage ich die kapitalistische Ausbeutung, als dass ich mich zum Staatsknecht degradieren lasse. Mit dem proletarischen Zukunftsstaat kann man nur auf den Hund gekommene Menschen vom Ofen locken. Menschen, die sich sagen: Im kommunistischen Staate kann es auch im schlimmsten Fall nicht schlimmer gehen als heute. Leute, die nichts zu verlieren haben, sind nicht die geeigneten Architekten des Zukunftsstaates.

Sieht man ab von dem Druck, den der Kapitalismus auf alle Arbeiterklassen ausübt (und zwar proportional dem Einkommen!), so ist die Freiheit, die die heutige Wirtschaftsordnung dem Menschen bietet, fast eine ideale. Sobald man seine Steuern bezahlt hat und sich hütet, gegen die Gesetze zu handeln, kümmert sich der Staat nicht mehr um uns. Wir können tun und lassen, was wir wollen – im Umfange unserer Mittel. Kein Mensch fragt danach, wie wir unser Leben gestalten wollen, was wir mit unserem Geld machen, warum wir hierhin, dorthin reisen. Wir wohnen, wo wir wollen, wählen unsere Berufsarbeit, studieren oder verbringen unsere Zeit am Biertisch. Niemandem sind wir Rechenschaft schuldig. Wären wir die Zinsbezüger los, Götter könnten uns beneiden. Es steht jedem frei, sich als Dichter, Künstler,

Schriftsteller auszugeben und zu benehmen. Kein Mensch fordert vom Künstler eine staatliche Approbation. Es ist seine Sache, ob er Absatz für seine Werke und Machwerke findet. Findet er keinen Absatz, hungert er, so darf er den Staat dafür nicht verantwortlich machen. Findet der Schriftsteller keinen Verleger, so kann er immer noch auf eigene Kosten seine Werke drucken lassen, wobei ihn seine Freunde unterstützen mögen.

Wie soll das alles im Staatssozialismus geregelt werden? Wie soll man da noch eine staatsfeindliche Zeitung in den Staatsdruckereien auf Staatskosten drucken lassen können und sich den Schriftstellerlohn aus der Staatskasse bezahlen lassen? Wie sollte eine Arbeitergruppe ihrer Opposition Ausdruck geben können? Darüber können die Berner Genossen vielleicht Auskunft geben. Wer soll die Künstler und Erfinder ernennen? – Der Bürokrat. Wer gibt ihnen die Aufträge? – Der Bürokrat. Wer führt die phantastischen Pläne der Erfinder aus? – Der Bürokrat. Wer lässt kein grünes Hälmchen mehr wachsen? – Der Bürokrat.

Acht Stunden täglich sollen alle dichten, meißeln, malen, erfinden. Und acht Stunden täglich soll der einsame Bauer auf dem Berg die Kühe hüten!

Dem bedrückten Manne in der finsteren Kohlengrube, in der lärmenden Fabrik, vor den Glutmassen des Hochofens möge das alles nur Kleinigkeiten bedeuten. Und jeder, der in solcher schrecklichen Lage ist, wird vernünftigerweise so urteilen. Aber nach Abschüttelung des Schmarotzertums sollen sich ja die Verhältnisse für ALLE in der Art bessern, dass sie zur Besinnung kommen. Und mit der Besinnung kommt der Drang nach Freiheit und Selbständigkeit, kommt der unüberwindliche Widerwille gegen die Bevormundung, der Hass gegenüber dem nun zur Wirklichkeit gewordenen Zukunftsstaat. Mit absoluter Sicherheit würde der Wohlstand, den man vom Zukunftsstaat erwartet, den Geist erwecken, der diesen Zukunftsstaat in Trümmer schlagen wird. Er würde – vorausgesetzt, dass er den Wohlstand brächte – sich selbst aus den Angeln heben.

Wenn es darum nicht gelingt, dem Zukunftsstaat eine Verfassung zu geben, die die Freiheit, Selbstverantwortung, Selbständigkeit aller Bürger gewährleistet und den Kommunismus niemandem aufzwingt, bleibt die Hoffnung auf eine Vereinigung aller Arbeiter und damit auf die Übermacht des Arbeiterstandes – eine eitle. (Niemand hindert die Sozialisten daran, heute schon kommunistisch zu leben. Sie können, wenn sie wollen, den Kommunismus auf Weiber, Kinder und namentlich auf den Lohn übertragen. Niemand wird sie darin stören. Dass das nicht geschieht, zeugt wider den kommunistischen Geist.)

2 Was uns die Ruinen Babylons, Athens, Roms sagen

Wer Übung darin hat, die Geschichte der Völker durch die wirtschaftliche Brille zu betrachten, kommt leicht auf den Gedanken, dass der Untergang der antiken Staaten einem Kladderadatsch zuzuschreiben ist, gleich dem, den Bebel unserer Wirtschaft prophezeite auf Grund der unmöglichen Verhältnisse, die die Zinses-Zins-Rechnung schafft. Wie aber im Kapitel 1.3 gezeigt wurde, kann der Kapitalismus sich gar nicht über eine bestimmte Grenze hinaus entwickeln, infolge der hier einsetzenden Selbststeuerung oder Autosabotage. Wenn wir also den Untergang Roms, Babylons, Jerusalems wirtschaftlich erklären wollen, so müssen wir das Problem von einer anderen Seite anfassen, und zwar von der Seite der Geldfabrikation.

Kultur ist nichts anderes als Arbeitsteilung, und die Arbeitsteilung liefert Waren, die durchaus auf Austausch angewiesen sind. Nur so weit der Tausch möglich ist, kann sich die Arbeitsteilung und damit die Kultur entwickeln.

Bei entwickelter Arbeitsteilung wird der Gebrauch eines Tauschmittels, d.h. des Geldes, unentratbar, der direkte Tausch (Tauschhandel) stößt bald auf Schwierigkeiten, die nur mit dem Gebrauch des Geldes zu lösen sind. Erst mit dem Geld kann sich der Handel, der Austausch der Produkte, freier entwickeln. Darum sind der Tausch, die Arbeitsteilung, die Kultur – und die Macht der Staaten durchaus abhängig vom Gebrauch eines Tauschmittels, des Geldes.

Je besser das Tauschmittel seinen Dienst versieht, umso höher die Kultur, umso größer die Macht des Staates. (Man beachte, dass die Waffen der römischen Soldaten Produkte der Arbeitsteilung waren.)

Nun ist es eine Tatsache, die man heute selbst bei den „wissenschaftlich" vorgehenden Sozialisten noch wenig oder gar nicht beachtet findet, dass der Handel, der Austausch der Waren, und damit die Arbeitsteilung bei rückgängigen (fallenden) Preisen rechnerisch unmöglich wird. Wer in Perioden rückgängiger Preise irgendein Geschäft oder eine Industrie gründet oder ein landwirtschaftliches Unternehmen mit Hilfe von Hypotheken ersteht, der wird aller Regel nach Geld verlieren. Und wenn diese rückgängige Periode lang genug anhält, werden schließlich die Aktiva durch die Passiva ganz verschlungen. Arbeitslosigkeit, Krisen, Zahlungseinstellungen wird man als allgemeine Erscheinung immer nur bei weichenden Preisen beobachten. (Anm.: Wer die Erklärung dazu will, lasse sich die Schriften des Schweizer Freiland- und Freigeld-Bundes kommen.)

Die Preise fallen aber dann, wenn es an Geldstoff fehlt und wenn wegen mangelnder Geldfabrikation der Markt ungenügend mit Geld versorgt wird. Geldmangel bedeutet also Preisfall und Preisfall bedeutet Krise, Bankrott der Kaufleute, Unternehmer und Landwirte.

Geldmangel führt zu einem allgemeinen Krebsgang und, wenn er andauert, zur Einstellung der Arbeitsteilung und zum Verlust aller Vorteile, die uns diese bietet. Geldmangel und Rückgang der Warenpreise bricht die Macht jedes Kulturstaates. Dann kommen die Barbaren und überrennen den wehrlos gewordenen Staat.

So war es in Rom, in Babylon, in Jerusalem. In Jerusalem hatte Salomon das Geld zu Zierrat für den Tempel einschmelzen lassen. (s. Barnabas: Joseph, Salomo und die Kriegsfinanzen. Verlag des Schweizer Freiland- und Freigeld-Bundes) So fehlte das Geld für den Handel und für die auf Arbeitsteilung eingestellte Industrie. Der „weise" Salomon vernichtete so die Ursache der Blüte seines Staates. In Rom konnte man kein Geld mehr machen, weil die das Silber liefernden spanischen Bergwerke abgebaut waren. Etwa vom

Jahre 100 n.Chr. bis zum Ende des Mittelalters waren die Geldmetallfunde durchaus unzulänglich, um den Abgang an Geld zu ersetzen, den der Verschleiß und das Verlieren, Vergraben der Münzen, die Verarbeitung der Münzen zu Zierrat und religiösen Gefäßen und der damals schon immer passive Handel mit dem Orient mit sich brachten.

Die Ruinen der untergegangenen Städte beweisen also durchaus nicht, dass sich dort etwa der Kapitalismus zu Tode entwickelt hatte. Sie zeigen nur, wie es der Arbeitsteilung und damit auch der Kultur und der Macht der Völker ergeht, wenn man die Herstellung des Geldes vom Zufall der Gold- und Silberfunde abhängig macht. Von einem Kladderadatsch, von einer Gigantanasis des Kapitals im Sinne der Bebel'schen Prophezeiung kann keine Rede sein. Jetzt, da man Geld aus Papier zu machen versteht, wird es überdies zu einem Kladderadatsch aus Geldmangel nicht mehr kommen. (s. die Schriften des Schweizer Freiland- und Freigeld-Bundes) Alle Hoffnungen auf eine „Entwickelung" zum sozialen Staat sind eitel.

3   Proletarische Aktionen

3.1 Der Achtstundentag

Betrachten wir uns jetzt die Aussichten des Proletariats vom Standpunkt seiner bisherigen Aktionen. Es wird sich zeigen, dass mit keinem einzigen dieser Kampfmittel dem Kapital jemals auch nur ein Haar gekrümmt wurde, ja, dass die meisten Aktionen sogar den Charakter als Bumerang in ausgeprägtester Form tragen.

Mit dem Achtstundentag (der übrigens aus hygienischen Gründen durchaus und mit allen Mitteln zu erstreben ist) wird weniger produziert und damit die Zeitspanne von einer Krise zur anderen verlängert. Statt alle fünf Jahre kommt mit dem Achtstundentag die Krise jetzt alle acht oder zehn Jahre. Während man früher 12 Stunden und mehr arbeitete, um sich dann in monatelanger Arbeitslosigkeit zu „erholen", arbeitet man jetzt kürzere Zeit, dafür aber mit verkürzten Ferien. Die in Abschnitt 1.3 beschriebene Autosabotage braucht der Kapitalist mit dem Achtstundentag seltener in Anwendung zu bringen, um sich gegen eine drohende Kapitalüberproduktion (nicht mit Warenüberproduktion zu verwechseln!) zu sichern. Das ist alles, wenn es auch schon sehr viel für den Arbeiter wie für den Kapitalisten ist. Jeder einsichtige Kapitalist wird im eigenen Interesse für den Achtstundentag eintreten. Wenn man den Sechsstundentag einführte, so brauchte der Kapitalist überhaupt nicht mehr zu streiken und vielleicht könnte der Kurs des Kapitals von 4 auf 8 % steigen. Ihm, dem Kapitalisten, wäre das recht.

Aber betrachten wir hier einmal den Achtstundentag von einer anderen Seite. Nehmen wir an, es wäre geglückt, die periodischen Krisen zu überwinden, dadurch, dass der Mechanismus der kapitalistischen Autosabotage zerstört worden wäre. (Anm.: Wie das geschehen kann, erfährt man aus den Schriften des S.F.u.F.B.) Die etwa im Übermaß erzeugten Waren (Überproduktion von Waren) müssten die Kapitalisten jetzt eigenhändig in eine Überproduktion von Kapital überleiten.

Wer arbeitslose Bauhandwerker zusammenruft, unverkäufliche Baumaterialien (Warenüberproduktion) kauft, um dann

Mietskasernen zu bauen, der verwandelt die Warenüberproduktion in Kapitalüberproduktion, der leitet den Druck von den Preisen ab auf den Zins.

Dann würde das Kapital zusammen mit der Warenproduktion wachsen. Je mehr die Arbeiter schaffen würden, umso stärker würde das Angebot von Kapital. Und dieses Angebot drückt auf den Zins des Kapitals, wie das Angebot von Waren auf den Preis der Waren drückt. Denn der Kapitalzins wird genau wie der Warenpreis durch Angebot und Nachfrage bestimmt. Dauert dieser Druck genügend lange an, so verschwindet der Zins vollständig; er geht von 5 auf 4 - 3 - 2 - 1 - 0 % herab. Damit ist aber das eigentliche Ziel aller proletarischen Aktionen erreicht – der Mehrwert, die Ausbeutung ist aus der Welt geschafft. Und mit der Beseitigung der Ausbeutung genügt wieder der Vier-, Fünf- oder Sechsstundentag, um das Kapitalangebot auf gleicher, den Zins vernichtenden Höhe zu halten und dem Arbeiter gleichzeitig doppelten Arbeitsertrag (nicht mit Arbeitsprodukt zu verwechseln) zu verschaffen.

So lange mit der Autosabotage des Kapitals (Abschnitt 1.3) zu rechnen ist, ist auch die Acht-, ja Sechsstunden-Forderung ganz vernünftig. Scheidet dieser Faktor jedoch einmal aus, so wird umgekehrt die volle Anspannung aller Kräfte, die intensive verständige, freudige Arbeit das gegebene Mittel, um das Kapital zu überwinden und den Sechsstundentag möglich zu machen bei verdoppeltem Arbeitsertrag. Triefend von Schweiß werden wir den sozialen Staat betreten – wenn wir ihn betreten sollen.

3.2 Steuerpolitik

Die proletarische Steuerpolitik (Kampf für die progressive Einkommenssteuer, Kampf wider die indirekten Steuern, Kampf wider die als überflüssig erachteten Staatsausgaben (Rüstungen) leistet als Agitationsmittel (falls der wirtschaftliche Druck als Agitationsmittel nicht ausreicht) vielleicht gute Dienste, aber dem Kapital krümmt der Proletarier auch damit kein Haar. Diese Politik geht von der Voraussetzung aus, dass der Lohn des Arbeiters durch die nationale Steuerpolitik erfasst werden könne, dass also der Arbeitslohn eigentlich keine internationale Größe sei.

Es stellt sich jedoch bei scharfer Betrachtung der wirtschaftlichen Vorgänge heraus, dass weder der Lohn noch das Kapital überhaupt besteuert werden können, dass Zins und Lohn als internationale Größen alle ihnen auferlegten Steuerbürden restlos abwälzen können. Auf wen? Nur einen gibt's noch, der sich neben dem Lohn und dem Zins in die Arbeitsprodukte teilt – und das ist die Grundrente. Diese muss also die vom Lohn und Zins abgeschüttelten Steuerbürden tragen. Und sie tut's auch – und muss es.

Drückt man in der Schweiz den Kapitalertrag durch Steuern unter das internationale Niveau, so denkt schon kein Kapitalist mehr daran, in der Schweiz ein Mietshaus, eine Fabrik zu bauen. Die schweizerischen Kapitalisten ziehen dann vor, die sich bildenden neuen Kapitalien im Ausland anzulegen. Und dann können die schweizerischen Haus- und Fabrikbesitzer wegen mangelnder Konkurrenz die Mieten erhöhen und die an den Grundbesitzer zu zahlenden Renten herabsetzen, und zwar so weit, bis der

„normale" internationale Zins netto zum Vorschein kommt und der Bau neuer Häuser und Fabriken in der Schweiz wieder einsetzen kann. Bis das geschieht, würden die Haus- und Fabrikbesitzer allerdings die ihnen auferlegten Steuern tragen, aber wiederholen dürfte man das Experiment nicht, weil die Kapitalisten dann nicht auf ihre Rechnung kämen und die Schweiz als Anlageland für Kapital ganz meiden würden. Dann stiege der Zins über das internationale Niveau, um sich dauernd darüber zu halten.

Und wie der Kapitalist, so macht es der Lohnarbeiter; auch er wälzt von sich ab, so viel ihm durch direkte oder indirekte Steuern aufgebürdet wird. Wie es dem Arbeiter gleichgültig ist, ob er in Weinbergen, fetten Wiesen oder im Moor arbeitet, ob er Diamanten oder Kohlen schaufelt, ob die Fabrik 0 oder 10 % Dividende verteilt, ob der Unternehmer zu Wohlstand gelangt oder Bankrott macht, so muss es ihm auch gleichgültig sein, wie das Land verwaltet wird, ob die Staatseinnahmen ordentlich verausgabt oder verschleudert werden, ob man vom Arbeiter 100 – 1000 oder 5000 Franken Steuer erhebt, ob diese Steuer als Kopfsteuer oder als indirekte Steuer erhoben wird oder gar, ob der Staat dem Arbeiter aus der Steuerkasse einen jährlichen baren Beitrag zahlt. Alle diese Dinge kommen ja doch im Lohnvertrag zur Verrechnung. Erhält der Kellner keine Trinkgelder, so muss ihm der Wirt einen Lohn zahlen; dort, wo es aber Sitte ist, hohe Trinkgelder zu zahlen, muss umgekehrt der Kellner dem Wirt eine Lizenz bezahlen. Für den Kellner ist das einerlei. Ebenso für den Wirt. Nur dem Besitzer des Grundstücks, auf dem der Wirt und der Kellner arbeiten, ist es nicht einerlei. Die Grundrente gleicht das alles aus. Sie setzt Lohn und Kapitalzins allzeit auf das internationale Niveau herab oder herauf. Sie wirkt wie ein Staubecken zur Regulierung des Wassers in den Kraftwerken (Anm.: Näheres über diese wichtigen Dinge in den Schriften des Schweizerischen Freiland- und Freigeld-Bundes).

Was haben die Proletarier aller Länder gegen das Militärbudget aus lohnpolitischen Gründen geschimpft! Diese Milliarden, die da wieder für Kanonen gefordert und durch Bier- und Tabaksteuern gedeckt werden sollen – wir Proletarier müssen sie zahlen! So sagte man in Berlin, in Paris, in London. In Wirklichkeit haben die Arbeiter aber nie einen Happen zu den Kosten der Kanonen beigetragen. In Preußen arbeiteten vor dem Krieg über eine Million italienischer, polnischer, amerikanischer, belgischer, holländischer Wanderarbeiter, also Männer, denen die ganze Welt offen stand, von denen Hunderttausende auch oft den Ozean gekreuzt hatten. Und sie fanden, dass sie in Amerika und Holland, wo es keine Soldaten gab, nicht besser leben konnten als im Schatten der kostspieligen preußischen Geschütze! Wie kam das? Wo blieb das Geld, dass die holländischen und amerikanischen Proletarier am Militärbudget sparten? Das Staubecken, die Grundrentner nahmen es auf. Statt Geschützarbeiter hatten die Amerikaner Milliardäre und Lakaien. Was nützt das aber dem Proletarier?

Es waren also Windmühlenkämpfe, die die Vertreter des Proletariats in den Parlamenten gegen die Steuern führten. Völlig verlorene Zeit. Wie anders wäre es gewesen, wenn die Arbeitervertreter in den Parlamenten gesagt hätten: Besteuert uns, so viel ihr wollt, es ist uns ganz einerlei; wir wälzen alle Steuern restlos mitsamt den Erhebungskosten auf die Grundrenten ab. Das wirtschaftliche Lohngesetz macht alle eure bösen Pläne zu Schanden. Baut Kanonen – ihr werdet sie restlos zahlen. Führt Krieg

– ihr traget die Kosten. Der Proletarier kann nicht besteuert werden. Alle Torheiten, die ihr in der Verwaltung des Staates, die nichts anderes ist als Grundbesitzverwaltung, begeht, die Grundrentner müssen sie zahlen.

3.3 Streikpolitik

Der Lohn ist das Produkt eines Handels, nicht eines Kampfes. Der Schwerpunkt, um den der Lohn im Einzelfall pendelt, ist der Ertrag der Arbeit auf Freiland. Wer den Lohn allgemein heben will, muss seinen Schwerpunkt, den Arbeitsertrag auf Freiland, heben. Alles andere ist vertan. Sobald man durch Streik den Lohn über den Arbeitsertrag auf Freiland hebt, löst man auch schon den Rammbock aus, der ihn ebenso tief unter dieses Niveau niederschlägt. Drückt umgekehrt der Unternehmer den Lohn unter diese Grenze, so wird er sich bald umsonst nach Arbeitern umsehen und durch Lohnaufbesserung seine Sünden gutzumachen suchen. Namentlich einseitig nationale Streikpolitik ist vergebliche Arbeit. Wenn die Unternehmer unter dem Zwange ihrer Lieferungskontrakte den Lohnforderungen der Arbeiter nachgeben und infolgedessen die herkömmliche Dividende nicht mehr herauswirtschaften können, so entsteht auch ganz sicher durch Autosabotage der Kapitalisten an anderer Stelle Arbeitslosigkeit. So geht der Streik, wenn er Erfolg hat, notwendigerweise auf Kosten anderer Arbeiter. Noch schlimmer ist es, wenn einzelne Gewerkschaften durch besonders straffe Organisation ihre Lohnsätze über das allgemeine Niveau heben. Um diesen gehobenen Lohn zu verteidigen, müssen sie dann die diesem

Berufe zuströmenden Arbeitskräfte durch Gewaltmittel fernhalten, wie z.B. durch Beschränkung der Lehrlingszahl. Was soll aber aus dem Nachwuchs werden, wenn solche Gewerkschaftspolitik allgemein befolgt würde? Solche Lohnerhöhungen gehen dann auf Kosten des schwächsten Teiles der Arbeiter, auf Kosten der Lehrlinge (oder auch der Konsumenten) während der Arbeiter doch das Kapital treffen möchte. Sobald man zu solchen Gewaltmitteln greifen muss, gibt man den Grundsatz der Solidarität auf. Nichts wäre aber dem Proletariat verderblicher, als wenn die Lohnpolitik die einzelnen Gewerkschaften in Gegensatz zu einander brächte. So lange das Kapital selber Autosabotage treiben muss, um seinen historisch normalen Kurs von 4 – 5 % zu behaupten, ist es gänzlich überflüssig, dass die Arbeiter sie darin durch Streik und gewerkschaftliche Lohnpolitik auf Kosten der Solidarität der Arbeiter unterstützen. Will man den Lohn allgemein heben, so muss man seinen Schwerpunkt heben, d.h. den Arbeitsertrag auf Freiland. Gewerkschaftliche Lohnpolitik kann dem Kapital niemals etwas anhaben – und ist darum den allgemeinen Arbeiterinteressen schädlich und zu verwerfen.

Zeigt der Kurs des Kapitals einmal die Neigung über 4 – 5 % hinaus zu steigen, so braucht der Proletarier auch noch nicht zu streiken, um durch erhöhte Lohnforderungen sich dieses Mehr zurückzuholen. Dazu genügt schon die Konkurrenz, die sich die Kapitalisten selber machen. Die Geschichte von mehreren 1000 Jahren zeigt, dass der Zins eine eherne Größe ist, dass er schnell und sicher auf seinen Schwerpunkt zurückfällt, sobald er durch außergewöhnliche Verhältnisse aus dem Gleichgewicht gebracht wird. (s. die Freigeld-Zins-Theorie) Ist es z.B. für die Hausbesitzer und den Mietzins nicht ganz einerlei, ob der Kapitalist oder der Arbeiter streikt? In beiden Fällen stockt die Bautätigkeit, in beiden Fällen geht wegen Wohnungsmangel der Mietzins herauf. Hier sieht man es genau, wie der Streik, einerlei ob er vom Kapitalisten oder vom Arbeiter ausgeht, dem Kapital, in diesem Fall dem Hauskapital zu gute kommt.

Es gibt Zeiten, wo unter dem Druck irgendeiner Währungspfuscherei alle Preise in die Höhe gehen. Das war z.B. 1890 – 1911 der Fall. Begleitet findet man solche Preissteigerung (Hochkonjunktur) regelmäßig von starker Anspannung aller produktiven Kräfte. Die Arbeiterreservearmee (die sonst den Streikenden in den Rücken zu fallen pflegt) löst sich auf und diejenigen Unternehmer, die Arbeiter brauchen, müssen sie ihren Konkurrenten durch erhöhte Lohnangebote abluchsen - was dann die anderen Unternehmer zwingt, ihrerseits die Löhne zu heben. In solchen Fällen ist es in der Regel nicht nötig zu streiken, um die Löhne auf das gehobene Niveau der Warenpreise (und darüber) zu heben. Meistens wird der Unternehmer durch den Wegzug einzelner Arbeiter über die Lage des Arbeitsmarktes unterrichtet. Wenn er klug ist, wird er wissen, was er tun muss, um weitere Arbeiter vom Wegzug abzuhalten und den Streik der verbleibenden zu verhüten. Denn diesen Streik würde er sicher   verlieren. Darum kann man sagen, dass der Streik nur dort Anwendung haben soll, wo der Unternehmer die Zeichen des Arbeitsmarktes nicht richtig deutet. Der Arbeitsmarkt reguliert sonst die Löhne automatisch.

Je freizügiger die Arbeiter sind, umso empfindlicher wird dieser Automat arbeiten. Eigentlich freizügig sind aber nur die

Wanderarbeiter, die ledigen Arbeiter. Darum müssten die Gewerkschaften dafür sorgen, dass in den einzelnen Betrieben stets ein bestimmter Prozentsatz von ledigen Arbeitern (Wanderarbeiter, kinderlose Arbeiter etc.) vorhanden sei. Noch wirksamer wäre es, wenn die Gewerkschaften die Umzugskosten der Arbeiter auf ihre Rechnung nähmen. Aber dem Kapital würde auch hier kein Haar gekrümmt.

3.4 Teuerungsaktionen

Steigende Warenpreise bedeuten für das Proletariat durchaus nicht immer verstärkten Notstand. Im Gegenteil nimmt in Friedenszeiten der Notstand mit der allgemeinen Preissteigerung in der Regel sogar eher ab als zu. Nennt man eine Sache „teuer", weil man sie mit dem gewohnten Opfer an Arbeit nicht mehr erlangen kann, so bedeutet Teuerung allerdings Notstand, aber wenn der Lohn zusammen mit den Warenpreisen steigt, wie das in den sogen. Hochkonjunkturen der Fall ist, so darf man Preissteigerung nicht mit Teuerung verwechseln. Im Gegenteil hat solche Preissteigerung sogar die vom Proletariat niemals hoch genug einzuschätzende Folge, dass die mit der Hochkonjunktur einsetzende allgemeine Belebung der Industrie die Arbeiterreservearmee oft völlig auflöst. Wenn die Arbeiter mehr als es bisher beobachtet werden kann, das Solidaritätsgefühl pflegten, so würden sie im Interesse der Arbeitslosen gerne die höheren Warenpreise zahlen, gehoben im Bewusstsein, dass die Hochkonjunktur das heute einzig wirksame Mittel ist, den Arbeitslosen zu helfen. Die Erlösung vom Fluch der chronischen

Arbeitslosigkeit kann heute nur mit einer allgemeinen Preissteigerung erkauft werden.

Jetzt, seit Kriegsausbruch, beobachten wir auch eine allgemeine Preistreiberei, die aber weit über die Lohnerhöhungen hinausgeht. Hier handelt es sich um eine Begleiterscheinung des Krieges, um einen Notstand, um Teuerung im wahren Sinne des Wortes. Freilich mussten die Preise nicht notwendigerweise mit den mangelnden Zufuhren steigen. Wenn die Nationalbank kein Papiergeld ausgegeben hätte, als bei Kriegsausbruch alles Metallgeld vom Volk verschatzt wurde, so wären trotz mangelnder Zufuhren die Preise der Lebensmittel tief unter den früheren Stand gefallen. Ohne Geld kann niemand kaufen, und wenn es an Käufern fehlt, so fallen die Preise. Warenmangel und zugleich Geldmangel heben sich in Bezug auf ihre Wirkung auf die Preise gegenseitig auf. Wäre das aber ein Vorteil für das Proletariat gewesen? Man vergesse nicht, dass der Arbeiter nur dann Arbeit „findet", wenn der Unternehmer dabei auf seine Kosten kommt. Wenn aber wegen Mangel an Geld und Nachfrage die Preise sinken, während die Löhne unverändert fortbestehen sollen, so entsteht beim Unternehmer notwendigerweise eine Unterbilanz, die diesen zur Schließung der Fabrik zwingt. Der Arbeiter würde also nur unter der Bedingung Arbeit finden, dass der Unternehmer diese Unterbilanz auf die Arbeiter abwälzen könnte.

Die Nationalbank hätte sich nun darauf beschränken können, nur genau soviel Papiergeld als Ersatz für das verscharrte Metallgeld auszugeben, als nötig war, um die Preise unverändert auf gleicher Höhe zu halten. Zeigen z.B. die Preise allgemein eine Neigung nach oben, dann soll die Nationalbank Papiergeld einziehen und verbrennen. Wegen Mangel an Geld, Käufern und Nachfrage gehen die Preise dann rückwärts. Fallen sie dabei unter den gewollten Stand, so operiert die Nationalbank umgekehrt, indem sie Papiergeld druckt und dieses zur Verstärkung der Nachfrage in Umlauf bringt. Diese Notenpolitik nennt man „absolute Währung". In Friedenszeiten würde der Anwendung dieser Methode nichts im Wege stehen. In Kriegszeiten wäre sie ohne eine Reihe von anderen Kriegsmaßregeln nicht durchzuführen. Man beachte nämlich, dass es kein anderes Mittel gibt um die Nachfrage auf der Höhe des jetzt beschränkten Angebots zu halten, als eine Beschränkung der Kaufkraft der Volksmassen. Geht die Warenzufuhr von 1000 auf 800 zurück, so muss auch selbstverständlich die Nachfrage von 1000 auf 800 zurückgehen − anderenfalls würden ja die Preise steigen.

Diese Herabsetzung der Kaufkraft der Volksmassen auf die Höhe der Warenzufuhr besorgte bisher die Preiserhöhung der Waren und zwar automatisch. Der Preisaufschlag hob den Brotkorb aus dem Bereich der schwächsten Käufer. Würde man darum die Preise der Waren auf gleicher Höhe festhalten wollen, so müsste die Nachfrage auf die Höhe der verminderten Zufuhren zurückgeschraubt werden. Wie aber könnte man das erreichen, wenn die gleichen Löhne und Gehälter ausbezahlt werden? Die Nachfrage soll eben auf das Niveau des zurückgegangenen Angebots zurückgehen − entweder durch herabgesetzten Lohn oder durch erhöhte Preise, da feste Preise sich nur als Ausgleich zwischen Nachfrage und Angebot vorstellen lassen. Will man weder die Löhne herab- noch die Preise heraufsetzen, so bleibt nur ein Ausweg übrig, das ist die jetzt tropfenweise und zögernd durch das

Kartensystem herbei geführte Kontingentierung. Mit diesem System wird der nun einmal vorhandene Mangel an Lebensmitteln zwar nicht beseitigt, jedoch gleichmäßig auf alle verteilt. Den Lebensmitteln gegenüber hängt dann die Kaufkraft nicht mehr vom Besitze von Geld ab. (Anm.: In der Zeitschrift „Die Familie" vom 11.8.1917 wurde ein „Lebensmittelgeld" vorgeschlagen, das die Kaufkraft kontingentierte, jedoch jedem die Wahl zwischen den einzelnen Waren frei ließ.)

Das Volk leidet Mangel und hat gleichzeitig die Taschen voll Geld. Sparzwang. Das System hat den Vorteil, dass das Geld, das jetzt durch die allgemeine Preissteigerung den Wucherern, Schiebern, Spekulanten fast automatisch zufließt (viele hundert Millionen), Eigentum des Volkes bleibt.

Es handelt sich jetzt um einen Volksnotstand, der auch als solcher behandelt werden muss. Nur der Hunger des ganzen Volkes kann einen Ausgleich schaffen für den Ausfall an Zufuhren. Von den Kapitalisten, die in Friedenszeiten auf Kosten der Arbeiter leben, darf man auch in Kriegszeiten irgendwelche Erleichterungen nicht erwarten. Es hieße ihnen unverdiente Ehre erweisen. Der Volksnot kann nur die Sparsamkeit der Volksmassen wirksam begegnen.

Sieht man vom jetzigen Kriegszustand ab, so müsste eigentlich im Interesse des gesamten Arbeiterstandes jede Aktion gegen allgemeine Preissteigerungen unterbleiben. Auch müssten die statistischen Arbeiten, die zur Messung solcher allgemeiner Preissteigerungen nötig sind und deren Ausführung von Staats wegen die Kapitalisten immer hintertreiben (weil sie deren Ergebnisse fürchten), um einwandfreies Material zu gewinnen, von den Arbeiterorganisationen in die Hand genommen werden. (Anm.: Wie solche Statistik zu führen ist, darüber in den Schriften des Schweizerischen Freiland- und Freigeld-Bundes)

So oft dann diese Statistik eine Steigerung der Kosten der Lebenshaltung nachweist, könnten die Arbeiter und Beamten Lohnerhöhungen fordern und der Regel nach ohne Schwierigkeiten durchsetzen (Hochkonjunktur). Dafür dürften sich dann die Arbeiter nicht gegen die Erhöhung der Warenpreise erheben, die ihrerseits den Bauern, den Handwerkern, den frei werbenden Arbeiterkategorien, wie auch den Staatsfinanzen große Vorteile bringt. Denn wie gezeigt wurde, bedeutet eine allgemeine Steigerung eine Entlastung aller verschuldeten werbenden (arbeitenden) Klassen – auf Kosten der Rentiers. Solche Politik würde das Solidaritätsgefühl unter allen Arbeitern wecken. Der Arbeitslohn (als internationale Größe) würde zwar keinen Gewinn davon tragen, immerhin ist im Hinblick auf die Arbeitslosen jede allgemeine Hochkonjunktur hoch einzuschätzen. Statt dass durch die jetzigen Aktionen der Arbeiter (Milchgeneralstreik) das Industrie- und Landvolk gegeneinander verhetzt wird und das Proletariat dadurch zur ewigen Ohnmacht verurteilt wird, würde solche Rücksichtnahme auf die immer schwierige Lage des ewig verschuldeten Bäuerleins diesen dem Proletariat in die Arme führen. Nichts ist für das Proletariat schädlicher als die Zwietracht zwischen den einzelnen Arbeiterkategorien. Ob Bauer, Kaufmann, Hausierer, Arzt, Seiltänzer, Beamte, Lehrer, Pastor, Polizeimann, Richter, Chemiker, Techniker usw. Allesamt sind Arbeiter, alle sollen an demselben Strang ziehen, und wenn einer dieser Kategorien ein Vorteil zugeführt werden kann, so sollen alle anderen auch dann helfen, wenn sie persönlich nicht daran beteiligt sind. Viribus unitis. Nur durch vereinte Kräfte, nur mit den Bauern – sonst bleibt das Proletariat machtlos, eine Beute der Wölfe, wie bisher. Für das Proletariat soll es heißen: Hie Arbeiter – dort Rentiers.

3.5 Krisenaktionen

Wer die vom Proletariat in Krisenzeiten gewöhnlich geforderten staatlichen und städtischen Hilfsaktionen vom Standpunkt der Krisenursache (s. die Autokapitalsabotage, Abschnitt 1.3) betrachtet, wird sich nicht mehr wundern, dass diese Aktionen so wenig helfen. Wenn der Kapitalist streikt, weil die Wohnungen, Fabriken, Schiffe nicht mehr die geforderten 4 – 5 % Zins abwerfen – was soll es dann bedeuten, dass die Gemeinden zu Notstandsarbeiten aufgefordert werden, deren wenige Produkte (Häuser, Fabriken, Schiffe) doch nur die Krise verschärfen können? Wie man Warenüberproduktion nicht durch verstärkte Warenproduktion beseitigt, so kann man auch Kapitalüberproduktion nicht durch Notstandsarbeiten, durch Kapitalproduktion beseitigen. Die Ursache der Krisen ist doch der Streik der Kapitalisten, die auf ihrem gewohnten Tribut von 4 – 5 % bestehen! Diese Ursache beseitige man, man bestrafe die Kapitalsabotage, man bestrafe sie so hart und schwer, dass der Kapitalist für immer die Lust am Sabotieren verliert. Das Geld ist als öffentliches Verkehrsmittel zu betrachten und entsprechend zu behandeln – es darf daher nicht geduldet werden, dass der Geldumlauf aus privatwirtschaftlichen Gründen gesperrt wird, um den Zinstribut sicher zu stellen. Bedingungslos, wenn möglich ohne Zins, soll das Geld seinen Zweck, den Warenaustausch, erfüllen. Wie der Privatmann keine Eisenbahnzüge anhalten, keine Straßen sperren kann, so darf er auch das Geld nicht am Umlauf hindern. Die Bauerbeiter zu entlassen, den Familien das Obdach zu verweigern, bloß weil der Kapitalist vom Geld, also vom staatlichen Tauschmittel, einen höheren Zins beansprucht als den, der zur Zeit erhältlich – das darf nicht länger geduldet werden.

Wer von solcher Behandlung des Kapitals absehen und dennoch den Folgen der Krise begegnen will, wird nur Unsinn machen. Das geht schon aus folgender Überlegung hervor. Zurzeit besteht in Bern und Zürich arge Wohnungsnot, begleitet von einer Baukrise. Die Ursache: Die Steigerung der Baukosten, der die Mieten noch nicht im vollen Umfang gefolgt sind. Ungenügende Rentabilität der Neubauten vom Standpunkt des historisch normalen Zinsfußes betrachtet. Der Kapitalist wartet, bis die Wohnungsnot die Mieten durchweg auf die Rentabilität der Neubauten gehoben hat. Dann erst, wenn die Sonne von 5 % das Reptil bescheint, beginnt es sich zu regen. Dann erst dürfen die Arbeiter wieder schaffen, dann erst darf der Handel mit Baumaterialien wieder einsetzen.

Jedoch so geduldig wie die Rentiers können die Arbeitslosen nicht warten. Sie hungern und sehen auch, dass ihre Arbeit für die Obdachlosen nötig wäre. Sie wenden sich an den Staat. Er soll im Interesse des Volkes das tun, was die Kapitalisten aus privatwirtschaftlichen Gründen unterlassen. Er soll das Geld zu den Neubauten beschaffen! Der Staat. Ja, aber wo soll der Staat, dieser Büttel der Kapitalisten, das Geld herholen? Der Staat der Kapitalisten hat ja doch nichts als Schulden. So muss der Staat sich an die Kapitalisten wenden – von ihnen dasselbe Geld erbetteln, das diese den Bauunternehmern verweigerten! Der Kapitalist verlangt 5 % für das Geld und die Häuser, die der Staat mit dem Geld der Kapitalisten bauen wird, werden nur 2,5 % einbringen. Wem hilft man da?

Dieses Defizit der den Stempel des Bankrotts tragenden Notstandspolitik kann den Arbeitern so weit ja gleichgültig sein, denn der Lohn, als internationale Größe, ist am Defizit der Staatsfinanzen unbeteiligt. Nur das soll hier gezeigt werden, dass so lange und in dem Maße wie der Staat oder die Gemeinde baut, kein Privatmann noch baut, dass also die Notstandsbauten die Krise nur verlängern können. etc. etc.

3.6 Mieterstreik

Als infolge der Baukrise Wohnungsnot entstand und die Mieten anzogen, um sich der Rentabilitätsgrenze der Neubauten zu nähern, da wurde ausgerechnet in sozialistischen Zeitungen ganz ernsthaft zum Mieterstreik aufgefordert. Mieterstreik! Mieterstreik ist doch nichts anderes als Mietzinsstreik. Und Zins bezahlt der Proletarier den ganzen Tag von früh bis spät. In den Preisen aller Waren, die er kauft, steckt Zins, vom Preis der Eisenbahnfahrkarte sind mehr als 50 % Zins, das Theaterbillet besteht zum großen Teil aus Zins für das Theatergebäude. Der Preis des Gases wäre reichlich 50 % niedriger, wenn das Gaswerk nicht mit 5 % verzinst werden müsste. Und ohne den Zins für die Staats- und Gemeindeschulden wären vielerorts die Steuern um die Hälfte niedriger. Auch der Lohn wäre im Durchschnitt ein ganzes Teil höher, wenn das in der Fabrik „angelegte Kapital" nicht verzinst werden müsste.

Warum also nur den Mietzinsstreik? Warum aus der Klasse der Kapitalisten den einen Sünder, der doch fürwahr der bescheidenste von allen ist, den zumeist verschuldeten Hausbesitzer herausgreifen? Meistens sind es kleine, unerfahrene Kapitalisten, die ihr Geld in Mietshäusern anlegen. Der Mieterstreik, wenn er nicht vom Generalstreik, von der Revolution unterstützt wird, ist Unsinn. Und wenn er diese Unterstützung hat.

Solange das Proletariat das Kapital nicht überwinden kann, fährt es am besten, wenn es das kapitalistische Gesetz der ehernen Rentabilität achtet. Durch kleine Listen und Sticheleien ist ihm nicht beizukommen. An dem Tage, wo der Mieterstreik ein nur irgendwie ernsthaftes Gesicht nähme, würde die Bauindustrie auf die schwarze Liste des Kapitals gesetzt, d.h. zu denjenigen Geschäften gezählt, die als besonders (...)

3.7 Postsparkasse

Nur als Kuriosität und als Vorbereitung zu der folgenden Darstellung der Freigeld-Kapitaltheorie soll diese Aktion erwähnt werden. Es ist nämlich Tatsache, dass sich berufene Vertreter der Sozialdemokratischen Partei bei der Besprechung des Postsparkassenprojektes dahin geäußert haben, sie hätten kein Interesse mehr an der Sache, weil sie im Nationalrat mit ihrer

Forderung, den Zinsfuß für Spareinlagen von 3 auf 4 % zu erhöhen, nicht durchgedrungen seien!!!

Also nicht der Kapitalist forderte eine Erhöhung der Ausbeutungsrate, sondern der Proletarier! Demnach hätte der Sozialdemokrat nichts dagegen einzuwenden, wenn all denen, die Geld von der Sparkasse (wie von den übrigen Instituten) für ihre Unternehmungen holen, der Zinsfuß möglichst hoch geschraubt würde! Je höher, je besser! Wenn z.B. der Bauunternehmer den Sparkassen und Hypothekenbanken 10 statt 5 % bezahlen müsste, so wäre das den Proletariern nicht nur gleichgültig, sondern im Hinblick auf ihre Sparkassenbücher sogar willkommen!

Mein Gott – sind das die praktischen Ergebnisse eines 50jährigen wissenschaftlichen Studiums des Kapitals?

Die genannte Forderung, so drollig sie auch dem Wissenden erscheinen mag, steht auf allen Vieren in Übereinstimmung mit den vorhergehenden von der Kapitaltheorie der orthodoxen Sozialdemokratie inspirierten Aktionen. Nach dieser Theorie erfolgt die Ausbeutung des Proletariats restlos bei der Arbeit, in der Fabrik, auf dem Felde, durch den Besitzer der Produktionsmittel. Wenn man darum „nachträglich" dem Kapitalisten etwas wieder von der Beute abjagen kann, wie z.B. durch die Erhöhung des Zinsfußes der Sparkassen, so ist das barer Gewinn für die Arbeiter! Der Unternehmer beraubt ja das Proletariat ganz unabhängig von dem Zins, zu dem das Geldkapital erhältlich ist! Muss er 10 statt 5 % bezahlen, umso schlimmer für ihn, umso besser für den Sparkassenbuchbesitzer! (Proletarier).

Die Freigeld-Kapitaltheorie stellt diesen Satz direkt auf den Kopf. Sie sagt: Das Geldkapital beherrscht absolut die Produktion sonstigen Kapitals (Mietshäuser, Fabriken usw.). Der Zinsfuß, den das Kapital erhebt, den muss auch alles andere Kapital als Minimum erheben. Können die Häuser, Fabriken, Schiffe den Zins des Geldkapitals nicht mehr erheben (infolge wachsender Kapitalproduktion), so wird auch kein Haus, keine Fabrik mehr gebaut, bis dass der Haus- und Fabrikzins die Höhe des Geldzinses wieder erreicht hat.

Der Geldzins ist der Gleichgewichtspunkt, um den der Zins aller anderen Kapitalien (mit Ausnahme der Bodenrente) pendelt. Wer diesen Punkt hebt, der hebt den Zins allgemein, der hebt die allgemeine Ausbeutungsrate des Kapitals. Die oben genannte sozialdemokratische Aktion läuft also darauf hinaus, dass, um den Sparkassenbuchbesitzern 4 statt 3 % Zins für ihre kleinen Ersparnisse zu verschaffen, die allgemeine Ausbeutungsrate des Kapitals im Verhältnis von 3 zu 4, also um 33% hätte steigen müssen! Beträgt z.B. das in Sparkassenbüchern in der Schweiz angelegte proletarische „Kapital" hoch gegriffen etwa 1 Milliarde, während das Gesamtkapital in der Schweiz mit 40 Milliarden geschätzt wird, so ergibt sich, dass um den Zinsertrag jener Milliarde von 30 auf 40, also um 10 Millionen zu heben, das Proletariat den Besitzern von 40 Milliarden 2000 statt 1600 Millionen an Zinsen jährlich zahlen müssten!

Um den Sparkassenbuchbesitzern 10 Millionen mehr an Zinsen zu sichern, müssten die Proletarier 400 Millionen mehr an Zinsen (Mehrwert) zahlen! Wobei dann noch zu beachten ist, dass auch noch die 10 Millionen, die die Sparkassenbuchbesitzer mehr erhalten würden, ihren Kameraden vom Lohne abgezogen werden müssten! Also auch wieder der Bumerang, und zwar der Überbumerang, der mit verstärkter Kraft auf den Schützen zurückstößt.

3.8 Versicherungswesen

Der Gleichgewichtspunkt des Lohnes ist der Arbeitsertrag auf Freiland. Wer den Lohn heben will, muss diesen Gleichgewichtspunkt heben, sonst ist alles vertan, verlorene Müh. Wie dieser Schwerpunkt gehoben werden kann, das wird im letzten Kapitel gezeigt werden. Alle Vergünstigungen, die dem Proletariat auf gesetzlichem Wege zu Teil werden und die den Freilandarbeiter nicht erreichen und demnach auch den Gleichgewichtspunkt des Lohnes nicht heben, werden durch einen entsprechenden Lohnabzug von Kapital wieder konfisziert. Baut man z.B. dem Arbeiter ein Haus, so erhält er entsprechend weniger Lohn. Schafft man das Schulgeld ab, schenkt man den Kindern aus sogenannten Staatsmitteln das Schulmaterial, im Lohne des Vaters wird das zum Ausdruck kommen. Alle Vergabungen Gutherziger für städtische Wohlfahrtsanstalten - Spitäler, Waisenhäuser, Büchereien, Greisenasyle usw. - nutzen allein dem Kapitalisten, in diesem Falle dem Grundrentner. Im Lohne werden dem Arbeiter die Annehmlichkeiten solcher „Vergabungen" in Rechnung gestellt.

Dagegen wird jede Vergünstigung, die auf natürlichem oder gesetzlichem Wege dem Freiländer zu Teil wird, sich auch automatisch auf den Lohn aller Arbeiter übertragen. Baut man auf Staatskosten, d.h. auf Kosten der Grundrentner, den Freiländern Straßen, die ihren Arbeitsertrag um 5 % mehren, so steigt auch der Lohn auf der ganzen Linie um 5 %. Auch sonst wird jeder Fortschritt in der Technik, in den Wissenschaften, der das Arbeitsprodukt des Freiländers mehrt, sich in eine allgemeine Lohnerhöhung umsetzen, und zwar immer auf Kosten der Grundrente. Erhebt man eine Grundrentensteuer, um deren Ertrag den Arbeitern zu schenken, so wird der Grundrentner durch Lohnabzug dieses Geschenk wieder hereinholen. Gibt man aber den Ertrag solcher Steuern den Feiländern, meinetwegen in Bargeld, so wird der Lohn aller Arbeiter entsprechend steigen, so dass der Grundrentner die ihm auferlegte Steuer doppelt zahlt - einmal als Steuer, ein andermal als Lohnerhöhung. Der Arbeitsertrag des Freiländers ist eben der Gleichgewichtspunkt des Lohnes schlechthin. Wer diesen hebt, der allein verbessert die Lage des Proletariats. Alles andere ist vertan. Aber unbeteiligt an der Sache bleibt stets der Kapitalzins. Er ist unabhängig vom Lohne. Ob der Lohn steigt oder fällt, dem Kapitalzins ist das einerlei. Er ist eine eherne Größe. Würde es hingegen gelingen, auf andere Weise den Kapitalzins herabzusetzen von 5 auf 3 – 2 – 0%, so käme das dem Arbeitsertrag des Freiländers und durch diesen dem allgemeinen Lohn zugute (also nicht der Grundrente).

Auf die Hebung des Gleichgewichtspunktes der Löhne müssen darum alle Aktionen des Proletariats gerichtet sein. Hier müssen die Hebel angesetzt werden. Kommt das Versicherungswesen den Freiländern zugute, mehrt es deren Sicherheitsgefühl, deren Lebensfreude auf irgendeine Weise, wohlan, her dann mit der

Kranken-, Unfall-, Alters- und Krisenversicherung! Ist das nicht der Fall, so geht das, was der Kapitalist und der Staat an Beiträgen zur Versicherung leisten, mitsamt den Verwaltungskosten solcher bürokratischen Versicherung mit tödlicher Sicherheit wieder vom Lohn a

Hier soll die vom Freigeld-Bund verbreitete und auf obiger Beobachtung beruhende neue Kapitaltheorie nur kurz skizziert werden. Ausführlich behandelt findet man sie in den Schriften des S.F. &F.B. Mit der Ausbreitung ist das Geld als Tauschmittel unentbehrlich geworden. Fehlt das Geld, so können die Waren nicht mehr ausgetauscht werden. Es entsteht kann eine Absatzstockung, die zur Einstellung der Arbeit zwingt und die, sofern sie anhält, die Rückkehr zum Tauschhandel und damit zu stärkster Einschränkung der Arbeitsteilung führt. Die Arbeitsteilung ist aber wieder der Grund, warum die Erde so viel mehr Menschen ernähren kann. Ohne die Arbeitsteilung würde kaum ein Zehntel der heutigen Bevölkerung Platz in Europa finden und dieses Zehntel würde zudem noch ein kümmerliches, tierisches Dasein führen. Man erkennt hieraus wie wichtig das Tauschmittel, das Geld ist. Das Geld ist die weitaus wichtigste gesellschaftliche Einrichtung, weit überragt sie an Bedeutung alle modernen Erfindungen zusammen genommen. Ja, man kann sagen, dass das Geld, indem es die Arbeitsteilung in der Technik und Wissenschaft erst möglich gemacht, der eigentliche Schöpfer der modernen Technik ist. Als zur Römerzeit die Fundstätten der Geldmetalle sich erschöpften und die Römer wegen Mangel an Geldstoff keine Tauschmittel mehr schaffen konnten, da gingen der Handel, der Austausch der Waren und damit die Arbeitsteilung nach und nach ein. Das war die eigentliche Ursache des Unterganges jenes schönen, so viel versprechenden Reiches. Als man dann nach einem fast ein Jahrtausend langem Winterschlaf (Mittelalter) wieder Geldstoff fand (in den deutschen Silberbergwerken) und der Handel und die Arbeitsteilung sich ausbreiten konnten, da wurde es auch wieder gleich lebendig auf allen Gebieten menschlicher Betätigung. Mit dem Ende der Geldschwindsucht nahm auch das Mittelalter ein Ende.

Denselben Mangel an Geld, den die von Funden abhängige Natur der Geldmetallgewinnung erzeugte und der den Untergang ganzer Reiche verursachte, den können heute die Sparer und Kapitalisten zu jeder Zeit einfach festhalten. Dann zeigen sich bei allen Produzenten, die auf Arbeitsteilung eingerichtet und auf den Austausch der Produkte angewiesen sind, die Symptome derselben Krankheit, der Rom zum Opfer fiel. Der Unterschied ist nur der, dass damals in Rom das Geld absolut fehlte, während es heute nur von den Sparen und Wucherern festgehalten wird und, dass man den Sparern und Kapitalisten durch Anbietung eines Sondervorteils in Höhe eines jährlichen Tributs von 5 % das Geld aus den Matratzen, Strümpfen, Tresoren wieder entlocken kann!

So wird also der Austausch, der Handel, der Markt von vornherein mit einer Privatsteuer von 5 % belastet. Diese Steuer tragen mit allen übrigen Handelsunkosten die Warenproduzenten. Sie bildet einen integrierenden Teil der Handelsunkosten. Bei der Berechnung der Preise setzt der Kaufmann als ersten und ehernen Ausgabeposten den Zins des zur Führung des Geschäftes nötigen Geldkapitales ein.

Mit Gott und 100.000 Franken – so ist auf dem ersten Blatt des kaufmännischen Hauptbuches zu lesen – und diese 100.000 Franken verlangen im Jahre 5 %, sonst streiken sie, ganz einerlei ob es eigenes oder geborgtes Geld des Kaufmannes ist. Ist der Verkaufspreis einer Ware 100 Franken, so erhält der Produzent vom Kaufmann 100 Franken abzüglich der Handelsspesen und in diesen Handelsspesen steht unverrückbar an erster Stelle der Zins des hier „ anzulegenden" Geldkapitals. Diesen Zins nennt die Freigeld–Kapitaltheorie den „Urzins", weil er die erste Erscheinungsform des Zinses überhaupt darstellt, dem Handel und der Arbeitsteilung untrennbar an und ist, worauf wir hier ganz besonders aufmerksam machen wollen, von der Trennung der Arbeiter von ihren Produktionsmitteln unabhängig. Er wurde von den Kindern Israels erhoben, von den Untertanen Hammurabis, von den alten Griechen und Römern erhoben und bezahlt, zu einer Zeit, wo es noch kein Proletariat gab, wo noch jeder über die eigenen Produkte frei verfügte und sie zu Markt brachte.

Dieser Urzins ist der Beobachtung Marx' vollkommen entgangen, trotzdem er selbst und wiederum in Widerspruch mit seiner eigenen Kapitaltheorie entwicklungsgeschichtlich das Handelskapital dem Gewerbekapital vorangehen lässt. Nur weil Marx den Urzins übersah, konnte er sagen, Geld und Waren seien vollkommene Äquivalente. Die Freigeld–Kapitaltheorie sagt nun weiter: Wenn das Geld dem Handel nur zu 5 % zur Verfügung gestellt wird, so muss wohl auch die Industrie und Landwirtschaft diesen Zins zahlen. Warum sollte auch der Sparer und Kapitalist den Bauern, Unternehmern und Technikern das Geld zur Gründung und Führung ihrer Geschäfte billiger überlassen als dem Kaufmann? Das

Gründungskapital jedes Unternehmens besteht aus Geld und das Unternehmen kann nur dann „finanziert" werden, wenn es dem Geld den Tribut, den Urzins bezahlt und garantiert. Augenblicklich wird z.B. in Bern und Zürich trotz ärgster Wohnungsnot nicht gebaut, weil die Mieten für die Ansprüche des Geldkapitals nicht ausreichen. Würde der Geldkapitalist mit der Zinsforderung auf 3 – 2 % heruntergehen, dann reichten die jetzigen in Bern üblichen Mieten und dann würde der Unternehmer sofort mit der Arbeit beginnen. Ihm, dem Unternehmer, dem Bauer, dem Handwerker ist es soweit einerlei, ob er 5 – 4 – 2 oder überhaupt keinen Zins herausschlagen kann, da er ja den Zins an die Geldleute abliefern muss. Als Unternehmer muss er sich mit dem Unternehmerlohn begnügen; als Unternehmer ist er am Zins unbeteiligt – der Zins ist für ihn nur ein Durchgangsposten.

Wie beim Austausch der Produkte, so steht also bei der gesamten Industrie der Zins des Geldkapitals an erster Stelle der Unkosten. Auch die Industrie in ihrem ganzen Umfang mitsamt der Bauindustrie, den Schiffen, Eisenbahnen ist dem Geldkapital tributpflichtig. Jede Industrie muss bei ihrer Gründung das feierliche Versprechen abgeben, bis zum Tode jährlich 5 % an die Geldkapitalisten abzuliefern, sonst kann sie nicht finanziert werden. Das macht für den Gesamtbetrag von 40 Milliarden Kapital in der Schweiz, 2 Milliarden (2000 Millionen) Zins jährlich oder fast 7 Millionen für jeden Werktag! Würde das Geldkapital mit seinen Ansprüchen heruntergehen (mit dem Freigeld würde es in kurzer Zeit bis auf Null heruntergehen müssen), so müssten unter dem Drucke wachsender Konkurrenz auch die Unternehmen.

4 Direkte proletarische Aktionen für die Herbeiführung von Freiland und Freigeld

Proletarier betrachte deine Waffe, die Waffe mit der dich die Natur ausrüstete, deine Fäuste! Betrachte sie genau! Sie sind nicht mit Krallen versehen wie die des Raubgesindels, sie sind nicht glatt wie die des Wucherers, sie sind nicht geübt den Säbel zu rühren wie die des Soldaten. Aber schwielig sind sie. Sie sind gerade so, wie sie es sein müssen, um das Kapital zu überwinden. Nicht für Raub und Zerstörung, sondern für den Aufbau des sozialistischen Staates, für friedliche, Lebensfreude und Kultur bringende Arbeit sind sie geschaffen. Gebrauche sie entsprechend und du wirst sie alle in kurzer Zeit in den Staub werfen, die Raubtiere, die Wucherer und Ausbeuter. Die Freigeld– Kapitaltheorie legt dein Heil, das Heil der Menschheit in deine Fäuste. Durch fleißige, unverdrossene, klug geleitete Arbeit sollst du das Kapital in einer Überproduktion an Kapital ersäufen! An Stelle des fatalistischen Zuwartens verlangt die neue Kapitaltheorie von dir die Tat, die dir am nächsten liegt, die Arbeit. Durch deine Arbeit entstand schon immer die Überproduktion an Waren, deren Umsatz in Kapital durch die Autokapitalsabotage verwehrt wurde. Jetzt soll durch das Freigeld dieses Wehr niedergerissen werden, so dass sich die aus deiner Arbeit erwachsende Warenüberproduktion in Kapitalüberproduktion umsetzen kann. Und mehr ist nicht nötig, um den Mehrwert, den Zins spurlos zu versenken.

Solange der Arbeiter nur singen konnte: „Alle Räder stehen still, wenn mein starker Arm es will", lachte sich der Kapitalist ins Fäustchen. Das Stillliegen der Räder, das war es ja, was ihm, dem Kapitalisten half. Das Problem des Arbeiters aber heißt gerade umgekehrt, alle Räder sollen laufen, solange es meinen Arbeiterinteressen entspricht, solange es noch Spuren von Zins und Ausbeutung gibt auf der Erde. Den rastlosen ununterbrochenen Lauf der Räder gegen die Interessen des Kapitals zu erzwingen, die Autokapitalsabotage zu verunmöglichen, das ist das Problem des Arbeiters. Und dieses Problem löst Freigeld. Alle Räder sollen jetzt laufen, schwirren, ächzen, solange es deinen Interessen entspricht. (Trefzer schlug vor: „Alle Räder sollen laufen, soll das Kapital ersaufen.")

Wie aber sollen die Arbeiter zum Freigeld kommen? Dass die Kapitalisten sich gegen das Freigeld, das ihnen das Mittel zur Autokapitalsabotage aus den Händen windet, mit Händen und Füßen, d. h. mit Lüge und Schwindel und vielleicht noch mit den Mitteln der Staatsgewalt wehren werden, ist ja klar. Glücklicherweise liegt aber die Macht des Geldes nicht bei denen, die das Geld haben, sondern bei denen, die das Geld je nachdem annehmen oder zurückweisen können. Verweigert der Arbeiter die Annahme des kapitalistischen Geldes, so ist auch schon die Macht dieses Geldes gebrochen. Geld kann jeder machen. Die Kunst besteht darin, es den Arbeitern aufzuzwingen. Verkauft der Arbeiter seine Produkte gegen das Geld, das die Aktionäre der Nationalbank aus Lumpen herstellen, so ist damit die einzige Bedingung erfüllt, um aus Lumpen Geld zu machen. Verweigern aber die Arbeiter die Annahme dieses Geldes, so verwandelt sich das Geld der Nationalbank wieder in das, was es war, in Lumpen und Makulatur. Vereinbaren die Arbeiter, dass sie vom 1. Mai an nur das von ihnen selbst ausgegebene Geld für Leistungen und Arbeitsprodukte annehmen und jedes andere Geld zurückweisen werden, so ist mit dieser Vereinbarung allein schon ihr Geld das einzig gültige, das einzig mögliche Geld. Was nützen dem Rentier, Wucherer, Spekulanten, Bankier noch die bunten Lappen, die schweren Fünflibers und die glänzenden Goldmünzen, wenn der Arbeiter sie zurückweist und Zahlung seiner Leistungen in dem von ihm hergestellten und verwalteten Geld verlangt?

Und der Staat? Ja, was will auch dieser Büttel der Kapitalisten, wenn seine „Festbesoldeten" gemeinsame Sache mit den Arbeitern machen und nur noch das Arbeitergeld annehmen? Wie will dann der Staat seine Parteinahme für das Geld der Kapitalisten begründen? Hier muss der Staat Farbe bekennen. Alle Ausflüchte sind ihm versperrt. Der Staat muss zur neuen Kapitaltheorie öffentlich Stellung nehmen, und wenn er sich gegen das Freigeld wendet, so muss er es öffentlich damit begründen, dass man den Kapitalisten nicht das Recht nehmen darf, nach Belieben den Geldumlauf zu sperren und die im Interesse des Zinses nötig werdende Kapitalsabotage zu üben, nach Gutdünken Krisen zu erzeugen und die Arbeiterwelt der Arbeitslosigkeit und dem Elend auszuliefern. Der Staat kann es ja versuchen, ob seine Macht zu solchem öffentlichen Bekenntnis ausreicht, ob er das Lügengespinst der Goldwährungsliteratur zu seiner Geldtheorie machen darf. Das Freigeld scheidet scharf Wahrheit und Dichtung, Arbeit und Wucher, Recht und Unrecht, Arbeiter und Rentnertum. Und die Staatsverwaltung wird sich entscheiden müssen, ob sie zur Rechten Gottes oder zu der des Teufels sich setzen will. Im letzteren Fall darf sie sich aber nicht wundern, wenn sie zum Teufel gejagt wird.

Freilich zu alledem gehört die geeinte Macht des Arbeitertums. Alle, alle, die vom Ertrag ihrer persönlichen Arbeit leben, sollen sich zusammentun und den Geldstreik proklamieren. Wie dieser praktisch durchgeführt wird, ersieht man aus folgenden Ausführungen, die dem „Physiokrat" (Berlin) und der „Freistatt" (Bern) entnommen sind.

Nachwort: Das sog. Gresham-Gesetz, das in obiger Darstellung eine so wichtige Rolle spielt, wird zwar in der Währungsliteratur oft erwähnt, dürfte aber in der sozialistischen Welt, wo man die Währungsfrage kaum dem Namen nach kennt, so gut wie unbekannt sein. Einige Worte der Erklärung sind also hier am Platze. Gresham sagte: Man bezahlt, wenn man die Wahl hat, immer mit der schlechteren von zwei Münzen. Hat man im Beutel neue und verschlissene Münzen, echte oder falsche oder verdächtige, so greift man automatisch nach den letzteren. Ungleiche Münzen haben aber nur innerhalb der Landesgrenzen gleiche gesetzliche Zahlkraft. Im Auslande, wo die Münzen nur nach Gewicht gelten, gelten die neuen mehr als die verschlissenen — darum sucht man für den Export von Geld die vollwichtigen aus. So kommt es, dass der Zahlungsverkehr im Inland sich hauptsächlich mit dem schlechteren Geld vollzieht und dass bei passiver Zahlungsbilanz das schlechtere Geld das bessere über die Grenze anschiebt. Im Wettbewerb, als Zahlungsmittel, bleibt die schlechtere Münze immer Siegerin; ihr muss das bessere Geld ganz gesetzmäßig das Feld räumen. Je schlechter und unsicherer eine Geldart, umso stärker ist sie ihren Wettbewerbern gegenüber. Auf das Freigeld und den Geldstreik der Proletarier angewandt, bedeutet das Gresham-Gesetz, dass das Geld der Proletarier umso sieghafter den Wettbewerb mit dem Geld der Kapitalisten bestehen muss, je schlechter und unsicherer diesen das Freigeld erscheint. Auch der Kapitalist wird, so oft er die Wahl hat, mit Freigeld bezahlen.

5 Die Übernahme der Nationalbank durch die schweizerischen Gewerkschaften

Nachdem durch den Freigeldstreik das Proletariat sich zum Diktator auf dem wichtigsten Gebiete der Staatsverwaltung erhoben hat, wird es sich darum handeln, nun auch die damit gewonnene gewaltige Macht aufbauend im Interesse des gesamten Volkes auszunutzen. Will der proletarische Diktator nicht auf dem Schafott enden, so muss er ein Baumeister sein, d.h. ein Meister in alledem, was er beginnt.

Das Freigeld bedarf einer Verwaltung. Wahrscheinlich würde sich nach dem sieghaften Durchbruch des Freigeldstreikes die Nationalbank nun bereit erklären, diese Verwaltung in die Hand zu nehmen, wenn auch nur um zu retten, was noch zu retten ist von den Vorrechten des Geldes. Diesem Versuch muss sich das Proletariat widersetzen. Das Geld ist eine volkswirtschaftliche Einrichtung und kann darum zweckdienlich nicht von privatwirtschaftlichen Gesichtspunkten aus verwaltet werden. Und die Nationalbank ist doch eine auf Profit, Zins und Dividenden angewiesene Aktiengesellschaft. Wenn sie auch wollte, die

Nationalbank kann einfach nicht volkswirtschaftlich denken, denn zwei Seelen wohnen, ach, in ihrer Brust.

Darum darf das Proletariat die Verwaltung des Freigeldes unter keinen Umständen der Nationalbank übertragen. Am besten wird es sein, den unpolitischen Arbeiterorganisationen, den Gewerkschaften und Konsumvereinen die Verwaltung des Freigeldes zu übertragen. Nun wird mancher hier gleich an das Aktienkapital der Nationalbank denken und sich sagen: Woher nimmt aber das Proletariat das „Kapital" zur Verwaltung des Freigeldes? Eine zwar recht naive aber verzeihliche Frage. Ist doch der Proletarier von Kind an gewöhnt worden, das Kapital mehr anzustaunen und zu fürchten als seinen Schwächen nachzuspüren. Was wissen selbst die Arbeiterführer vom Geldwesen?

Der Freigeldstreik hat der Nationalbank das Monopol der Geldausgabe, diese Hochburg des Kapitals, aus den Händen gewunden und es dem Proletariat ausgeliefert. Und dieses Monopol ist an sich ein Kapital – und was für eins!

Was das Geldmonopol als Kapital bedeutet, erhellt aus der Tatsache, dass z.B. die Reichsbank mit einem Aktienkapital von 240 Millionen einen Notenumlauf von 12.000 (zwölftausend) Millionen unterhält, das ihr zu 5 % an Zins in weniger als fünf Monaten das ganze Kapital der Aktionäre abwirft. Käme der Gesamtertrag des Notenmonopols unter die Reichsbankaktionäre zur Verteilung, so würden sie alle fünf Monate 100 % Dividende einstreichen!! Und ähnlich verhält es sich heute mit allen Notenbanken. In der Schweiz mit einem Aktienkapital von 40 Millionen und einem Notenumlauf von 800 Millionen würde der Zins eines Jahres genügen, das

Aktienkapital der Nationalbank zu tilgen, falls man die völlig überflüssigen Goldreserven abstoßen würde. Und könnte man sich entschließen, die lästigen, fast lächerlich wirkenden Silbermünzen einzuschmelzen, so könnte die Emission von 800 auf 1000 Millionen gebracht werden.

Wenn es also hier noch eine Frage gibt, so wäre es vielleicht die, was mit dem Ertrag des Notenmonopols gemacht werden soll. Hier genügt der Beweis, dass das Notenmonopol an sich ein Kapital ist und dass die Gewerkschaften keines besonderen Kapitals zur Übernahme der heute der Nationalbank übertragenen Aufgabe bedürfen.

Wichtig dagegen ist die Frage, nach welchen Gesichtspunkten die sozialistische Geldverwaltung das Geldmonopol verwalten soll. Hier muss ich mich auf die Literatur des Schweizer Freiland- und Freigeld-Bundes berufen, worin diese Frage nach allen Seiten erwogen und gelöst wird. Es genügt hier zu erwähnen, dass, wenn in der Verwaltung des Geldmonopols nur noch öffentliche volkswirtschaftliche Gesichtspunkte die Richtung zu geben haben, wie das selbstredend in einer sozialistischen Verwaltung der Fall sein muss, dann zur Verwaltung des Geldmonopols keinerlei finanztechnische Vorkenntnisse nötig sind und dass dann Jedermann befähigt ist, das Amt eines verantwortlichen Direktors des Geldverwaltung zu übernehmen. Vom öffentlichen Wohl aus betrachtet, ist der Aktionskreis der Geldverwaltung scharf durch die sog. Absolute Währung begrenzt, die darin besteht, dass die Geldverwaltung die Notenausgabe den Ergebnissen einer Warenpreisstatistik anzupassen hat. Die Geldverwaltung druckt Geld und setzt dieses in Umlauf, so oft und so lange die

Warenpreise abwärts streben, und sie zieht umgekehrt Geld ein und verbrennt es, wenn die Preise aufwärts streben. Das ist alles, was bei der Verwaltung des Geldmonopols als verantwortliche Handlung von Bedeutung in Betracht kommt.

Und auch noch diese einfache Handlung wird noch dadurch ganz außerordentlich erleichtert, dass mit dem Freigeld alle Spekulationskapitalien, die heute nur zu oft den Zielen einer vernünftigen wissenschaftlichen Währungspolitik im Wege stehen, restlos und automatisch aufgelöst werden, wie das in den Schriften des S.F.&F.B. ausführlich dargelegt ist.

Grundlage und Richtpunkt für die Leitung der Freigeldverwaltung bildet die Warenpreisstatistik, von der oben die Rede war. Auch diese muss das Proletariat selber in die Hand nehmen. Sie ist auch sonst von höchster Bedeutung, um bei den Lohnkämpfen endlich einmal einen festen Vergleichspunkt zu schaffen. Von den Landesbehörden wie auch von der Nationalbank ist nicht zu erwarten, dass sie einmal ernsthaft an die Ausführung dieser von allen Sozialpolitikern als unentbehrlich erachteten Arbeit gehen werden. Denn die Kapitalisten und ihre Angestellten auf den Hochschulen fürchten das Licht, das von hier aus auf die Hochburg des Kapitals, auf ihren Schützling, auf die Goldwährung fallen würde. Nur das Proletariat braucht die Resultate solcher statistischen Arbeit nicht zu fürchten; darum kann auch nur das Proletariat diese Aufgabe wirklich sachlich lösen. Wie diese Statistik zu führen ist, darüber in den Schriften des Schweizer Freiland und Freigeld Bundes.

Die Geldverwaltung kann das Proletariat durch den Geldstreik natürlich ebenso an sich reißen wie es sich im Geldstreik selbst als allmächtig erwies. In keiner öffentlichen Angelegenheit ist die Macht des geeinten Proletariats so durchschlagend wie gerade im Geldwesen. Aber vielleicht wird es gar nicht einmal eines Streikes bedürfen. Vielleicht genügt der gesetzliche Weg. Auf alle Fälle dürfte man es so versuchen und durch die sozialdemokratischen Parlamentarier folgenden Gesetzentwurf zur Abstimmung bringen lassen:

I. Da es notorisch ist, dass unter der Leitung unserer Nationalbank die Warenpreise stark gestiegen sind und damit der Beweis erbracht ist, dass die Nationalbank ihre Hauptaufgabe nicht erfüllt, die darin bestehen soll, den Geldumlauf zu regeln, so wird der Nationalbank das Recht der Notenausgabe entzogen.

II. Da es sich ferner bei näherer Betrachtung herausstellt, dass eine Aktiengesellschaft (Nationalbank), die auf Dividenden angewiesen ist und daher vor allem privatwirtschaftlich sich orientieren muss, nicht auch zugleich volkswirtschaftliche Politik treiben kann, dass vielmehr die Gewerkschaften, die Konsumvereine, die beruflichen Organisationen, die Verbände der Festbesoldeten usw., die an der strikten Aufrechterhaltung der Währung in erster Linie interessiert sind, eine solche volkswirtschaftliche Aufgabe naturgemäß besser im volkswirtschaftlichen Sinne lösen werden, so wird die Notenausgabe zum Monopol der genannten Organisationen erhoben und das von diesen Organisationen ausgegebene Freigeld zum gesetzlichen Zahlungsmittel der Schweiz erhoben.

III. Die genannten Organisationen, die sich zur Übernahme des Notenmonopols bereit erklären, verpflichten sich zu folgenden Leistungen:

1.) Sie werden die absolute Währung einführen und dadurch die schweizerische   Währung vor jeder allgemeinen Hausse oder Baisse, vor Inflation und Depression, vor Hochkonjunkturen und Flaue schützen.

2.) Schutz der schweizerischen Volkwirtschaft vor Handels-, Finanz- und Wirtschaftskrisen, vor Börsenkrach, Preis- und Kursstürzen.

3.) Schutz der schweizerischen Volkswirtschaft vor den Raubzügen der Börsen und der Spekulation.

4.) Sicherung, Beschleunigung und Verbilligung des allgemeinen Warenaustausches und Herabsetzung der allgemeinen Profitrate von heute 40 % auf 10 % .

5.) Erübrigung der meisten Warengeschäfte und allmählicher Übergang des überflüssig werdenden Handelspersonals zur Produktion.

6.) Schaffung der finanziellen Grundlagen für den absoluten Freihandel.

7.) Organische (kostenlose) Versicherung aller Arbeitswilligen gegen   allgemeine Arbeitslosigkeit, vollkommene Auflösung der Arbeiterreserve.

8.) Verhinderung der Autokapitalsabotage.

9.) Herbeiführung einer ständig wachsenden Kapital-Überproduktion mit entsprechendem Druck auf den Kapitalzins.

10.) Völlige Beseitigung des Zinses (Mehrwerts) bei internationaler Einführung des Freigeldes.

11.) Bei internationaler Einführung des Freigeldes Verbindung der absoluten Währung mit absoluter Festigkeit der Wechselkurse.

12.) Vernichtung des den Bürgerfrieden gefährdenden Proletariats infolge der allmählichen Rückführung der Produktionsmittel in den Privatbesitz der Arbeiter.

13.) Verwendung der aus dem Freigeldmonopol erwachsenden Einnahmen von 5 % des gesamten Geldumlaufs, jährlich etwa 30 Millionen, zum Erwerb von eidgenössischem Freiland.

Über die Aussichten eines solchen Gesetzentwurfes will ich hier nicht prophezeien. Es sei hier nur bemerkt, dass nur der, der die Wirkungen des Freigeldes nicht haben will, der das Kapital vor allem schützen will und dieses offen zugibt, sich gegen diesen Gesetzesvorschlag erheben kann. Aber wer dürfte heute offen die Partei des Kapitals vertreten, wer dürfte es wagen, von einem Rechte auf Zins und arbeitsloses Einkommen, von einem Rechte auf Kapitalsabotage, auf ein Recht, Krisen und Arbeitslosigkeit über das Land zu verhängen, um einer Kapitalüberproduktion zu wehren? Wer darf offen in dieser aufgeregten Zeit erklären, er wolle das proletarische Geld nicht, weil man damit nicht wuchern, spekulieren und das Land in den Bürgerkrieg treiben kann?

Mit dem Freigeld und seiner Verwaltung hat das Proletariat den Schlüssel zur kapitalistischen Zwingburg in der Hand. Und wenn es dann einmal zur Revolution käme – diesmal käme sie von „oben" – was vermöchten die revolutionierenden Reaktionäre jetzt noch ohne das Notenmonopol gegen die sozialistische Ordnung? Wer das Geldwesen in der Hand hat, der setzt immer seinen Willen durch. Haben die Arbeiter einmal den Kapitalisten das Geldwesen aus den Händen gewunden, so sind diese ebenso machtlos wie die Arbeiter aus dem gleichen Grund bisher machtlos waren. Diese konnten zwar die Räderwerke zum Stillstand bringen, aber was erreichten sie damit? War das nicht immer ein Schnitt ins eigene Fleisch des Proletariats? Jetzt mit dem Freigeld braucht das Proletariat keine Revolution mehr; es kann jetzt in Ruhe die Entwicklung der Dinge abwarten. Wenn es aber doch noch einmal dazu gerieben würde (eine solche Zwangslage kann man sich eigentlich nicht mehr vorstellen), so wird das Proletariat auch die Mittel haben, die Revolution zu „finanzieren" und, was besonders interessant am Freigeld ist, während der Revolution die gesamte Volkswirtschaft in Vollbetrieb erhalten, was an sich schon genügt, um jeder Revolution den Erfolg zu sichern.

Wie anders sähe es jetzt in Russland aus, wenn Lenin die Revolution mit dem Geldstreik begonnen und sich mit dem Freigeld die Herrschaft über das Geldwesen gesichert hätte? Man erinnere sich, dass Kerensky um den Preis einer Offensive sich Geld aus Amerika kommen lassen musste – und dass diese Offensive ihm seine Stellung kostete.

(Anm. des Autor: Wer sich diese wenigen Seiten Originaltext von Silvio Gesell auf der Zunge hat zergehen lassen, wird verstehen, warum Albert Einstein seine Gedankenführung brillant und seine Werke, sprich seine Art der Verfassung als „glänzenden Stil" bezeichnete.)

Kapitel Nr. 18 - Vergleich zwischen Keynes und Gesell

John Maynard Keynes aus Cambridge (1883-1946) war ein britischer Ökonom, Politiker und Mathematiker. Er zählt zu den bedeutendsten Ökonomen des 20. Jahrhunderts und ist Namensgeber des Keynesianismus. Seine Ideen haben bis heute Einfluss auf ökonomische und politische Theorien. Keynes hat sich intensiv mit Gesell auseinandergesetzt und seine eigenen Theorien in vielen Bereichen auf ihm aufgebaut und weiterentwickelt.

Thomas Betz schreibt in einem Artikel erschienen u.a. in der ‚Zeitschrift für Sozialökonomie', Ausgabe 146 vom September 2005 einen bemerkenswerten Vergleich der beiden Männer, den ich für absolut lesenswert erachte im Bezug zu diesem Thema:

War Keynes der bessere Gesell oder Gesell der bessere Keynes?

Urzins und Liquiditätsverzichtsprämie

Aus der Fragestellung darf mit Recht geschlossen werden, dass die beiden Herren etwas miteinander zu tun haben oder jedenfalls hatten. Und in der Tat: Die augenscheinlichste Gemeinsamkeit der beiden ist die Konstatierung und die Interpretation des Zinses als eines arbeits- und leistungslosen Überschusses.

Für Keynes ist die sog. Liquiditätsprämie bzw. Liquiditätsverzichtsprämie die – allerdings selbst nichtmonetäre – Ertragsrate der Geldhaltung gegenüber der Option, „reale" bzw. konkrete Konsum- oder Investitionsgüter zu halten, die nicht, jedenfalls nicht vergleichbar, liquide sind. Die Liquiditätsprämie auf Geld bestimmt nun den – monetären – Zinssatz und dieser – da dem Investitions- und Produktionsprozess vorgeschaltet – die Untergrenze des mindestens zu erwirtschaftenden Profits.

Gesell argumentiert ganz ähnlich: Alle Güter sind von Natur aus mit Durchhaltekosten belastet, d.h. sie verwittern, verfaulen, veralten. Geld hat keine bzw. weit geringere Durchhaltekosten. Deshalb ist der Geldhalter – und insbesondere der wohlhabende, der also unter keinem sofortigen Zwang zum Konsumieren steht – im Vorteil gegenüber dem Halter von Gütern. Er kann es sich leisten, zu warten, ohne einen (dem Güterhalter) vergleichbaren Wertverlust zu riskieren und zu realisieren. Dadurch kann er die Unterlegenheit des Güterhalters ausnutzen: Er verlangt ihm einen Abschlag ab, den sog. Urzins. Weil der Urzins durch reine Kaufzurückhaltung bzw. Kaufverzögerung bzw. „Horten" (des Geldes) erzwungen werden kann, ist er natürlich auch dann fällig, wenn Geld verliehen und für Investitionszwecke zur Verfügung gestellt wird. Was also für Keynes die Liquiditätsprämie, ist für Gesell der Urzins.

Weil das Geld eine Monopolstellung sowohl als Tauschmittel als auch als Wertaufbewahrungsmittel genießt, kann der Geldbesitzer sich für die Nichtwertaufbewahrung per Geld durch den Zins entschädigen lassen. Keynes und Gesell bestreiten also beide, dass der Zins etwas mit Konsumverzicht zu tun hat, mit „Produktivität des Geldkapitals" etwa, mit „Sparprämie", „Warteprämie" o.ä., sondern der Zins ist einzig und allein eine Belohnung für die Aufgabe von Liquidität und in seiner Höhe ein Maß für die Abneigung der Geldbesitzer, sich von ihren liquiden Mitteln zu trennen. Mit der Verfügungsgewalt über Geld hinsichtlich der Entscheidung, Geld nun zu halten oder zu investieren, dominiert das Geldkapital den gesamten Wirtschaftsprozess. Alle ökonomischen Vorgänge werden grundsätzlich von der Verfügungsgewalt der Geldbesitzer über ihre Geldvermögensbestände bestimmt.

Variationen in der Neigung zur Geldhaltung bestimmen die Liquiditätsprämie und somit die Höhe des Geldzinses.

Dieser Geldzins bestimmt nun auch die Profitrate der Produktion (in der sog. Realsphäre): Eingesetztes Sachkapital ist vorgeschossenes Geld des Geldkapitals und muss als solches in Höhe des Kredit- bzw. Geldzinses refundiert werden. Damit ist ein Rentabilitätszwang in Höhe des Geldzinses (als Untergrenze) in die Welt gesetzt. Der Profit des Sachkapitals ist also keine eigenständige Größe, sondern eindeutig bestimmt durch die Liquiditätsprämie. Indem das Geldkapital das Geldangebot knapp hält, zwingt es zur Knapphaltung der Produktion. Beide – Keynes wie Gesell – bestreiten also, dass die Entstehung des Profits irgendetwas mit dem Privatbesitz an Produktionsmitteln zu tun hat, und setzen sich damit auch in diametralen Gegensatz zur marxistischen Perspektive.

Auch im Hinblick auf die Analyse von Krise und Arbeitslosigkeit stimmen die beiden in ihren Grundthesen überein: Im Konjunkturabschwung sinkt die Liquiditätspräferenz nicht etwa, sondern sie hat im Gegenteil sogar die Neigung, weiter anzusteigen; jedenfalls bleibt der dadurch induzierte Zinssatz über dem Vollbeschäftigungsgleichgewicht.

Ein Selbstverstärkungsprozess ist in Gang gekommen: Die solcherart entstandene Zinsbarriere ist die Ursache für Krise und Arbeitslosigkeit und hat ihrerseits ihre letzte Ursache in der offensichtlich problematischen Funktion des Geldes als Wertaufbewahrungsmittel. So wie im Konjunkturaufschwung die Sachkapitalbildung durch Verzicht auf Geldhaltung ermöglicht wird, so wird auch die Sachkapitalbildung durch die Grenzen der Bereitschaft zur Geldhergabe beschränkt.

In der Krise wird nun die so notwendige Verbilligung der Kredite durch die gleichbleibend hohe Liquiditätspräferenz verhindert und damit auch eine Erweiterung der Produktion auf Vollbeschäftigungsniveau. Im Gegensatz zur klassischen Schule ist hier also die Krise nicht etwa Folge eines Kapitalmangels aufgrund zu geringen Konsumverzichts, sondern geradezu im Gegenteil Folge einer Knapphaltung von zurückgehaltenem Geld. Das Geldkapital löst die Krise aus und beendet sie erst wieder, wenn die Profiterwartungen auf den Gütermärkten das Niveau der Liquiditätsprämie erreichen.

Wirtschaftspolitischer „Gezeitenwechsel"

Aber auch im Hinblick auf ihre letztendlichen Ziele sind sich Keynes und Gesell weitgehend einig: Gesell will eine konsequente staatliche Rahmenrechtsordnung schaffen, die die Macht des

263

Geldes über den Güter- und Arbeitsmarkt überwindet, indem sie die permanente Wirksamkeit des Geldes als private Nachfrage sicherstellt und dadurch das Geld zum tatsächlich neutralen Tauschmittel macht. Sodann hat es keinen autonomen Einfluss auf die Allokation der Ressourcen, auf die Verteilung von Einkommen und Vermögen sowie auf die Dynamik der wirtschaftlichen Entwicklung mehr. Nicht die Marktwirtschaft soll beseitigt werden, sondern der „monetäre Defekt" derselben, um die bislang eingeschränkten Selbstregelungs- und Selbstheilungskräfte des Marktes erst voll zur Entfaltung zu bringen.

Dem Geld soll seine auf seinem Liquiditätsvorteil beruhende strukturelle Macht genommen werden; dadurch, dass es im Falle eines Rückzugs in die Nachfrageunwirksamkeit mit Durchhaltekosten belastet wird (z.B. Stempelgeld). Dadurch soll das Geldkapital in jeder Situation veranlasst werden, als wirksamer Nachfrager von Konsum- und Investitionsgütern auf dem Markt zu erscheinen; auch bei rückläufiger Grenzleistungsfähigkeit des Realkapitals.

Der Marktzins sowie die Grenzleistungsfähigkeit des Realkapitals würden dann allmählich gegen Null absinken und die kapitalistische Marktwirtschaft dadurch in eine „nachkapitalistische Marktwirtschaft" übergehen. Der Zins würde nicht etwa vollständig abgeschafft, sondern er pendelte in einer gewissen Bandbreite um Null und sorgte damit als Knappheitsindikator für eine optimale Lenkung der Kapitalströme in die bedarfsgerechte Investition. Für die Erhaltung der Lenkungsfunktion des Zinses wären dann allerdings die bislang bekannten Höhen der Zinssätze nicht mehr erforderlich.

Das Geld, nunmehr echtes allokationsneutrales Tauschmittel, vermittelte jetzt einen wirklich gerechten Austausch von Leistungen und Gegenleistungen. Das Geld wirkte verteilungsneutral, d.h. bestehende Einkommens- und Vermögensunterschiede könnten nicht noch größer werden bzw. nur noch durch tatsächliche Leistungsunterschiede. Eine elementare Voraussetzung für die Bändigung sowie den Abbau sozialer Gegensätze wäre damit geschaffen.

Keynes anerkennt in der „General Theory of Employment, Interest and Money" ausdrücklich: „Jene Reformatoren, die in der Erzeugung künstlicher Durchhaltekosten des Geldes ein Heilmittel gesucht haben, zum Beispiel durch das Erfordernis periodischer Abstempelungen der gesetzlichen Zahlungsmittel zu vorgeschriebenen Gebühren, sind somit auf der richtigen Spur gewesen; und der praktische Wert ihrer Vorschläge verdient erwogen zu werden." Allerdings kommt er – wie wir noch sehen werden – an dieser Stelle zu anderen Schlussfolgerungen als Gesell. Aber der angestrebte Endzustand ist derselbe: „Unter solchen Voraussetzungen würde ich schätzen, dass ein richtig geleitetes, mit modernen technischen Hilfsmitteln ausgerüstetes Gemeinwesen .... in der Lage sein sollte, innerhalb einer Generation die Grenzleistungsfähigkeit des Kapitals im Gleichgewicht auf ungefähr null herunterzubringen; sodass wir die Zustände eines quasistatischen Gemeinwesens erreicht haben würden, in dem Änderungen und Fortschritt sich nur aus Änderungen in der Technik, im Geschmack, in der Bevölkerung und in den Institutionen ergeben würden, wobei die Erzeugnisse von Kapital zu einem der in ihnen verkörperten Arbeit usw. entsprechenden Preis verkauft werden würden ..."

Bereits für Keynes war also klar: Durch den auf Null stabilisierten Zinsfuß entfällt der zerstörerische Zwang zum ungehemmten exponentiellen Wachstum sowohl des Geld- als auch des Realkapitals, insbesondere in einer Situation gesättigter Gütermärkte. Das Geld kann nun auch in soziale und kulturelle Bereiche fließen, in denen es aus Rentabilitätsgründen bislang Mangelware war und somit im Übergang vom exponentiell-quantitativen zum qualitativen Wachstum zu einer Entspannung des Konflikts von Ökonomie und Ökologie beitragen.

Was aber Keynes mit Gesell verbindet, ist nicht nur der Umstand, dass er in den bestehenden Geldverfassungen die Ursache für Krise und Instabilität verortet und dass er ähnlich diesem langfristig einen Zustand eines Zinssatzes nahe null anstrebt, sondern eben auch, dass er sich wie Gesell daran stört, dass der Zins polarisierend wirkt, d.h. von unten nach oben umverteilend (oder die Reichen reicher und die Armen ärmer machend): „Wenn ich recht habe in meiner Annahme, dass es verhältnismäßig leicht sein sollte, Kapitalgüter so reichlich zu machen, dass die Grenzleistungsfähigkeit des Kapitals Null ist, mag dies der vernünftigste Weg sein, um allmählich die verschiedenen anstößigen Formen des Kapitalismus los zu werden. Denn ein wenig Überlegung wird zeigen, was für gewaltige gesellschaftliche Änderungen sich aus einem allmählichen Verschwinden eines Verdienstsatzes auf angehäuftem Reichtum ergeben würden. Es würde einem Menschen immer noch freistehen, sein verdientes Einkommen anzuhäufen, mit der Absicht, es an einem späteren

Zeitpunkt auszugeben. Aber seine Anhäufung würde nicht wachsen."

Und an anderer Stelle: „Ich betrachte daher die Rentnerseite des Kapitalismus als eine vorübergehende Phase, die verschwinden wird, wenn sie ihre Leistung vollbracht hat. Und mit dem Verschwinden der Rentnerseite wird noch vieles andere einen Gezeitenwechsel erfahren. Es wird überdies ein großer Vorteil der Ereignisfolge sein, die ich befürworte, dass der sanfte Tod des Rentners, des funktionslosen Investors, nichts Plötzliches sein wird, sondern ... keine Revolution erfordern wird."

Obwohl der Aspekt nicht immer im Vordergrund der Diskussion steht, ist gleichzeitig für Gesell doch auch unabdingbar, dass die angestrebte Geldreform mit einer damit in unmittelbarem zeitlichem Zusammenhang stehenden Bodenreform verknüpft wird. Denn für Gesell ist klar, dass eine nach seinen Vorstellungen erfolgende Geldreform ohne Bodenreform zwangsläufig dazu führen müsste, dass die Wertaufbewahrungsfunktion von Geld sofort auf den nicht vermehrbaren Boden übergeht, dessen Preise über kurz oder lang – und noch viel stärker als ohne Geldreform – ins Unermessliche steigen müssten. Jedenfalls wäre auf diese Art und Weise die Möglichkeit eines arbeits- und leistungslosen Einkommens, eben eine Grund-Rendite bzw. Grundrente, die auch wieder auf andere Bereiche ausstrahlen kann, nicht beseitigt. Ganz ähnlich sieht das Keynes, der in der „General Theory" feststellt, dass „ ... es Zeiten gegeben (hat), in denen wahrscheinlich die Begierde nach dem Besitz von Land, ohne Rücksicht auf sein Erträgnis, dazu beigetragen hat, den Zinsfuß hoch zu halten."

Kritik am Marxismus

Einig sind sich Keynes und Gesell auch in der eindeutigen Ablehnung der marxistischen Analyse: Zwar besteht eine wesentliche Gemeinsamkeit zwischen Marx und Gesell in der konstatierten fundamentalen und umfassenden gesellschaftlichen Polarisation von Reichtum und Armut. Allerdings stellt Gesell dem Marxschen „Kapital contra Arbeit" die Zweiteilung der Gesellschaft in Geldkapitalisten auf der einen und Produzenten, Arbeiter und Konsumenten auf der anderen Seite gegenüber, wobei der Bruch letztlich durch alle Schichten der Gesellschaft geht. Beide Schulen thematisieren kapitalistische Eigentumsformen und die Möglichkeiten ihrer Überwindung. Während aber die Marxisten letztlich das gesamte Gesellschaftssystem darauf zurückführen, sind für Gesell geradezu umgekehrt die Eigentumsformen eine Folgeerscheinung der kapitalistischen Geldordnung.

Das tragische Missverständnis von Marx besteht für Gesell in der kritiklosen Übernahme der Vorstellung des Geldes als vollkommenes Warenäquivalent und vollkommenes Tauschmittel aus der Klassik. Damit sei er von Anfang an auf ein völlig falsches Gleis abgetrieben. Marx finde am Geld, so wie es ist, nichts auszusetzen. Es sei für ihn auch kein selbstständiges Kapital und insofern auch nicht Quelle des Mehrwertes.

Allein die Arbeitskraft ist für Marx die Quelle des Mehrwerts. Wiewohl er den Zins und seine (Geld)kapitalbildende Wirkung auch akzeptiert, bestreitet er die für Gesell damit offensichtliche

Nichtneutralität dieses Tauschmittels. Mehrwertheckendes Kapital sind für Marx Sachgüter, die Produktionsmittel bzw. die Realkapitalien; entsprechend ist die Mehrwertbildung im Produktionsprozess zu suchen. Wiederum in einer kritiklosen Übernahme aus der volkswirtschaftlichen Literatur seiner Zeit – so Gesell – betrachte Marx die Arbeitskraft als eine Ware, deren Gebrauchswert um den Mehrwert höher sei als deren Tauschwert, die aber gleichwohl mit Geld vollkommen und äquivalent getauscht werde.

Hingegen findet Gesell in seiner Schrift „Die Ausbeutung, ihre Ursachen und ihre Bekämpfung" gerade in der von Marx selbst stammenden Formel des Tausches -

Geld – Ware – Mehrgeld:

$$G - W - G'; \; G' = G + g; \; g = \text{Mehrwert}$$

- den unmittelbaren Beleg dafür, dass das Geld eben nicht vollkommenes Äquivalent der Waren, sondern selbstständiges Kapital ist, dass G' nicht Produkt einer ewig wiederholten Prellerei sein könne, sondern Ergebnis einer Überlegenheit des Geldbesitzers über den Warenbesitzer sein müsse, mithin Produkt eines wirtschaftlichen Machtfaktors.

Gesell holt sich auch Unterstützung beim französischen Sozialisten Proudhon, einem Zeitgenossen von Marx und von ihm bekämpftem Gegenspieler, für den (gleich Gesell) ebenfalls Mehrwert nicht Produkt eines Sachgutes, sondern eines wirtschaftlichen Zustandes, eines Machtverhältnisses war. Proudhon suchte die Quelle des Mehrwertes ebenfalls im Tausch der Ware gegen Geld;

nach seiner Ansicht steckten die Wurzeln des Kapitalismus im Gelde.

Für Gesell ist klar: „Wir haben zu wählen zwischen der Beseitigung der Baufehler unserer alten Wirtschaftsweise und dem Kommunismus der Gütergemeinschaft. Ein anderer Ausweg ist nicht da ..." Aber die Verstaatlichung der Industrie und eine Planwirtschaft waren für ihn der falsche Weg. Gesell starb zu früh, um Zeitzeuge der schlimmsten Erscheinungsformen des Stalinismus sein zu können, aber seine Haltung war gleichwohl eindeutig: „Seht, wie die Kapitalisten der ganzen Welt sich über das russische kommunistische Experiment freuen! Es soll die Tatsachen zum Beweise liefern, dass der Marxismus das Volk dem Hungertode ausliefert. Nach dieser Revolution soll dann noch einer es wagen, den Kapitalismus anzugreifen!"

Keynes steht in seiner kritischen Haltung gegenüber Marx Gesell in nichts nach; sowohl im Hinblick auf dessen Analyse (so hat er einmal Joan Robinson gegenüber geäußert, Marx „habe einen scharfsinnigen und ursprünglichen Instinkt, sei aber doch ein sehr mangelhafter Denker"), als auch in seiner Abscheu gegenüber dem real existierenden Kommunismus bereits der 1920er, natürlich aber noch viel mehr gegenüber dem der 1930er Jahre, die Legende ist. Für ihn war der Sowjetkommunismus „das schlimmste Beispiel, das die Welt wohl je an administrativer Inkompetenz gesehen hat und dem fast alles zum Opfer fällt, was das Leben ... lebenswert macht."

Im Zusammenhang mit seiner Grundhaltung zu Marx nimmt Keynes in seinem Hauptwerk (der „General Theory on Employment,

Interest and Money") zum Hauptwerk Silvio Gesells (der „Natürlichen Wirtschaftsordnung") wie folgt Stellung: „Der Zweck des Buches als Ganzes kann als die Aufstellung eines antimarxistischen Sozialismus beschrieben werden, eine Reaktion gegen das Laissez-faire, auf theoretischen Grundlagen aufgebaut, die von jenen von Marx grundverschieden sind, indem sie sich auf eine Verwerfung statt Annahme der klassischen Hypothesen stützen und auf eine Entfesselung des Wettbewerbs statt auf seine Abschaffung. Ich glaube, dass die Zukunft mehr vom Geiste Gesell als von jenem von Marx lernen wird."

Ausgleich der Weltwirtschaft

Eine bedeutungsvolle Parallele zwischen Keynes und Gesell ist auch die zwischen dem sog. „Keynes-Plan" und der „Internationalen Valuta-Assoziation" von Gesell. Der Keynes-Plan wurde vom bedeutendsten Ökonomen des 20. Jahrhunderts auf der bedeutendsten Konferenz des 20. Jahrhunderts selbst vorgestellt: In Bretton Woods im Jahre 1944, wo die Sieger des 2. Weltkriegs über die Weltwirtschaftsordnung der Nachkriegszeit berieten und befanden.

Grundlegende Gedanken eines derartigen Systems lassen sich bereits in dem von Silvio Gesell im Jahre 1920 unterbreiteten Vorschlag einer „Internationalen Valuta-Assoziation" (IVA) finden: Dabei sollte neben den weiterexistierenden preisstabilen nationalen Währungen eine von allen an der Assoziation teilnehmenden Ländern als vollgültiges Zahlungsmittel akzeptierte internationale Währung, die "Iva", umlaufen, deren Wert wiederum zu den nationalen Währungen fixiert sein sollte. Kommt es nun zu Preiserhöhungen bzw. -senkungen in den einzelnen Ländern – etwa aufgrund einer Änderung der umlaufenden (nationalen) Geldmenge oder aber der Umlaufgeschwindigkeit derselben – so hätte dies entsprechende Abflüsse bzw. Zuflüsse von Iva-Noten aus dem bzw. in das betreffende Land zur Folge, was wiederum korrigierend auf das Preisniveau zurückwirken würde. In einer Situation aber, in der eine Erhöhung des nationalen Notenumlaufs die Iva-Noten aus dem betreffenden Land restlos "vertreibt", nunmehr also die Außenhandelsbilanz nicht mehr zum Ausgleich gebracht werden kann, entsteht – administrativ – die Verpflichtung einer Zinszahlung (!) gegenüber der die Iva-Noten ausgebenden Verwaltung bzw. selbige gibt neue Iva-Noten an das betreffende Land nur noch gegen Agio aus. Dies erzwingt schließlich eine Rücknahme der nationalen Notengeldmenge, welche schließlich zu Preisrückgängen und endlich zu einem entsprechenden Ausgleich der Außenhandelsbilanz führt. Als letztes Mittel sind Interventionen bzw. das Recht auf "Anweisungen" an die einzelnen Nationalstaaten durch die IVA vorgesehen. Nicht durch eine Internationalisierung des gesamten Geldumlaufs sollte also die Stabilität der Wechselkurse herbeigeführt werden, sondern dadurch, dass man einer beschränkten Anzahl Noten oder Münzen (Gesell sprach von 20%) internationale Gültigkeit verleiht.

Der Keynes-Plan oder auch Bancor-Plan sah die Gründung einer Union für den internationalen Zahlungsverkehr, die sog."

International Clearing Union", vor, die auf einem internationalen – gewissermaßen virtuellen – Bankgeld, dem sog. Bancor, beruht.

Der Bancor sollte in einem festen (aber nicht für alle Zeit unveränderlichen) Austauschverhältnis zu den teilnehmenden Währungen stehen, dabei aber selbst nicht in Notengeldform oder anderweitig als Zahlungsmittel für die Wirtschaftssubjekte in Erscheinung treten. Die Zentralbanken der Mitgliedsländer sollten bei der International Clearing Union Konten unterhalten, die es ihnen ermöglichen, ihre Leistungsbilanzen untereinander, definiert in Bancor-Einheiten, auszugleichen. Für Länder mit einer positiven Leistungsbilanz (die also mehr Güter und Dienstleistungen exportieren) würde bei der Clearing Union ein Bancor-Guthaben ausgewiesen werden, für solche mit einer negativen Bilanz ein entsprechendes Soll.

Das Ganze würde von Maßnahmen begleitet sein, die einer unbegrenzten Anhäufung von Guthaben sowie von Schulden entgegenwirken: Für jeden Mitgliedstaat wird zunächst die Höhe seiner maximal erlaubten Verschuldung gegenüber der Union festgelegt: die sog. "Quote", welche jedoch in regelmäßigen Abständen überprüft und angepasst werden kann. Übersteigt nun der jährliche Durchschnitts-Saldo eines Mitgliedsstaates ein Viertel seiner Quote, so soll vom entsprechenden Differenzbetrag eine Gebühr von 1% an den sog. Reserve-Fonds der "Clearing Union" gezahlt werden; und zwar unabhängig davon, ob es sich nun um einen Haben- oder Schuldensaldo handelt. Übersteigt der Saldo die Hälfte der Quote, so erhöht sich die Gebühr auf 2%. Mitgliedsstaaten, die Schulden haben, können aber nunmehr auf Grundlage gegenseitiger Vereinbarungen aus den Guthaben der

Mitgliedsstaaten, die über solche verfügen, Anleihen aufnehmen, wodurch beide, die Schuldner wie die Gläubiger, ihre Gebühren an die Clearing Union vermeiden können. Dabei ergibt es sich marktlogisch, dass die Konditionen für diese Anleihen bei Zinssätzen unter 1% bzw. unter 2% liegen werden, da die Schuldner selbstverständlich nicht bereit sein würden, mehr zu bezahlen als sie an Gebühren an die Clearing Union zu entrichten hätten. Auf der anderen Seite sind die Gläubiger ebenfalls froh, keine Gebühren entrichten zu müssen und geben sich im Idealfall mit einem Zinssatz nahe oder sogar gleich Null zufrieden. Unter den gegebenen Bedingungen ist es ebenso vorstellbar, dass sich Gläubiger – zumindest vorübergehend – mit leicht negativen Zinssätzen einverstanden erklären, da sich ihre Position dadurch immer noch günstiger darstellte, als wenn sie Strafgebühren entrichten müssten.

Die fundamentale Eigenschaft der ICU ist also die einer Institution, die multilateral barter trading (z. dt. Kompensationsgeschäfte) organisiert und auf Basis eines "Geldes" verrechnet, das lediglich bei der Verbuchung gelieferter Leistungen auf der Aktivseite des Lieferanten und auf der Passivseite des Verbrauchers in Erscheinung tritt, auf Geldverkehr im üblichen Sinne also völlig verzichtet. Man könnte sie also durchaus mit einem Tausch-Ring der Nationalstaaten vergleichen. In Bank-Termini ausgedrückt, handelt es sich also um eine "Bank", die sich einer nicht konvertiblen Währungseinheit bedient, kein Liquiditätsproblem kennt, immer zahlungsfähig ist, nicht zusammenbrechen und dementsprechend auch auf Reserven verzichten kann. Insofern kann auch darauf verzichtet werden, dass einzelne Mitgliedstaaten

Vermögenswerte zur Verfügung stellen, um einen Kapitalstock für einen Fond zu bilden, der Kredite vergibt (wie das bei IWF und Weltbank der Fall ist). Die Bereitstellung der Liquidität würde in genau der zur Finanzierung des Handels erforderlichen Größenordnung erfolgen. Im Verhältnis zum Bedarf wäre also nie zu viel oder zu wenig internationales Geld vorhanden. Die internationale Währung wäre ausschließlich von endogenen Prozessen bestimmt und nicht abhängig von Goldfunden, vom Vertrauen in eine Leitwährung bzw. vom Grad der durch das Leitwährungsland zur Verfügung gestellten Liquidität. Das in der Praxis häufig hochproblematische Dilemma zwischen der Verwendung der Leitwährung als einerseits nationaler Währung und andererseits internationaler Liquidität und Zentralbankreserve wäre aufgelöst. Keynes betont auch, dass ein weiterer bedeutender Vorteil des Systems darin besteht, dass dabei nicht mehr Liquidität über Hortungsmechanismen dem Markt entzogen (insbesondere sollte auch die Konvertibilität des Bancor in Gold explizit ausgeschlossen werden) und dadurch deflationärer Druck mit Kontraktionswirkungen auf die gesamte Weltwirtschaft ausgeübt werden kann.

Nach Keynes

Wie kommt es nun, dass die gezeigte frappierende Konkordanz von Keynes und Gesell kaum mit dem übereinstimmt, was ansonsten mit dem Namen Keynes in Verbindung gebracht wird und dass das Aufzeigen dieser Zusammenhänge immer wieder auch viele Menschen in Erstaunen versetzt, die für sich in Anspruch nehmen, Keynes oder jedenfalls den Keynesianismus zu kennen?

Die Anhänger Gesells haben schon sehr früh auf die Parallelen zu Keynes hingewiesen und darauf, dass in der „General Theory" neben der „klassischen" Idee des primär Zentralbank-bestimmten Zinssatzes im 15. Kapitel im 13. und 17. Kapitel die Konzeption einer Zinstheorie entworfen wird, in der durch die „Entscheidung zu Horten" der Zinssatz zum Preis für eine beschränkt aufgegebene Liquidität wird. Obgleich ihr im Buch mindestens derselbe Platz und Umfang eingeräumt wird, fällt sie bei der Weiterentwicklung des Keynesianismus im sog. „Postkeynesianismus" genauso unter den Tisch wie Keynes positive Würdigungen der Person Gesells und seiner Reformvorschläge. Zurecht wird kritisiert, dass eine sog. „keynesianische Wirtschaftspolitik", die Keynes auf einen „Mr. Deficit Spending" reduziert und ihn – „konsequenterweise" – auch für die grassierende Staatsverschuldung verantwortlich macht, sich zu Unrecht seines Namens befleißigt.

Aber Ende der sechziger Jahre macht auch ein Keynesianer – namens Leijonhufvud – darauf aufmerksam, dass neben dem Beschäftigungstheoretiker Keynes – auf den sich die Globalsteuerung und der Staatsinterventionismus beruft – auch ein Geldtheoretiker Keynes existiert, für den die bestehende Geldordnung die immanente Neigung der Marktwirtschaft zur Instabilität zumindest mitbedingt. Er rehabilitiert und verteidigt den geldtheoretischen Keynes gegen die herrschende postkeynesianische Ökonomie und deren Suggestion, dass die Keynessche Liquiditätspräferenztheorie eine bloße Wahl zwischen nominell fixierten und nominell variablen Vermögensobjekten thematisiert. Denn sehr viel mehr meint die Keynessche

Liquiditätspräferenztheorie die Wahl zwischen Geld und kurzfristigen Forderungen einerseits und langfristigen und realen Aktiva andererseits. Leijonhufvud argumentiert im Kontext einer Geldwirtschaft und damit, dass Investitionen, die mit Geld zu tätigen sind, notwendig den Verzicht auf die Geldhaltung bei den Geldbesitzern voraussetzen. Damit ist aber die reale Produktion dem Kalkül der Geldbesitzer, ihr Vermögen zu sichern und zu mehren, ausgeliefert. Und entsprechend sind auch Stockungen und Krisen auf das Verhalten der Geldbesitzer zurückzuführen.

Eine weitere Ausarbeitung erfuhr der monetäre Gehalt der Keynesschen Theorie durch die Keynesianer Davidson, Kregel und Minsky, die sich gegen den konventionellen (orthodoxen) Postkeynesianismus abgrenzen und ihm ihren „keynesianischen Fundamentalismus" gegenüberstellen. Sie verstehen sich selbst als die Gralshüter der (eigentlichen) Keynesschen Theorie und schrecken auch nicht davor zurück, keynesianische Beschäftigungstheoretiker zuweilen als „Bastardkeynesianer" zu kritisieren, die Keynes nicht als Geldtheoretiker erkannt hätten, obwohl er immer wieder die herausragende Bedeutung des Geldes in modernen Marktwirtschaften herausgestellt hat.

Davidson formuliert in Anlehnung an Keynes folgende Grundpositionen:

1. Moderne Geldwirtschaften besitzen keinen automatischen Mechanismus, der eine dauerhafte Vollbeschäftigung sicherstellt.

2. Die Arbeitslosigkeit muss in Verbindung mit den Charakteristika von Geld gesehen werden.

3. Die besondere Bedeutung des Geldes für den Wirtschaftsprozess rührt daher, dass Geld in einer von Unsicherheit gekennzeichneten Welt das einzige Surrogat relativer Sicherheit ist.

Als Weiterentwicklung des keynesianischen Fundamentalismus kann der sog. „Monetärkeynesianismus" um den Berliner Ökonomen Hajo Riese gelten. Riese und seine Mitstreiter rehabilitieren ebenfalls Keynes' Geldtheorie, gehen aber zum Teil auch darüber hinaus und geraten dabei in Argumentationsketten, die – zufällig oder auch nicht – durchaus an die Gesellsche Terminologie erinnern: Im Zusammenhang mit der Feststellung, dass die Geldbesitzer mit ihrer Entscheidung, Geld zu halten oder zu investieren, den gesamten Wirtschaftsprozess dominieren, spricht Riese immer wieder von der Dominanz der Geldsphäre über die Gütersphäre.

Die (Geld)Vermögensbestände stellen Riese zufolge die entscheidende Größe dar, über deren Verwendung Unternehmen und Haushalte zu entscheiden hätten. Variationen in der Geldhaltung veränderten die Liquiditätsprämie und damit die Höhe des Geldzinses. Bei Riese steuern „die Vermögensbesitzer das Marktsystem, indem sie die Verfügung über Geld (‚Vermögen') knapp halten. Dabei lässt sie die Unsicherheit des Vermögensrückflusses das Angebot an (Aufgabe von) Liquidität knapp halten. Die Vermögensbesitzer stehen so vor dem doppelten Entscheidungskalkül, einerseits die Verzinsung des Vermögensobjektes (‚Rendite') zu kalkulieren, andererseits die Sicherheit des Vermögensrückflusses abzuschätzen."

Mit der nachfolgenden Formulierung begibt sich Riese aber in eine ‚gefährliche' Nähe zum Gesellschen Denkansatz: „Der Kapitalwert ist eine Form der Aufgabe von Liquidität, weil der Vermögensbesitzer (als Gläubiger) dem Unternehmer (als Schuldner) Geld zum Kauf von Produktionsmitteln bereitstellen (‚vorschießen') muss ... Ist jedoch Kapital eine Form aufgegebener Liquidität, eine Verbindlichkeit des Unternehmers gegenüber dem Vermögensbesitzer, so ist auch die Profitrate eine Prämie für die Aufgabe von Liquidität. Die Profitrate ist somit ein Geldzins oder sie wird, wenn man so will, als Geldzins zum Güterzins."

Riese verortet bei Keynes eine gewisse Inkonsequenz aufgrund der Tatsache, dass der Zins bei ihm gewissermaßen doppelt bestimmt wird: Denn einerseits soll er eine Belohnung für Nichthortung sein, also durch die Präferenzen der Geldbesitzer bestimmt werden, gleichzeitig aber auch durch die Zinspolitik der Notenbank. So glaubt Keynes, die Notenbank könne durch eine expansive Geldmengenpolitik die Zinsen senken. Diese Überzeugung steht jedoch in offensichtlichem Gegensatz zur Präferenztheorie, wonach die Bereitschaft der Geldbesitzer zur Aufgabe von Liquidität die Zinshöhe bestimmt. Riese kommt zu dem Schluss, dass eine Notenbank zwar keine Zinssenkungspolitik betreiben kann, wohl aber eine solche der Zinserhöhung: Denn durch eine restriktive Geldmengenpolitik kann die Notenbank in der Tat die Zinsentwicklung – nach oben – beeinflussen, betreibt sie doch in diesem Fall anstelle der privaten Geldbesitzer die Knapphaltung von Liquidität und treibt so die Zinsen in die Höhe. Im Falle einer ausreichenden Geldversorgung jedoch unterliegt die Zinsbildung allein den Präferenzen der Geldbesitzer. Die Notenbank hat dann keine Möglichkeit der Einflussnahme – nach unten. Riese: „Fixiert auf die Kompetenz der Geldvolumenkontrolle der Zentralbank, gelang es Keynes nicht, dieses institutionelle Moment mit seiner Präferenztheorie zu verknüpfen, kraft derer die Individuen durch ihre beschränkte Bereitschaft zur Aufgabe von Liquidität das Geldangebot steuern. Als Folge liefert er im 15. Kapitel der General Theory eine Zinstheorie, für die die Nachfrage nach Geld auf ein institutionell fixiertes Angebot trifft und der Zinssatz, demzufolge der Preis für eine beschränkt verfügbare Liquidität ist, demgegenüber konzipiert er im 13. und 17. Kapitel eine Zinstheorie, in der durch die ‚Entscheidung zu horten' der Zinssatz zum Preis für eine beschränkt aufgegebene Liquidität wird."

Analog zur freiwirtschaftlichen Kritik an der postkeynesianischen Rezeption des „UrKeynes" kommt Riese zu der Erkenntnis, dass die erste Zinstheorie vom Postkeynesianismus übernommen wurde, dass die zweite jedoch verschüttet geblieben ist. Einer der Grundpfeiler der konventionellen Ökonomie, nämlich die Überzeugung, dass die Höhe des Zinssatzes in erster Linie durch die Geldpolitik der Zentralbank bestimmt ist, wird damit stark angegriffen und: Die Aussage ist fast deckungsgleich mit der Gesellschen, denn: Die Potenz der Zentralbank, eine allgemeine Zinssenkung vorzunehmen, wird dort ebenfalls sehr stark in Frage gestellt. Die Notenbank hat (ebenfalls ausreichende Geldversorgung vorausgesetzt) für Gesellianer prinzipiell keine Möglichkeit einer Einflussnahme nach unten. Eine expansive Geldpolitik könne den Zins nicht senken und schaffe nur noch höhere Geldhaltung bzw. ein Inflationspotential, das dann spätestens beim nächsten Aufschwung zum Tragen komme. Dieser

Inflationsgefahr würde die Notenbank über kurz oder lang wiederum mit einer restriktiven Geldpolitik begegnen müssen, was wiederum die Zinshöhe entsprechend hoch stabilisiere. Abwechselnd zeichnen also Geldbesitzer und Zentralbank verantwortlich für einen ungesund hohen Zinssatz.

Keynes Rezepte einer dirigistischen und fiskalischen Krisenbekämpfung wurden von Gesellianern auch seit jeher konsequent zurückgewiesen. Aber: Offensichtlich sieht dies Riese genau so. Auch er entdeckt in der von Keynes favorisierten Politik des billigen Geldes eine Inflationsgefahr, der die Notenbank über kurz oder lang durch eine restriktive Geldpolitik begegnen müsse. Ausgangspunkt der Krise sei eine hohe Liquiditätspräferenz bei vergleichsweise niedrigem Güterzins (niedriger Profitrate). Investitionen blieben in der Folge aus, es entstehe Arbeitslosigkeit. Eine expansive Geld- und Fiskalpolitik könne daran nichts ändern, da sie nur wenig Einfluss auf die Liquiditätspräferenz – die eigentliche Quelle der Stockung – nehmen kann: „Sinkt nämlich die Liquiditätspräferenz nicht, so müssen die expansiven Maßnahmen der Wirtschaftspolitik, gleichgültig, ob geld- oder fiskalpolitischer Natur, verpuffen: entweder direkt in einer entsprechenden Geldhaltung oder indirekt in steigenden Profiten, wobei über kurz oder lang das gestiegene Preisniveau zu einer Aufschaukelung von Löhnen und Preisen führt."

Differenz zwischen Keynes und Gesell

Die Vorstellung von gestempeltem Geld ist nach Keynes' Einschätzung ein „gesunder Gedanke". Doch da Gesell Keynes zufolge die Vorliebe für Liquidität nicht richtig erkannte, habe er die

Tatsache übersehen, „dass das Geld nicht einzigartig darin ist, dass ihm eine Liquiditätsprämie anhaftet, sondern in dieser Beziehung nur im Grad von vielen anderen Waren abweicht, und dass seine Bedeutung daher rührt, dass es eine größere Liquiditätsprämie als jede andere Ware hat."

Das Abstempeln des Geldes würde – so Keynes – nicht den Fluchtweg in die Liquidität versperren. Die Anwendung des Stempelsystems auf Banknoten würde lediglich dazu führen, dass eine lange „Reihe von Ersatzmitteln in ihre Fußstapfen tritt – Bankgeld, täglich abrufbare Darlehen, ausländisches Geld, Juwelen und die Edelmetalle im allgemeinen ..."

Möglicherweise tut Keynes Gesell an dieser Stelle unrecht. Denn: In der Tat würde die Wertaufbewahrungsfunktion des Geldes verloren und womöglich auf die genannten „Ersatzmittel" übergehen. Aber das war ja genau die Absicht Gesells, eben das Geld von seiner Potenz als Wertaufbewahrungsmittel zu „befreien". Denn die Zahlungsmittelfunktion des Geldes würde dadurch ja nicht in Mitleidenschaft gezogen. Die genannten „Ersatzmittel" könnten und würden das Geld als Wertaufbewahrungsmittel, als liquide Vermögensanlageform ersetzen, aber nicht deshalb notwendigerweise als Zahlungsmittel, als Mittel zum Kaufen auf dem Markt. Denn die Vorstellung, mit Edelmetallen oder Kunstgegenständen oder Immobilien einkaufen zu gehen, ist natürlich absurd. Selbst die tollste Inflation kann das Geld in seiner Funktion als Zahlungsmittel normalerweise nicht in Frage stellen. Sonst würde es die Bilder von den Geldscheinbündeln, die zu Zeiten der Hyperinflation schubkarrenweise durch die Gegend gefahren wurden, gar nicht geben. Und auch der Begriff „Zigarettenwährung" meint weniger, dass die Menschen stangen- und kartonweise mit Zigaretten umhergelaufen sind, sondern, dass die Zigarette stabiler Wertmaßstab wurde.

Gleichwohl waren wohl Keynes' Zweifel nicht ganz unberechtigt. Warum? Zunächst einmal sei daran erinnert, was Gesell eigentlich wollte. Er wollte mitnichten das bestehende Geldsystem beibehalten und dabei die umlaufenden Noten auf die bekannte Art und Weise umlaufsichern, sondern er wollte das bestehende Geldsystem – und das bedeutete auch zu Gesells Zeiten bereits ein zweistufiges Bankensystem mit Zentralbank und Geschäftsbanken – komplett ersetzen durch ein System, in dem eine staatliche Behörde – nämlich das „Reichswährungsamt" – nunmehr umlaufgesichertes Geld in Umlauf bringt und entsprechend Kreditgewährung nur mehr auf Basis dieses umlaufgesicherten Geldes erfolgen kann. Ein solches System ist aber eher vergleichbar mit der Vorstellung des Vollgeldes von Joseph Huber und weniger mit der Vorstellung, man könne das bestehende Geldsystem getrost beibehalten und müsse es nur mit etwas Umlaufsicherungsgebühr auf Bargeld anreichern. Was könnte tatsächlich passieren, wenn – ceteris paribus, also ohne dass sich sonst etwas ändert – Freigeld eingeführt, also bestehendes Bargeld nach herkömmlicher Vorstellung umlaufgesichert wird?

Zunächst einmal gehe ich konform mit dem gesellianisch/keynesianisch orientierten Ökonomen Thomas Huth, der dargelegt hat, dass das Horten von Bargeld in entwickelten Geld- und Kreditsystemen ein vom Volumen her eher vernachlässigbares Phänomen ist. Geld entsteht in modernen

Geldökonomien wie der unseren als „Schuldgeld" per Kreditschöpfung in der Interaktion zwischen Zentralbank, Geschäftsbank und Publikum. Würde z.B. in einer Situation ökonomischer oder auch anderweitiger Unsicherheiten sich das Geschäftsbankensystem weigern, Kredite bei der Zentralbank aufzunehmen, so könnte überhaupt kein Geld entstehen. Nicht anders ist es aber dann, wenn sich das Publikum, Unternehmen oder auch Konsumenten, weigern, Kredite bei den Geschäftsbanken aufzunehmen. Die Zentralbank hätte unter den gegebenen Verhältnissen gar keine Möglichkeit, Geld entstehen zu lassen und müsste sich unter Umständen sogar damit abfinden, dass gegen ihren Willen Geld „vernichtet" wird. Verschulden sich Haushalte und Unternehmen weniger bei der Geschäftsbank und letztere entsprechend weniger bei der Zentralbank, so wird über die Kontraktion des gesamtgesellschaftlichen Kreditvolumens endogen Geld vernichtet. Das Freigeld in der dargestellten Form hätte auf das System von Geldentstehung und Geldvernichtung einer modernen Geldökonomie keinen Einfluss. Entsprechend zweifelhaft ist deshalb, ob auf dieser Schiene die Zinshöhe beeinflusst werden könnte. Deshalb ist eine notwendige, wenn auch nicht notwendigerweise hinreichende Voraussetzung für das Funktionieren einer Umlaufsicherung, dass virtuelle Geldformen einbezogen werden.

Ein ernstzunehmendes und zu diskutierendes Argument von Gegnern der Freigeldidee besteht darin, dass während der 1970er Jahre gewissermaßen ein Großversuch eines Freigeldes stattgefunden hat. Denn die Inflationsraten auch in den entwickelten und ansonsten stabilen Industriestaaten waren damals teilweise so hoch, dass der Realzinssatz tatsächlich nahe Null war. Unabhängig davon, ob sich dieser monetäre Zustand nun auch tatsächlich expansiv – belebend – auf die Realökonomie, auf die Konsum- und Investitionsgüternachfrage ausgewirkt hat, bestand durchaus die Gefahr einer Hyperinflation, genährt aus Selbstverstärkungsprozessen, weil jeder Geld- und Geldvermögenshalter aus sich entwertendem Geld aussteigt, um sich vor weiteren Inflationsverlusten zu schützen, und weil die Inflation zu Kapitalflucht führt und die daraus resultierende Abwertung der heimischen Währung zu noch höherer, nunmehr importbedingter Inflation, welche zu noch höherer Kapitalflucht führt usw. Die Reaktionen der Zentralbanken der westlichen Industriestaaten waren schließlich die einer brutalen Inflationsbekämpfung per brutaler Zinserhöhung.

Keynes wusste um die außenwirtschaftlichen Konsequenzen einer auf Zinssenkung ausgerichteten Geld- und Fiskalpolitik einzelner Nationalstaaten. Kapitalverkehrskontrollen, nötigenfalls aber auch Güterverkehrskontrollen waren für ihn in einer solchen Konstellation zum Teil unvermeidbare Konsequenzen einer von ihm intendierten allmählichen und gewaltfreien Reform der Gesellschaft. Gesell hingegen vertraute blind und möglicherweise zu blind auf die Selbstheilungskräfte des Marktes; selbstredend nach erfolgter freiwirtschaftlicher Reform. Keynes war gegenüber dem Markt viel skeptischer und wollte deshalb eine demokratisch kontrollierte Makroregulierung des Marktprozesses in Bereichen wie Außenwirtschaft, Geldpolitik, Investitionstätigkeit, Geldlohnentwicklung. Innerhalb dieses Rahmens sollten dann die positiven Elemente eines Marktsystems einen breiten Bereich von

Aufgaben übernehmen und ihre segensreichen Wirkungen entfalten. Der Schwerpunkt lag aber auf dem Konzept einer gemischten Wirtschaft mit einem großen Bereich demokratisch kontrollierter halbautonomer Körperschaften. Keynes war „darauf gefasst, dass der Staat, der die Grenzleistungsfähigkeit der Kapitalgüter auf lange Sicht und auf der Grundlage des allgemeinen sozialen Wohls berechnen kann, eine immer wachsende Verantwortung für die unmittelbare Organisation der Investitionen übernehmen wird".

Aber zurück zur Ausgangsfrage: War nun Keynes der bessere Gesell oder Gesell der bessere Keynes? Weder noch. Jeder war sich selbst der Beste. Aber aus der Tatsache, dass Keynes die „Natürliche Wirtschaftsordnung" gelesen hatte und in der Folge – wie er selbst äußerte – in der Lage war, zwischen Gesell selbst und seinen oft geräuschvollen Anhängern zu differenzieren, können wir zweierlei ableiten:

Gesell war der bessere Gesellianer!

Keynes war der bessere Keynesianer!

Kapitel Nr. 19 – Die Idee lebt

Keynes oder Gesell? Das ist nach meiner Betrachtung in etwa so müßig, wie sich zwischen der Musik von Mozart oder Beethoven entscheiden zu müssen. Beide haben uns wunderbare Musik hinterlassen. Und was Gesell angeht, ich denke, unser heutiges Geldsystem ist überreif, durch ein neues, besseres ersetzt zu werden.

Keynes Gedanken werden heute im 21. Jahrhundert kaum noch aufgegriffen, Silvio Gesells Traum vom neuen Geldsystem hingegen hat zumindest im Regio-Geld – einer Währung, die nur in begrenzten Regionen eine Gültigkeit neben der Stammwährung hat – eine Wiedergeburt erlebt.

Da gibt es im Chiemgau für Traunstein und Rosenheim, diese Gegend den „Chiemgauer", der eins-zu-eins gegen Euro eingetauscht wird, eine gewissen Gültigkeit hat und von den regionalen Geschäften akzeptiert wird.

Es gibt die „Havelblüte", mit der man in Potsdam bezahlen kann, bzw. konnte. Das Projekt, welches 2006 startete, ist mittlerweile eingeschlafen.

In Magdeburg in Sachsen-Anhalt kursiert der Urstromtaler, der allerdings etwas Aufwind vertragen könnte. Mir scheint, der Initiator hat Gesell nicht wirklich verstanden.

In Schleswig-Holsteiner Regionen gibt es den „KannWas" als zusätzliches beliebtes Zahlungsmittel.

Und zu erwähnen wäre da noch der „Lunar" aus Lüneburg.

Es gibt also Gemeinden, die sich auf Gesells Idee einlassen und mit einer ‚Nebenwährung' gegen den Strom schwimmen, Erfahrungen sammeln und zusätzlich mit ihrem Regio-Geld ihre Region touristisch noch attraktiver und einzigartig machen.

Lassen Sie mich noch einmal auf das Chiemgau zurückkommen, hier liegen bereits jährliche Umsatzzahlen vor. Über sieben Millionen wurden 2014 mit dem „Chiemgauer" erzielt, was gleichbedeutend ist mit 0,01 Prozent des Gesamtumsatzes der Chiemgauer Region. Wenig, aber die Tendenz ist steigend. Viel, wenn man vergleicht, dass in Lüneburg insgesamt bisher nur 8.000 „Lunar" in Umlauf sind.

Hier eine Übersicht der derzeitigen wichtigsten Umlaufgelder, freigeldähnlichen Systemen und auch der Regio-Projekte, die nicht mehr akut sind:

Bestehende Initiativen mit Umlaufsicherung

„AmmerLechTaler" in der Region Ammersee/Landkreis Landsberg am Lech. Kombiniert ein mit Wertmarken umlaufgesichertes und eurogedecktes Gutscheinsystems für den regionalen

Zahlungsverkehr mit der virtuellen Verrechnungseinheit Bürgertaler für den bundesweiten und europäischen Zahlungsverkehr. Beim Rücktausch von AmmerLechTaler Gutscheinen in Euros wird ein Gemeinwohlbeitrag in Höhe von 5 % erhoben. Beim Ausstieg aus dem Bürgertalerkreislauf 3,5 %. Die erhobenen Gemeinwohlbeiträge werden Förder- und Bürgerprojekten aus der Region zur Verfügung gestellt. Die Umlaufsicherung beträgt beim Gutschein 8 %, beim virtuellen Bürgertaler 3,6 % im Jahr.

„Ampertaler" in Dachau und Umgebung.

„Bergtaler" Umlaufsicherung von etwa 12 %/Jahr. Wertmarke wird monatlich aufgeklebt. Es gibt beim Erwerb einen Bonus von 3 %, um Kunden zum Mitmachen zu bewegen.

„Bethel-Euro" Warengutscheine der Bodelschwinghschen Anstalten Bethel in Bielefeld. Beschränkt auf Mitarbeiter und Bewohner der Anstalten. Mit Ausgabebonus von 5 % für die Benutzer.

„Bürgerblüte" in Kassel

„Carlo" (regio) in Karlsruhe (Baden-Württemberg). Umlaufsicherung wie Chiemgauer. Start Januar 2005.

„Chiemgauer" in der Region Chiemgau (Bayern) in den Landkreisen Rosenheim und Traunstein mit ca. 500.000 Einwohnern. Mit einer Umlaufmenge von über 600.000 CH (Chiemgauer) im Jahresmittel die größte Regionalwährung in Deutschland. Kombiniertes Gutscheinsystem mit bargeldloser Zahlkarte und Kontensystem.

Umlaufsicherung 6 %/Jahr. Elektronischer Chiemgauer: 90 Tage keine Abwertung. Danach tägliche Abwertung (0,022 % pro Tag). Rücktausch Chiemgauer in Euro minus 5 % + USt = Regionalbeitrag. Davon gehen 3 Prozentpunkte an gemeinnützige Projekte und Vereine, 2 Prozentpunkte dienen der Kostendeckung des Systems. Der Chiemgauer wurde 2002 vom Waldorfschullehrer Christian Gelleri als Projekt mit sechs Schülern gestartet. Aufgrund der Größe wurde 2007 eine Betriebsgesellschaft in Form einer Genossenschaft gegründet. Es kann an etwa 600 Akzeptanzstellen mit Chiemgauer bezahlt werden. Jahresumsatz der Unternehmen 2014 ca. 7,4 Millionen EUR, 2010 ca. 5,0 Millionen EUR, 2009 ca. 4,0 Millionen EUR.

„Coinstatt" im Ruhrgebiet (NRW). Umlaufsicherung 10 % pro Jahr (monatliche Abbuchung vom Online-Konto). Die Währung ist leistungsgedeckt und funktioniert ähnlich wie das WIR-System. Coins werden zu einem gewissen Prozentsatz neben dem Euro akzeptiert. Onlinekonten für alle Mitglieder, Zahlungen per Überweisung oder Coinscheck. Start im Februar 2007.

„Donautaler" in Riedlingen, Baden-Württemberg. Umlaufsicherung 2 % pro Halbjahr, Start 23. Juli 2010.

„Donauwörther 10er" in Donauwörth

„Engelgeld" in Wittenberg, Regionalwährung vom Verein NeuDeutschland.

„Elbtaler" in der Dresdner Region

„Freitaler" in Freiburg im Breisgau

„Hallertauer" im Landkreis Pfaffenhofen an der Ilm (Bayern). Umlaufsicherung von etwa 8 %/Jahr. Pro Quartal muss eine Gebührenmarke von 2 Prozent des Nennwerts aufgeklebt werden. Start November 2004.

„Hellwegtaler" im Kreis Soest

„Kannwas" in Schleswig-Holstein. Umlaufsicherung von 5 %/Jahr (Ablaufgeld). 3 % pro Jahr an gemeinnützige Vereine und Organisationen. Start Januar 2004

„Landmark" des Wirtschaftsringes Reinstädter Landmarkt (Südost-Thüringen), u. a. für Jena, Kahla, Saalfeld, Rudolstadt

„Lausitzer" im Süden Brandenburgs und Osten des Freistaates Sachsen. Start am 10. September 2011.

„Lechtaler" in Augsburg und Umgebung

Lindentaler in der Region Leipzig/Halle. Jedes Mitglied erhält 50 LT Begrüßungsgeld sowie monatlich ein Bedingungsloses Grundeinkommen in Höhe von 50 LT, womit jede im Lindentaler-Kreislauf angebotene Ware oder Dienstleistung erworben werden kann. Umlaufsicherung 5 % pro Monat, Anteil der Unternehmen ca. 10 %, Zahlungen per Überweisung.

„Markgräfler" (regio), Heitersheim. Start Sommer 2004

„Oberländer" (regio) im Landkreis Wolfratshausen-Bad Tölz. Verbund mit dem Regio Ostallgäu und dem Regio in München. Start Januar 2005.

„Ostallgäu". Start am 8. März 2007, nach dem Vorbild des Chiemgauer, im Verband mit dem Oberland-Regio und dem Regio in München.

„Pauer" in Aachen und Umgebung, einige Akzeptanzstellen auch im niederländischen und belgischen Grenzgebiet, Start 25. April 2010

„Realo" als Online-Tauschwährung auf dem Marktplatz der regionalen Wirtschaftsgemeinschaften (ReWiG) München, Schlehdorf und Allgäu

Die „Sterntaler" 2016-17 mit Motiven des "Pidinger Bienenweges" Im Landkreis Berchtesgadener Land, Umlaufsicherung von 4 %/Jahr mit Halbjahres-Gebührenmarke von 2 % des Nennwerts. Mehr als 100 teilnehmende Unternehmen mit einem Jahresumsatz von ca. 0,7 Mio EUR pro Jahr. Sterntaler-Initiative wurde im Jahr 2004 gegründet, seit 2009 wurde der Sterntaler von der Genossenschaft "Regiostar eG" übernommen. Den Sterntaler gibt es auch bargeldlos, es besteht seit 2008 eine enge Zusammenarbeit mit dem Chiemgauer mit vollständiger Kompatibilität.

„UrstromTaler" in Sachsen-Anhalt (Güsen). Umlaufsicherung bei Gutscheinen 5 % im Jahr (Ablaufgeld). Konten 1,2 % (monatlich 0,1 %)

„Roland" in Bremen und dem Landkreis Osterholz sowie Umgebung. Gestartet als erstes modernes Regionalgeld Ende 2001 mit einem 5-Roland-Schein, Umlaufsicherung 12 %/Jahr. Es werden auch Kleinkredite für zur Förderung des regionalen biologischen Anbaus vergeben. Seit 2010 gibt es nur noch eine elektronische

Variante des Rolands mit Schecksystem und umfangreicher zentraler Kontoführung.

Der „Regio" in München. Seit 15. Januar 2007, im Verbund mit dem Regio Ostallgäu und dem Oberland-Regio, ohne Clearingstelle

„Stader Regiogeld". Seit 1. Juli 2007, Regiogeld in Verbindung mit Kundenkarten und Gutschein in Stade, Wöhlke EDV-Beratung GmbH.

„Weyhe-Stuhr-Syker Regiogeld". Seit 2003, Regiogeld in Verbindung mit Kundenkarten und Gutschein in Weyhe, Stuhr und Syke.

„ZELLER" ist die regionale Währung von Zell (Mosel), die erstmals 2005 genutzt wurde.

Weitere existierende Beispiele für freigeldähnliche Komplementärwährungen:

„Bürgertaler", bundes- und europaweite virtuelle Verrechnungseinheit, welche den Eurozahlungsverkehr spiegelt, den Euro an reale Wirtschaftsvorgänge bindet und Bürgerprojekte ermöglicht. Derzeit 9 teilnehmende Regionen.

„Rheingold" in Düsseldorf

„Remstaler" im Remstal bei Stuttgart

„Filstaler" in Eislingen bei Stuttgart

„Talente" (nach dem antiken Talent) im Westerwald (Rheinland-Pfalz)

„Heimbach-Weiser" in Heimbach-Weis (Rheinland-Pfalz). Zum Start 1. Mai 2009

„Erzregio"-Gutscheine im Erzgebirge und im Raum Chemnitz. Leistungsgedeckte Gutscheine mit freiem Wechselkurs zum Euro, vorwiegend für Unternehmen (Produzenten und Dienstleister).

„Viertel-Dollar", ein bargeldloses Zahlungssystem in Dresden-Neustadt. Bei jeder Transaktion gehen 1,5 % an soziale und kreative Projekte im Stadtteil. Start: 23. November 2011

„beta", die Währung der betaB.A.N.K. in Leipzig

„Kulturtaler" Hannover des Glocksee Bauhaus e.V., Regionalgeld-Experimente im Stadtteil Hannover-Linden, Ökonomisches Forschungslabor für die Kreislaufwirtschaft Hannover

Ehemalige Regionalgelder

„Wörgler Schwundgeld" wurde aufgrund seines großen Erfolges von der Österreichischem Nationalbank schlichtweg verboten.

„Augusta" in Göttingen (Niedersachsen). Umlaufsicherung von etwa 8 %/Jahr. Wertmarke wird in regelmäßigen Abständen aufgeklebt. 2011 eingestellt.

„Berliner Regional" wurde vom Verein BERLINER Regional ab Februar 2005 für Berlin herausgegeben und mit einem Wert von

1:1 gegen Euro getauscht. Für den Rücktausch in Euro war eine Gebühr von 5 % zu entrichten, davon kamen 3 % regionalen, gemeinnützigen Projekten zugute und 2 % dienten der Kostendeckung des herausgebenden Vereins. Berliner Regional waren bei Erstausgabe 6 Monate gültig. Nach Ablauf der Gültigkeit konnten die Gutscheine in neue umgetauscht werden, wofür eine Gebühr von 2 % des Nennwerts erhoben wurde. Ab dem vierten Monat nach Ablauf erhöhten sich die Um- und die Rücktauschgebühr um 1 % pro angefangenem Monat. Im März 2007 wurden die im Umlauf befindlichen 11.000 Berliner Regional von 189 Betrieben und privaten Teilnehmern akzeptiert. Im April 2009 wurde bestimmt, dass das Projekt nicht fortgesetzt wird.

„DreyEcker" in Schopfheim, Baden-Württemberg. Umlaufsicherung 8 %, 2 % pro Quartal an gemeinnützige Vereine und Organisationen. 2011 ausgelaufen

„Pälzer" in der Pfalz (2011 wegen geringer Nutzung eingestellt)

„Rössle Regional" Seit 2. Dezember 2006 in Stuttgart, 2011 eingestellt.

„ZschopauTaler" (ZPT). (17. August 2007 bis 28. Februar 2014), Quartalsgeld mit 8 % Umlaufsicherung/Jahr. Regiogeld in der Region Mittweida-Frankenberg—Waldheim-Hainichen-Flöha-Augustusburg in Sachsen.

„Havelblüte" in Potsdam und Brandenburg. Umlaufsicherung 2 % in Marken pro Quartal, leistungsgedeckt, Start 24. Juni 2006. Projekt mangels Initiative leider eingeschlafen.

Einhundert Jahre nach der intensivsten Schaffensphase Johann Silvio Gesells und durch immer mehr um sich greifende Aufklärung über seine Ideen des Freigeldes ist es erfreulich festzustellen, dass immer mehr Regionen und Gemeinden die Idee aufgreifen und zumindest parallel zur offiziellen Währung ein Umlaufgeld aus der Wiege heben.

Nie in den vergangenen hundert Jahren bestand also mehr Hoffnung, dass – wenn auch im Kleinen – Gesells Idee umgesetzt wird. Noch allerdings sind die erzielten Umsätze insgesamt so niedrig, dass sie keinem Finanzminister schlaflose Nächte bereiten. Das kann zukünftig ganz anders werden. Alles braucht seine Zeit – auch die Einführung von Fließgeld.

Schlussgedanken

Gute Ideen, befriedende Systeme und gerechtere Ordnungen werden in den letzten zweihundert Jahren in schnöder Regelmäßigkeit den eigenwilligen Vorstellungen kleiner Eliten geopfert. Die große Masse der Menschen wird um den Vorteil, die Errungenschaft, die Erleichterung gebracht, weil es den Eliten so gefällt und, weil sich meist mit der Unterlassung mehr Kapital scheffeln lässt als anders herum.

So ist also Silvio Gesell in bester Gesellschaft mit namenlosen Erfindern, aber auch Persönlichkeiten, wie Mahatma Gandhi, Martin Luther King, diversen Päpsten und anderen Propheten.

Geleitet durch bestens gefilterte Informationen, verbreitet durch alle erdenklichen Massenmedien wird der normale Bürger dieser Vorgänge gar nicht oder kaum gewahr. Man darf sich gar nicht vorstellen, wie unser Leben aussehen könnte, würde eine brillante Energiesparidee nicht unter Verschluss gehalten, käme ein Gesellsches Währungssystem zur Ausführung, würde man den Forschern und Entwicklern im Bereich neuer Technologien freie Hand lassen. Wir hätten nicht nur eine glänzende, konfliktlose Gegenwart, sondern auch unsere Kinder und Kindeskinder eine brillante Zukunft.

Leider werden uns die Entscheidungen abgenommen, lange bevor wir überhaupt von solchen Möglichkeiten erfahren, lange nachdem ein Umdenken überhaupt noch möglich wäre.

Durch die modernen Möglichkeiten der Vernetzung unter Umgehung der gesteuerten Medien, wie den vielfältigen, ewig plärrenden Fernsehkanälen, ist es uns heute möglich, auf sehr schnellem Wege von neuen Ideen, von verschütteten oder nicht genutzten Möglichkeiten zu erfahren, sie zu erlernen, zu begreifen und weiterzugeben. Irgendwann wird diese Vernetzung unter uns so gut funktionieren, dass man uns unsere Zukunft nicht länger vorenthalten kann.

Dr. h.c. Peter Echevers H.

Literaturempfehlungen

B. Uhlemayr: Silvio Gesell. Nürnberg 1931

Rolf Engert: Silvio Gesell als Person. Leipzig 1933

Werner Schmid: Silvio Gesell. Die Lebensgeschichte eines Pioniers. Bern 1954

Hans Blüher, Werner Schmid u. a.: Silvio Gesell – Zeitgenössische Stimmen zum Werk und Lebensbild eines Pioniers. Zitzmann, Lauf bei Nürnberg 1960

Hans-Joachim Werner: Die Geschichte der Freiwirtschaftsbewegung, 100 Jahre Kampf für eine Marktwirtschaft ohne Kapitalismus. Waxmann, Münster/New York 1990

Heinrich Färber: Die Irrlehre Silvio Gesells. 1932, 2. Aufl. Graz 1996, ISBN 3-901805-03-6

- Bartsch, Günther: Die NWO-Bewegung Silvio Gesells. Geschichtlicher Grundriss 1891 - 1992/93, Lütjenburg 1994.

- Bartsch, Günther: Silvio Gesell, die Physiokraten und die Anarchisten, in: Silvio Gesell. "Marx" der Anarchisten? Texte zur

Befreiung der Marktwirtschaft vom Kapitalismus und der Kinder und Mütter vom patriarchalischen Bodenunrecht, hrsg. von Klaus Schmitt, Berlin 1989, S. 11 - 32.

- Engert, Rolf: Silvio Gesell in München 1919. Erinnerungen und Dokumente aus der Zeit vor, während und nach der ersten bayerischen Republik, Hann. Münden 1986.

- Feder, Gottfried: Der deutsche Staat auf nationaler und sozialer Grundlage, 3. Aufl., München 1924.

- Feder, Gottfried: Die Irrlehre des Freigeldes, in: Hammer, Jg. 19, Nr. 441, November 1920, S. 405 - 408.

- Feder, Gottfried: Falsche Propheten und Schwarmgeister, in: Der Nationalsozialist, Beilage zum Völkischen Beobachter vom 27. Oktober 1923.

- Keynes, John Maynard: Allgemeine Theorie der Beschäftigung, des Zinses und des Geldes, Berlin 1966 (Erstdruck 1936).

- Muralt, Alexander von: Der Wörgler Versuch mit Schwundgeld, in: Silvio Gesell. "Marx" der Anarchisten? Texte zur Befreiung der Marktwirtschaft vom Kapitalismus und der Kinder und Mütter vom patriarchalischen Bodenunrecht, hrsg. von Klaus Schmitt, Berlin 1989, S. 275 - 298.

- Niekisch, Ernst: Erinnerungen eines deutschen Revolutionärs, Bd. 1: Gewagtes Leben, 1889 - 1945, Köln 1974.

- Onken, Werner: Silvio Gesell und die Natürliche Wirtschaftsordnung. Eine Einführung in Leben und Werk, Lütjenburg 1999.

- Schwarz, Fritz: Das Experiment von Wörgl, Bern 1951.

- Schmitt, Klaus: Geldanarchie und Anarchofeminismus. Zur Aktualität der Geld-, Zins- und Bodenlehre Silvio Gesells, in: Silvio Gesell. "Marx" der Anarchisten? Texte zur Befreiung der Marktwirtschaft vom Kapitalismus und der Kinder und Mütter vom patriarchalischen Bodenunrecht, hrsg. von Klaus Schmitt, Berlin 1989, S. 33 - 258.

- Silvio Gesell. Gesammelte Werke in 18 Bänden, Lütjenburg.

- Bd. 11: Die natürliche Wirtschaftsordnung durch Freiland und Freigeld, 4., letztmalig vom Autor überarb. Aufl., Lütjenburg 1991.

- Bd. 14: Der verblüffte Sozialdemokrat. Eine erste Einführung in die Freigeldwelt, von Juan Acratillo (Pseudonym für Silvio Gesell), S. 28 - 57, Lütjenburg 1993.

- Bd. 18: Briefe, Lütjenburg 1997.

- Starbatty, Joachim: Eine kritische Würdigung der Geldordnung in Silvio Gesells utopischem Barataria ("Billig-Land"), in: Fragen der Freiheit. Beiträge zur freiheitlichen Ordnung von Kultur, Staat, und Wirtschaft, Jg. 21 (1977), Folge 129, S. 5 - 31.

- Senft, Gerhard: Weder Kapitalismus, noch Kommunismus. Silvio Gesell und das libertäre Modell der Freiwirtschaft, Berlin 1990.

Silvio-Gesell-Ausstellung 1987, Saint-Vith. Katalog, Hann. Münden 1988

Klaus Schmitt (Hrsg.): Silvio Gesell – „Marx" der Anarchisten? Texte zur Befreiung der Marktwirtschaft vom Kapitalismus und der Kinder und Mütter vom patriarchalischen Bodenrecht. Kramer, Berlin 1989, ISBN 3-87956-165-6

Werner Onken: Silvio Gesell und die Natürliche Wirtschaftsordnung. Eine Einführung in Leben und Werk. Gauke, Lütjenburg 1999, ISBN 3-87998-439-5

Hermann Benjes: Wer hat Angst vor Silvio Gesell? Das Ende der Zinswirtschaft bringt Arbeit, Wohlstand und Frieden für alle. Bickenbach, 1995, ISBN 3-00-000204-9

Wolfgang Uchatius: Silvio Gesell: „Geld muss rosten!". In: Die Zeit. Nr. 12, 15. März 2012 (Interview mit Werner Onken)

Silvio Gesell: Die Reformation des Münzwesens als Brücke zum sozialen Staat. Selbstverlag, Buenos Aires 1891

Silvio Gesell: Nervus rerum. Selbstverlag, Buenos Aires 1891

Silvio Gesell: Die Verstaatlichung des Geldes. Selbstverlag, Buenos Aires 1892

Silvio Gesell: El Sistema Monetário Argentino. Sus Ventajas y su Perfeccionamiento. Selbstverlag, Buenos Aires 1893

Silvio Gesell: Die Anpassung des Geldes und seiner Verwaltung an die Bedürfnisse des modernen Verkehrs. Herpig & Stieveken, Buenos Aires 1897

Silvio Gesell: La Cuestión Monetaria Argentina. Buenos Aires 1898

Silvio Gesell: Die argentinische Geldwirtschaft und ihre Lehren. 1900

Silvio Gesell: Das Monopol der schweizerischen Nationalbank und die Grenzen der Geldausgabe im Falle einer Sperrung der freien Goldausprägung. K. J. Wyss, Bern 1901

Silvio Gesell: Die Verwirklichung des Rechts auf den vollen Arbeitsertrag durch die Geld- und Bodenreform. Selbstverlag, Les Hauts Geneveys/Leipzig 1906

Silvio Gesell: Die neue Lehre von Geld und Zins. Physiokratischer Verlag, Berlin/Leipzig 1911

Silvio Gesell: Die natürliche Wirtschaftsordnung durch Freiland und Freigeld. Selbstverlag, Les Hauts Geneveys 1916; 9. Auflage herausgegeben von Karl Walker: Rudolf Zitzmann Verlag, Lauf 1949

Silvio Gesell: Gold oder Frieden? Vortrag, gehalten in Bern am 28. April 1916. Selbstverlag, Les Hauts Geneveys 1916

Silvio Gesell: Freiland, die eherne Forderung des Friedens. Vortrag, gehalten im Weltfriedensbund in Zürich am 5. Juli 1917 in Zürich. Selbstverlag, Les Hauts Geneveys 1917

Silvio Gesell: Der Abbau des Staates nach Einführung der Volksherrschaft. Denkschrift an die zu Weimar versammelten Nationalräte. Verlag des Freiland-Freigeld-Bundes, Berlin-Steglitz 1919

Silvio Gesell: Die gesetzliche Sicherung der Kaufkraft des Geldes durch die absolute Währung. Denkschrift zu einer Eingabe an die Nationalversammlung. Selbstverlag, Berlin/Weimar 1919

Silvio Gesell: Das Reichswährungsamt. Wirtschaftliche, politische und finanzielle Vorbereitung für seine Einrichtung. Freiland-Freigeldverlag, Rehbrücke 1920

Silvio Gesell: Internationale Valuta-Assoziation (IVA). Voraussetzung des Weltfreihandels – der einzigen für das zerrissene Deutschland in Frage kommenden Wirtschaftspolitik. Freiwirtschaftlicher Verlag, Sontra 1920

Silvio Gesell: Die Freiwirtschaft vor Gericht. Mit einer Einleitung von Richard Hoffmann. Freiland-Freigeld-Verlag, Erfurt/Bern 1920

Silvio Gesell: An das deutsche Volk! Kundgebung des Freiwirtschaftlichen Kongresses zu Hannover. Freiland-Freigeld-Verlag, Erfurt 1921

Silvio Gesell: Deutsche Vorschläge für die Neugründung des Völkerbundes und die Überprüfung des Versailler Vertrages. Öffentlicher Vortrag, gehalten in der Aula des Gymnasiums zu Barmen am 20. Dezember 1920. Verlag des Freiland-Freigeld-Bundes, Barmen-Elberfeld 1921

Silvio Gesell: Die Wissenschaft und die Freiland-Freigeldlehre. Kritik und Erwiderung. Ohne Verfasserangabe erschienen. Erfurt/Berlin 1921

Silvio Gesell: Denkschrift für die Gewerkschaften zum Gebrauch bei ihren Aktionen in der Frage der Währung, der Valuta und der Reparationen. Selbstverlag, Berlin-Rehbrücke 1922

Silvio Gesell: Die Ausbeutung, ihre Ursachen und ihre Bekämpfung. Zweite Denkschrift für die deutschen Gewerkschaften zum Gebrauch bei ihren Aktionen gegen den Kapitalismus. Vortrag, gehalten in der Sozialistischen Vereinigung zur gegenseitigen Weiterbildung in Dresden am 8. Mai 1922. Selbstverlag, Berlin-Rehbrücke 1922

Silvio Gesell: Die Diktatur in Not. Sammelruf für die Staatsmänner Deutschlands. Freiland-Freigeld-Verlag, Erfurt 1922

Silvio Gesell: Das Trugbild der Auslandsanleihe und ein neuer Vorschlag zum Reparationsproblem. Eine weltwirtschaftliche Betrachtung, eine Warnung vor Illusionen und ein positiver Lösungsvorschlag. Freiwirtschaftlicher Verlag, Erfurt 1922

Silvio Gesell: Unter dem Pseudonym Juan Acratillo: Der verblüffte Sozialdemokrat. 1922

Silvio Gesell: Der Aufstieg des Abendlandes. Vorlesung, gehalten zu Pfingsten 1923 in Basel auf dem 1. Internationalen Freiland-Freigeld-Kongress. Freiland-Freigeld-Verlag, Berlin/ Bern, 1923.

mit Hans Bernoulli und Fritz Roth: Das Problem der Grundrente. Einleitende Gedanken zu einer wissenschaftlichen Abklärung. Selbstverlag des Schweizer Freiwirtschaftsbundes, Bern 1925

Silvio Gesell: Die allgemeine Enteignung im Lichte physiokratischer Ziele. Selbstverlag, Potsdam 1926

Silvio Gesell: Der abgebaute Staat. Leben und Treiben in einem gesetz- und sittenlosen hochstrebenden Kulturvolk. A. Burmeister Verlag, Berlin-Friedenau 1927

Silvio Gesell: Reichtum und Armut gehören nicht in einen geordneten Staat. Werkauswahl zum 150. Geburtstag, zusammengestellt von Werner Onken. Verlag für Sozialökonomie, Kiel 2011, ISBN 978-3-87998-462-6

Dieter Suhr: Geld ohne Mehrwert – Entlastung der Marktwirtschaft von monetären Transaktionskosten. Fritz Knapp Verlag, Frankfurt/Main 1983, ISBN 3-7819-0302-8.

Dieter Suhr: Optimale Liquidität – Eine liquiditätstheoretische Analyse und ein kreditwirtschaftliches Wettbewerbskonzept. (Zusammen mit Hugo Godschalk). Fritz Knapp Verlag, Frankfurt/Main 1986, ISBN 3-7819-0349-4.

Otto Valentin: Überwindung des Totalitarismus. Hugo Mayer Verlag, Dornbirn 1952.

Hans-Joachim Werner: Geschichte der Freiwirtschaftsbewegung. 100 Jahre Kampf für eine Marktwirtschaft ohne Kapitalismus. Waxmann, Münster 1990, ISBN 3-89325-022-0.

Hans Weitkamp: Das Hochmittelalter – ein Geschenk des Geldwesens. HMZ-Verlag, Hilterfingen 1985.

Roland Wirth: Marktwirtschaft ohne Kapitalismus. Eine Neubewertung der Freiwirtschaftslehre aus wirtschaftsethischer Sicht. Dissertation. St. Galler Beiträge zur Wirtschaftsethik 34, St. Gallen 2003, ISBN 3-258-06683-3.

Gelleri, Christian: Theorie und Praxis des Regiogeldes. In: Mathias Weis/Heiko Spitzeck (Hrsg.): Der Geldkomplex - Kritische Reflexion unseres Geldsystems und mögliche Zukunftsszenarien. 1. Auflage, Basel, 2008, ISBN 978-3-258-07314-9.

Margrit Kennedy, Bernard A. Lietaer: Regionalwährungen: neue Wege zu nachhaltigem Wohlstand. Übers. der im Orig. engl. Teile von Elisabeth Liebl. Orig.-Ausg., 1. Auflage. Riemann, München 2004, ISBN 3-570-50052-7.

Margrit Kennedy: Geld ohne Zinsen und Inflation: ein Tauschmittel das jedem dient. Überarb. und erw. Ausg., 1. Auflage. Goldmann, München 1991, ISBN 3-442-12341-0.

Über den Autor

Peter Echevers H. wurde 1954 in Berlin-Zehlendorf in einer alten Berliner Architekten- und Baumeisterfamilie geboren. Er wuchs im Rheinland auf und war bis zur Mittleren Reife eigentlich ein mittelmäßiger Schüler. Danach entwickelte er plötzlich großen Bildungshunger und schrieb sich in ein Aufbaugymnasium und gleichzeitig am Institut Français ein.

Es folgten zwei gegensätzliche Lehren als Notargehilfe und Tischler; danach ein BWL-Studium an der Rheinischen Akademie und Seminare an einer Schule für Bildende Künste. Daneben absolvierte er als externer Schüler mit Erfolg die Fachhochschule für Seefahrt in Elsfleth bei Oldenburg.

Schon sehr früh zog es ihn zur Literatur. Angeleitet durch das Elternhaus, welches eine beachtliche Büchersammlung vorzuweisen hatte, begann sein Einstieg in die geschriebene Welt, kaum dass er die ersten beiden Volksschuljahre hinter sich hatte. Mit Beginn der Pubertät begannen auch seine Versuche, selbst zu schreiben. Seine erste Veröffentlichung in der Lokalpresse im Alter von 15 war sein Aufsatz über die „Reise nach Paris"; es folgte mit 18 sein Reisebericht „Auf nach Brasilien" in der Lokalpresse.

Immer wieder unterbrach er seine Tätigkeiten, er konnte dem lockenden Ruf der Ferne nicht wiederstehen. Zu groß war seine Sehnsucht, andere Länder und andere Menschen und Gebräuche kennen zu lernen. So lebte er für längere Zeit in acht europäischen und fünf außereuropäischen Ländern. Aber seine große Liebe ist und bleibt Südamerika, genauer gesagt Brasilien, wo er sich 2002 nach vielen Einzelreisen niedergelassen hat.

Seitdem hat er die Zeit gefunden, sich ganz dem Schreiben zu widmen. 2013 wurde ihm die Ehrendoktorwürde verliehen. Neben über 650 im Internet veröffentlichten Berichten, Aufsätzen und Stellungnahmen hat er bisher folgende Bücher veröffentlicht:

- Die Gaúchos ISBN 978-1-257-96502-1
- Búzios – Mein Paradies ISBN 978-1-4357-8894-7
- Faszination Rio ISBN 978-1-257-95830-6
- Der exzellente Liebhaber ISBN 978-1-257-95244-1
- Die exzellente Liebhaberin ISBN 978-1-257-94957-1
- Konfliktparallelen ISBN 978-1-257-95444-5
- Moderne Lesart ISBN 978-1-257-95674-6
- Der Feminist ISBN 978-1-257-87377-7
- Unvergesslicher Senegal ISBN 978-1-257-97175-6
- Afrikaerfahrung Elfenbeinküste SBN 978-1-257-98790-0
- Der Beweis ISBN 978-1-257-98733-7
- Der Autoresponder ISBN 978-1-4717-0821-3
- Nadelöhr Panama ISBN 978-1-257-99773-2
- Immer wieder Schweden ISBN 978-1-105-02047-6
- Stete Kanaren ISBN 978-1-105-06365-7
- São Paulo ISBN 978-1-105-09363-0
- Das Golfspiel ISBN 978-1-105-02974-5
- Tango – Komplex ISBN 978-1-105-20512-5
- Formel 0-1-in-2 ISBN 978-1-300-05252-4

- Die Paläo-Diät ISBN 978-1-300-13178-6
- Elvis Aaron Presley ISBN   978-1-105-97628-5
- Der Schriftsteller ISBN 978-1-300-20183-0
- Tinnitus... Und nun ISBN 978-1-300-21638-4
- Das Gedächtnis ISBN 978-1-291-20373-8
- Tendenzen 3000 ISBN 978-1-300-67248-7
- Sexy Six-Pack ISBN 978-1-300-80704-9
- Top-Tipp – Fibromyalgie ISBN 978-1-291-36125-4
- Top-Tipp – Nie mehr Geldsorgen ISBN 978-1-300-72028-7
- Blue Light – ISBN 978-1-300-99839-6
- Top-Tipp – Der Kellner ISBN 978-1-304-09023-2
- Top-Tipp – Waiter & Waitress ISBN 978-1-304-10065-8
- Impfen? - Der-zweihundert-Jahre-Irrtum ISBN 978-1-291-52573-1
- Silvio Gesell – Die Revolution des Geldsystems ISBN 978-1-291-52576-2
- Vitamin D3 – Tricks der Pharma-Mafia ISBN 978-1-326-06349-8
- Ein Mann muss Brot backen können ISBN 978-1-291-56517-1
- Slàinte mhath - Schottland aus der Malt-Whisky-Perspektive, ISBN 978-1-291-62424-3
- "Jet de Schnüss jeschwaadt" ISBN 978-1-291-66476-8
- 3D Visualisierungen - Ernstes und Verspieltes in Cinema4D ISBN 978-1-291-95209-4
- Heilen durch Essen - Ernährung für Multiple Sklerose Patienten ISBN 978-1-291-95085-4
- Pharma-Mafia - Ärzte und Patienten im Würgegriff der Arzneimittelindustrie ISBN 978-1-291-90310-2

- Venustropfen ISBN 978-1-291-22324-8
- Die Liebe kommt aus Panamá ISBN 978-1-326-27509-9
- Annegret 1. Teil ISBN 978-1-326-30273-3
- Anne 2. Teil ISBN 978-1-326-40158-0
- Flucht ISBN 978-1-326-45700-6
- Von Mondstaub und von Feenhaar ISBN 978-1-326-58996-7
- Vom Wolkenschloss und von Zaubererbsen ISBN 978-1-326-66370-4
- De Poeira de Luna e de Cabelo de fadas ISBN 978-1-326-71750-6
- Phalluskult ISBN 978-1-326-73147-2
- Mit Wildkräutern gegen den Krebs ISBN 978-1-326-73148-9
- DAS BÖSE - Lobaczewskis wissenschaftliche Betrachtung ISBN 978-1537610009

17615183R00178

Printed in Poland
by Amazon Fulfillment
Poland Sp. z o.o., Wrocław